专业建设与特色发展

——特色行业院校改革与发展论坛论文集

北京市教育委员会高教处　组织编写

上海交通大學出版社

内容提要

本书是特色行业院校改革与发展论坛论文集，由北京市教育委员会高教处组织编写。全书是首都特色行业院校以专业建设与特色发展为主题，从特色专业的创建和专业建设与人才培养模式的改革三个方面进行深入研究、交流的成果。全书分主题报告和交流论文两部分，共37篇文章。本书不仅对特色行业院校的专业建设、教学改革具有借鉴意义，而且对综合型院校中的相关院系的专业建设和人才培养同样具有重要的参考价值。

图书在版编目(CIP)数据

专业建设与特色发展：特色行业院校改革与发展论坛论文集/北京市教育委员会高教处组织编写. —上海：上海交通大学出版社，2010

ISBN 978-7-313-06913-9

Ⅰ. 专...　Ⅱ. 北...　Ⅲ. 高等学校—人才—培养—中国—文集　Ⅳ. G649.2-53

中国版本图书馆 CIP 数据核字(2010)第 213121 号

专业建设与特色发展

——特色行业院校改革与发展论坛论文集

北京市教育委员会高教处　**组织编写**

上海交通大学出版社出版发行

(上海市番禺路 951 号　邮政编码 200030)

电话：64071208　出版人：韩建民

常熟市文化印刷有限公司 印刷　全国新华书店经销

开本：787mm×960mm 1/16　印张：14.75　字数：273 千字

2010 年 11 月第 1 版　2010 年 11 月第 1 次印刷

印数：1～1 530

ISBN 978-7-313-06913-9/G　定价：36.00 元

序

首都特色行业院校作为高等教育不可或缺的组成部分，在长期的办学过程中形成了鲜明的特色和优势，为国家培养了一批特殊人才，发挥了应有的作用。根据《国家中长期改革与发展规划纲要》的要求，特色发展将成为高等学校新一轮发展的方向，首都特色行业院校需要在专业建设中注重特色的建设，形成核心的竞争力，才能在高等学校剧烈的竞争中得以生存与发展。

北京市教育委员会高度重视特色行业院校的人才培养工作，为了进一步发挥特色行业院校的特殊作用，每年组织论坛，邀请首都特色行业院校充分研讨如何深化教学改革，加强教学建设，推进教学质量与教学改革工程项目建设；深入交流如何在行政主管部门的领导下，保持行业特色，发挥行业优势，培养适应社会需要的创新型人才的经验和做法；集思广益、共同应对特色行业院校在高等教育改革与发展中，特别是在专业建设与发展中所面临的问题和挑战，以便更好地服务于社会发展，满足行业需求。

此次论坛，首都特色行业院校以专业建设与特色发展为主题，从特色专业的建设、专业特色的创建和专业建设与人才培养模式的改革三个方面进行了深入的交流。《专业建设与特色发展——特色行业院校改革与发展论坛论文集》汇集了特色行业院校广大教师、教学管理工作者近年来在专业建设与人才培养方面的理论和实践成果，不仅对特色行业院校的专业建设、教学改革具有借鉴意义，而且对综合型院校中的相关院系的专业建设和人才培养同样有着重要参考价值。

借此，希望首都特色行业院校继续深化人才培养模式改革，加强专业建设，不断提高教学质量，为国家和社会培养出更多高素质的创新型专业化人才。

付志峰

2010.10.20

注：本文作者系北京市教育委员会副主任

目　录

主题报告

交流论文

主题报告

特色实践教学体系的有效架构

毛　明　北京电子科技学院

【摘　要】我院作为国内唯一一所专门为全国党政系统培养信息安全专门人才的高等院校，在实践教学中始终坚持密码与信息安全特色。通过实施"一个理念，两个体系，三个机制"，形成了符合密码与信息安全特色人才素质要求的实践能力培养体系，促进了学院实践教学水平的明显提高，以及学生实践动手能力和创新精神的显著增强。

【关键词】信息安全　密码特色　实践教学体系　创新能力

信息安全是国家信息化建设和发展的基础，是国家安全的重要组成部分。北京电子科技学院作为国内唯一一所专门为全国党政系统培养信息安全专门人才的高等院校，面对党和国家对密码与信息安全特色人才的需求，在2009版培养方案修订中，进一步明确了"以学生为本"的教育教学理念，构建了密码与信息安全特色课程体系和多元化的实践教学体系，建立了实践能力培养机制、创新能力培养机制和教学资源保障机制，概括为"一个理念，两个体系，三个机制"，从而形成了符合密码与信息安全特色人才素质要求的实践能力培养体系。

一、坚持"以学生为本"的教育教学理念

树立"以学生为本"的教育教学理念，首先要充分调动学生的主观性和能动性，让学生真正成为学习的主体。为此，在2009版培养方案的修订过程中，全方位地压缩了理论课时，进一步增加了实践教学课时，以给学生提供更多的实践和创新机会，把学习的主动权交还给学生；其次，还要牢固树立为"为学生成长成才服务"的思想，努力提高学生的能力和素质。学院通过充分发挥自身优势，在教学实践中强化信息安全和密码特色，切实增强了学生在社会上的竞争力。

1. 设立特色专业方向，将特色教育全面融入专业教育

根据学院对密码和信息安全特色人才基本技能、专业技能和综合创新能力培养的办学定位，在总结2005版培养方案优缺点的基础之上，在2009版培养方案修订中，各专业均设立了与信息安全相关的特色专业方向。其中，计算机科学与技术专业设立了信息安全方向，电子信息工程专业设立了密码与信息安全方向，通信工程专业设立了网络安全方向。

2. 加强特色课程群建设，提高学生实际工作能力

按照密码和信息安全技术发展和事业发展的要求，不断调整人才培养方案，创立了密码与信息安全特色人才培养的新模式，对拓展信息安全人才培养模式、促进信息安全学科的内涵发展、完善人才培养基地的布局，具有积极的示范作用。通过不断加强"密码学实验"、"网络对抗技术"和"专业实习"等系列综合性实践课程的开设，有效地提高了学生的实践能力。

3. 推动特色科研成果向教学转化，促进科研与教学的互动

学院在承担"信息安全人才培养模式的研究"、"网络安全教学实验平台"等北京市教改课题过程中，结合校内"信息安全特色课程建设研究与实践"、"信息安全系统平台的开发与研制"等课题的研究成果，积极推动密码科研成果向教学内容转化，为相关课程或实践环节提供了接近密码科研前沿的知识，做到了科研和教学的有机结合，相互促进。全院所有的特色课程都融入了科学研究的最新成果，为培养密码与信息安全的优秀人才奠定了良好的基础。

二、构建独具特色的课程体系和多元化的实践教学体系

1. 构建独具特色的信息安全课程体系

根据学院办学特色的要求，将《密码学》作为全院各专业学生的必修课程。该课程由资深国内著名密码专家牵头建设，2008 年被评为北京市精品课程。在《密码学》教学过程中，教学组既注重基础理论的教学，又重视实践环节的训练；既注重科学精神的培养，又重视政治素质的教育；既充分发挥本课程的独特作用，又特别注意与各专业课程之间的有机联系，增强其内在的交融性，把传授知识、培养能力与提高素质有机地结合起来。

教学组全体成员在承担密码教学的过程中，还积极承担科研项目，并能将科研成果应用于教学，开发了一批特色课程。经过长期的积累和建设，现已形成以"密码学"为主线的特色课程群，如图 1 所示。为全院学生构架了一个独具特色的信息安全课程体系，满足了人才培养所需的知识、能力和素质的要求。

2. 构建多元化的实践教学体系

学院确立了密码与信息安全特色人才基本技能、专业技能和综合创新能力等分级的能力培养目标；设计了课内课程体系和课外实践模块，并按照基本实验、提高实验、创新实验等类型设计实验课程，形成了由实验、实习、课程设计、毕业设计等不同环节组成的实践教学体系。

按照课内教学与开放实践、课内课程与自主科研和课外训练与各类竞赛相结合的方式，采用了规定实验与选作实验、课内实验与课外实验、硬件实验与软件模拟实验相结合的多样实验方式；加大实验室开放力度，鼓励各种技术协会自主管

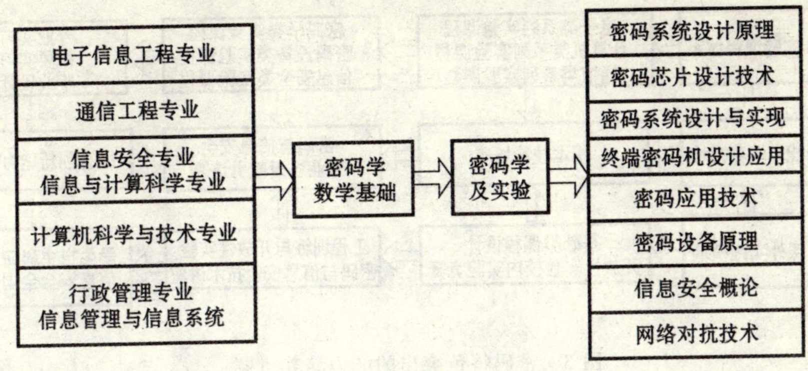

图 1 以密码学为主线的特色课程群

理、自主开放,利用教师授课与指导、开放式自主学习与实践和自主研究与合作式研究等多种开放模式,对课内实验、独立设课实验和课程设计采用不同形式的考核方式。增强了学生自主学习的积极性,体现了以学生为主体的教育教学理念,形成了多元化的实践教学体系,如图 2 所示。

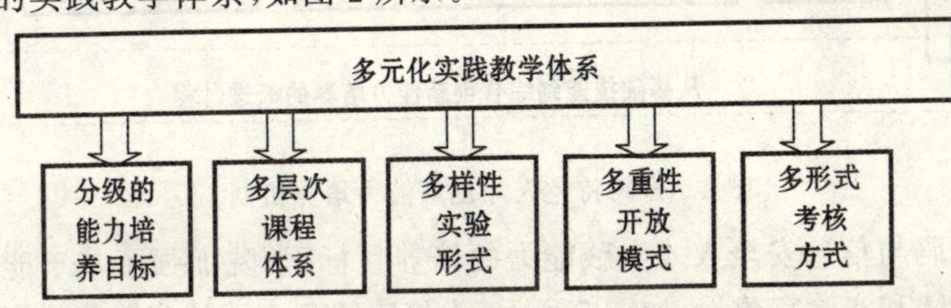

图 2 多元化实践教学体系

三、建立独具特色的培养机制和保障机制

1. 形成密码特色突出的能力培养机制

在深化教学内容和课程体系改革的基础上,通过培养方案所设计的理论课程、实践环节、第二课堂教育、学生课外科技活动等教育教学内容,把培养学生的创新精神和实践能力渗透到各个实践环节,形成了独具特色的密码与信息安全特色人才实践能力培养机制,如图 3 所示。

2. 建立密码特色人才创新能力培养机制

按照基础技能培养(包括新技术与应用能力培养)、专业实践能力培养和密码与信息安全创新能力培养的渐进过程,涵盖了从基本技能到综合创新能力培养的过渡,形成了密码特色人才创新能力的培养模式,如图 4 所示。

3. 建立特色人才实践能力资源保障机制

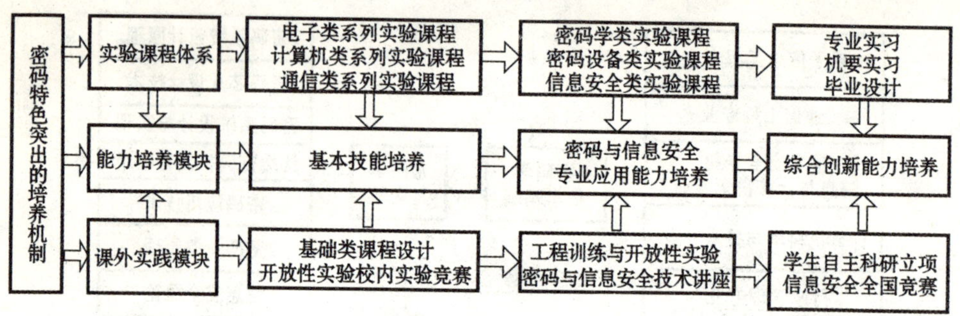

图 3 密码特色突出的能力培养机制

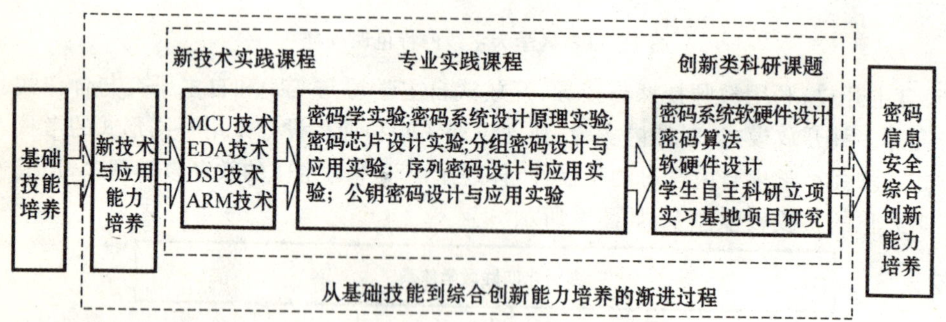

图 4 密码特色人才创新能力培养机制

按照密码与信息安全人才实践能力的培养目标，学院加强了基于能力培养目标的教学团队和实验室建设，如图 5 所示，为培养特色人才的实践能力提供了有效的资源保障。在教学团队建设中，构建了技术基础教学团队、专业技术教学团队和工程科研创新团队。其中，电子信息工程教学团队、信息安全与密码学教学团队分别于 2007 年、2008 年被评为北京市优秀教学团队。

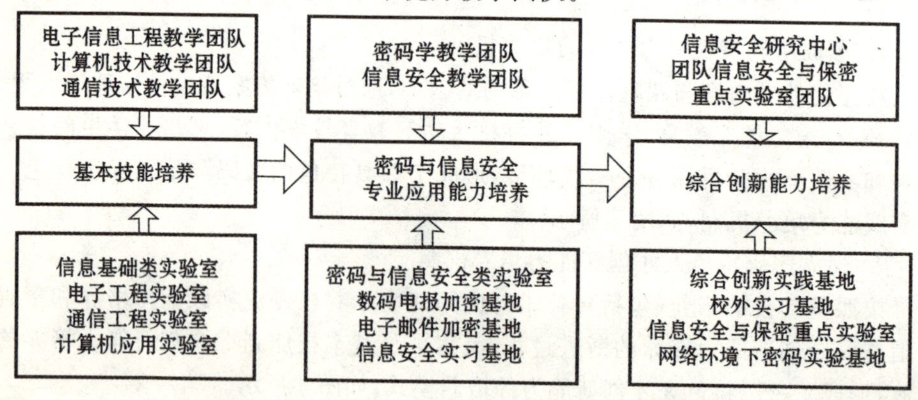

图 5 以能力培养为目标的教学团队和实验室建设

四、结语

经过多年对信息安全实践教学体系的建设，全院的实践教学水平不断提高，学生的实践动手能力和创新精神有了长足的进步。学生对实验课程的学期平均评分从2006年3月以来分别为92、92.4、94.1和94.5分，总体评价逐年提高；2005年以来，学生共约1300人次参加院级以上课外学术科技活动，占全院总学生数的比例为80%，在校外学术科技竞赛中，获奖309人次，其中，全国特等奖1人次、全国一等奖17人次、全国二等奖58人次、全国三等奖98人次、北京市级奖励135人次，取得了明显的成效。从2006年到2008年共有开放实验项目113项，其中有156名学生选择开放实验项目并获得相应学分。近3年来，依托实验室进行学生自主科研立项且已经结题的有32项，其中优秀成果5项。

体育教育专业高素质创新型人才培养的探索与实践

葛春林 王 伟 程在宽 孙 震 胡亦群 北京体育大学

【摘 要】北京体育大学是一所典型的行业特色型院校。北京体育大学教育学院在体育教育专业高素质创新型人才培养方面进行了很多有益的探索和实践，主要包括创新和制订符合社会发展要求的人才培养方案；注重精品课程与精品教材建设；突出实践教学在创新型人才培养中的核心地位，构建完善的实习实训工作体系；加强实践教学资源建设，创新实践教学管理模式；优化教师结构，提升教师能力，建设符合体育教育发展需要的师资队伍；建设高素质创新型体育教育专业人才培养水平的教学条件和设施；积极培养创新型学风和严格教学质量控制。通过实践和探索，北京体育大学教育学院在人才培养规格上形成了标准高、质量高的鲜明特色；在人才培养上形成了完善、多样、富于创新、注重实践的鲜明特色，并取得了一定的成效。

【关键词】创新型 高素质 人才培养

体育教育专业是体育学下设的二级学科，是一个学科群，包含了排球、篮球、足球、体操、网球、地掷球、乒乓球和羽毛球等多个学科研究方向。北京体育大学于1953年开始招收体育教育专业的本科生，是全国最早开设体育教育本科专业的高等院校。到目前为止，北京体育大学已经培养了20000多名体育教育专业的本科生，他们已成为我国体育科研与体育教育教学训练领域的骨干力量。

为适应社会对体育教育专业的新要求，根据学校的建设目标和多年的办学积淀，在继承和发展体育教育专业传统教育思想的基础上，北京体育大学教育学院全面贯彻素质教育，拓展学生的知识面，提高教学质量，以服务社会为宗旨，培养面向现代化、面向世界、面向未来的，适应我国社会主义现代化建设和改革与发展实际需要的创新型体育人才。经过积累和不懈的努力、摸索和实践，北京体育大学教育学院在人才培养规格上形成了标准高、质量高的鲜明特色；在人才培养模式上形成了完善、多样、富于创新、注重实践的鲜明特色。

一、体育教育专业高素质创新型人才培养的探索

1. 创新和制订符合社会发展要求的人才培养方案

专业建设的最终目的是培养社会需要的优秀人才，其重要内涵之一是形成和保持自己的专业特色和优势，关键是制定出符合时代社会发展要求的创新型人才培养方案。当今世界，经济和科技迅猛发展，人才竞争激烈。我国正处于国民经济高速发展时期，城市化进程不断加快，2008北京奥运会的承办尤其是全民健身事业的日益兴盛，都对我国体育事业发展提供了前所未有的机遇。体育人才的需求也趋于市场化、国际化，对我国体育人才尤其是体育教育人才的培养也提出了新的要求。

体育教育专业是北京体育大学教育学院的传统优势专业，为了使体育教育专业人才培养能与社会需求趋向一致，学院按照学校教育教学改革的总体发展思路，根据自身专业的特点，围绕专业培养目标，本着“拓宽基础、提高素质、发展个性、因材施教”的原则，围绕着社会发展的需求，结合专业特色，以市场为导向，以传授知识为基础，以素质教育和能力的培养为核心，以主干学科和主干课程为支撑，根据社会需求构建科学合理的课程体系，从而使专业培养方案、培养过程和社会需求趋向一致。

主要做法是：

(1) 调整总教学时数。从3200学时调整到2800学时以内，增加了学生学习期间的自我支配时间，扩大了学生学习期间自我发展的空间。

(2) 扩展选修课程门类。丰富课程内容，扩大学生的选择空间，有利于学生在学习期间的个性化发展。

(3) 拉长教学时段。形成每天14学时的教学时段，使学生在有限的时间内，有更大的选择权和更丰富的学习内容，尽可能多地选择自己感兴趣的课程进行学习，拓宽学生的知识面。

(4) 加重实践环节的比例。为培养具有实践创新能力的体育人才，打下了坚实的平台基础。

(5) 紧密结合社会发展需求增设课程内容。增加体育专项项目课程，如拓展、野外生存、定向越野等，更加贴合社会发展需求。

(6) 加强教学措施。学校在继承传统的基础上，与高水平训练相结合，与科学研究相结合，完善基本理论和基本技能教学体系，加强对学生专业基础的培养。

2. 注重精品课程与精品教材建设

课程和教材建设是专业建设的重要组成部分。为在课程和教材建设中有所突破，突出了以下方面的工作：

(1)确定体育教育专业所归属的13门主干课程先行进行建设,并且根据课程建设的进度和质量,组织申报校、市和国家级的精品课程。目前,《排球》课程已经成为国家精品课程,《乒乓球》课程已经成为北京市精品课程,《体操》、《篮球》课程成为学校精品课程。形成基础扎实、结构合理、内容丰富、具有时代特色的体育教育专业的课程体系。

(2)启动课程教材建设,成绩显著。为配合学校的教育教学改革以及课程建设的进程,我们提出加快编写学生学习急需的应用性教材和相关课程配套教材,目前已经完成的有《现代足球》、《学校体操》、《篮球运动教程》、《篮球运动训练教学法》、《排球教学训练方法》等教材。其中2006年由唐建军教授主编完成的《现代乒乓球运动教程》和姚蕾教授完成的《体育教学论教程》获得北京市精品教材,葛春林教授主编的《排球运动教程》入选教育部"十一五"国家级教材规划。2009年一年就有三本教材,包括孙卫星副教授的《网球教学文件的制定与范例》、孙平教授的《排球教学文件的制定与范例》和许声宏副教授的《空手道教程》被纳入教育部"十一五"规划教材,李春满老师的《现代足球教法指导》、唐建军教授的《乒乓球教学文件的制定与范例》、张健教授的《户外运动基础》和金逵教授的《体操的健身练习与游戏》都被评列为北京体育大学校级精品教材,通过及时的教材更新和编写,不仅极大地丰富了教学内容,也更新了教学理念。

3. 突出实践教学在创新型人才培养中的核心地位,构建完善的实习实训工作体系

学生本身体育实践的教学和指导能力不仅反映学校的教学水平,更主要的是学生参与社会竞争和获得今后发展的实力。体育教育专业在实践过程中,探索出了"三个阶段"和"一个平台"的实习、实训工作体系。第一阶段在平时教学过程中加强对学生基本教学能力的培养,第二阶段通过实习培养学生综合教学、科研和适应工作环境的能力,第三阶段通过实习后总结找出学生能力的薄弱环节并加以改进。"一个平台"是指建设实习基地教学实验与科研平台。通过这一工作体系在实践中取得了显著成效,培养出的学生教学基本功扎实,专业技能水平高。学院延长了学生的专业实习时间,由3个月增加到现在6个月,可以看到时间的增加使学生对实习工作的教学能力和社会适应能力得到了增强,学生的专业实习效果提高,多次得到实习单位的好评。教育学院2006级学生在山东省青少年活动中心的实习期间,其专业素养和优秀表现得到了共青团山东省委的认可和高度评价。

4. 加强实践教学资源建设,创新实践教学管理模式

创新源于实践,培养创新人才必须加强实践教育。学院充分认识到实践教学在创新人才培养中的重要作用,根据体育教育专业特色,加强了实践教学资源建设并创新实践教学管理模式。北京体育大学教育学院在京内建设了集学生见习和实习

为一体的实习基地14个,社会实践基地40个,其中,33个为教育学院的传统实习单位。为了进一步拓展体育教育专业实习资源,为体育教育专业实习搭建更好的平台,2006年又拓展了涉及延安大学在内的4个京外实习单位。学院的实习基地建设工作取得了很大的进步,数量增加,类型更为丰富,并建成了北京二十中学、北京101中学两个品牌实习基地。

这些实习单位本身均具备完善的教学条件、环境和规范的教学秩序,年容纳学生毕业实习400人次以上。实习基地在管理上做到了组织领导到位,指导管理到位,督促检查到位,考评工作到位,生活保障到位,有了保证了学生实习工作的有序进行。

5. 优化教师结构,提升教师能力,建设符合体育教育发展需要的师资队伍

师资队伍方面以现代体育大学教师队伍的要求为标准,以全面提高师资队伍素质为目标,以学科梯队建设为核心,以提高教师学历层次、培养教师实践能力和优化教师队伍结构为重点,实施教师学历提升计划、师资培训计划和高层次人才引进计划,着力于学术带头人和骨干教师队伍的培养,建立有利于优秀人才脱颖而出的竞争激励机制,力争建设一支梯队合理、结构优化、师德高尚、教育观念新、创新意识强、具有较高科研与教学水平,适应我国体育教育发展以及特色专业教学需要的教师队伍。

目前,北京体育大学体育教育专业有一支数量足够、结构合理、师德高尚、教育观念新、创新意识强、具有较高科研与教学水平,适应我国体育教育专业发展需要的教师队伍,其中,苏丕仁教授和葛春林教授先后获得北京市高校教学名师奖。

6. 建设高素质创新型体育教育专业人才培养水平的教学条件和设施

在北京体育大学,体育教育专业学生可使用的教学训练及比赛的场馆绝大多数都是全国一流的标准场馆,共有运动场馆64个,其中室内馆25个,室外场39个,运动场馆总面积175580.90平方米,其中英东田径场和综合体育馆是第11届亚洲运动会和第21届世界大学生运动会正式比赛场地。2004年以来,跆拳道训练馆、艺术体操和蹦床训练馆、网球重竞技馆等一批现代化运动场馆相继落成,7个奥运会训练场馆全面维修,使学校体育设施上了一个新台阶。

学院严格贯彻落实《北京体育大学关于加强教研室建设的意见》和《北京体育大学关于加强学科建设的意见》,围绕校“现代教育技术中心”的建设,借助现代信息技术,建立服务于专业教学、服务于社会的现代体育教育信息平台。利用计算机网络等现代信息技术,实现体育教育专业在教学理念、方法、手段上的先进性与前瞻性,实用性与服务性,学院加大力度改善学院各教研室的信息办公条件以及多媒体教学条件,新购进多部幻灯设备为传统教学方式的改进,教学管理水平的提高,教学改革与研究工作的全面开展提供支持。

7. 积极培养创新型学风

一直以来，教育学院以院办专业为契机、以素质教育为突破口、以育人为目标，紧扣体育教育，突出学生专业技能，提高育人效果，培养具有创新精神的应用型体育人才。

(1) 搭建平台，加强体育技能实践指导，增强学生的竞攀意识：通过在教师的指导下，让学生自己组织、实施各种体育比赛和活动，使学生各方面的兴趣和能力都能得到很大程度的提高。在活动中，学生既是策划者、组织者，又是参与者和评价者，使学生在各种比赛和活动中，获得多种角色的体验，形成一种有效的综合培养过程。学院形成了以"科技文化节"和"体育艺术节"为龙头的特色课余文化生活。"专业基本功技能展示"、"早操成果汇报会"、"学术文化沙龙"等寓教于乐的文体活动成为学生活动的精品项目，每年定期开展。其中"专业基本功技能展示"目前已经成为我院的一个特色展示项目。其他的还有各种球类比赛、广播操比赛、健美操、跳绳比赛、太极拳比赛和帮助学校工会及学校周边社区、企业组织各种比赛和活动等。

(2) 通过第二课堂的培养，拓宽体育人才的结构与层次：通过班主任和其他教师指导学生掌握学习规律、培养专业兴趣、规划职业生涯、促进学风建设；通过学生社团活动，使学生在活动中塑造团队精神和独立思考问题的能力；通过课外实践活动，促进学生的实践动手能力；通过科技创新活动，培养学生的创新精神和科学研究能力。

学院的第二课堂内容丰富，其中较为突出的是学院的"一帮一"活动。它是学院汉族学生干部和学生党员作为帮扶人与少数民族同学结成"一帮一"的对子积极开展互帮互助活动。汉族学生从生活、学习等方面为少数民族学生提供帮助，少数民族同学则在地域文化、专项等方面给予汉族同学帮助，以达到互相了解，增进民族感情的目的。通过活动的开展，学生对文化、风俗习惯有了更深入的了解，活动的开展对改善同学关系和增进学习氛围都起到了较好的作用。

(3) 积极参加社会实践活动，着力培养学生社会参与意识和社会适应能力，注意在社会实践活动中全面提高学生素质，充分发挥学生骨干作用，努力提高工作能力和管理水平。利用早操和课余时间、双休日节假日，开展了内容丰富、形式多样的校内外活动，让学生走入社区，走向社会，通过参加各种国际大型体育志愿者活动，例如：社区志愿者服务队、北京 2008 奥运会、大型赛事等来加强学生实践能力的锻炼。使学生走向社会，经受锻炼，积累经验。

8. 严格教学质量控制

教学质量的监控是通过学生管理和教师管理两方面来进行的。

(1) 通过学生管理确保教学质量，主要是按照学院的规章制度加强学生的作息、早操、课堂考勤、请假制度、宿舍环境、考核及考查等管理来进行的。在加强学生管理方面，青年教师直接担任班主任参与学生学习、生活全过程的管理，同时，把学生管理与就业工作相联系，把校园文化建设融入学生的教育过程中，因此，形成了学生管理的综合效应，取得了很好的实际效果。

(2) 通过教师管理确保教学质量，主要是围绕师德教育、教师资格、课堂教学、科研能力、思想建设、请假制度、学生评教、工作业绩等方面来进行的。近两年来，我院围绕教师的管理，遵照学院教学改革的总体思路和对教师的要求，采取了一系列的措施。通过严格执行学院教师的各项考核制度，对教师赏罚分明。通过转变观念，使教师明确教书育人的使命感，教育改革的紧迫感，竞争上岗的危机感。教师普遍加大了教书育人工作的投入，重学生能力培养的思想逐渐形成，课堂教学气氛日益活跃，教学效果明显提高。

由于学生和教师管理效果的日益改善，教学过程各个环节的有效控制变得更加有效。学生主动学习的意识明显增强，上课迟到、早退现象明显减少，日常安排更加充实和丰富，学有所用的观念得到强化。另外，为加强和规范教学管理工作，建立稳定的教学秩序，保障本科教学质量，建设了相关制度。采取的措施有：

第一，建立不定期的教学检查制度，具体要求院领导至少每个学期听课 3 次以上，教研室主任、副主任至少每学期听课 2 次。听课必须做听课记录，办公室负责汇总整理，作为改进教学和教学管理工作的重要依据。随机抽查学生作业、出勤、考核、成绩及试卷、召开学生座谈会等；抽查教师教案、授课计划、教学进度、听课、实践、毕业教学环节、学生座谈会和教师座谈会等；抽查教研室教学文件是否齐全及干部听课情况等，调查教师平时的教学态度、教学方法、教学效果和教书育人等方面的情况。

第二，建立定期教学检查制度，主要包括开学前教学准备工作检查、期中教学检查和期末教学检查。分为院检查、教研室检查和教师自查三种形式。在开学前，进行教学准备工作检查，主要包括教学设施准备情况、教师出勤情况、学生报到注册情况、学生出勤情况，第一周上课情况和学生到校、出勤情况、教师到位情况以及教师与学生的精神状态等情况。与此同时，各教研室分别根据情况进行自查，并于第二周末，填好该表报教务处。

二、创新点

(1) 根据体育教育专业的特点，围绕专业培养目标，就专业课程设置作了较大程度的调整，从而使专业培养方案、培养过程和社会需求趋向一致。新的专业培养方案也为全国体育教育专业提供了借鉴和指导作用。

(2) 在实践过程中，科学探索出“三个阶段”和“一个平台”的实习、实训工作体系，提高了体育教育专业学生的创新能力。

（3）形成了基础扎实、结构合理、内容丰富、具有时代特色的体育教育专业课程体系。通过及时的教材更新和编写，不仅极大地丰富了教学内容，也更新了教学理念，多部教材入选北京市精品教材和教育部“十一五”国家级教材规划。

（4）建立了一支数量足够、结构合理、师德高尚、教育观念新、创新意识强、具有较高科研与教学水平，适应我国体育教育专业发展需要的教师队伍。

三、主要成果

在项目的实施过程中，各项教学改革得以推进，课程建设和教材建设得以发展，取得了较明显的教学效果，学生普遍表示欢迎和支持，促进了体育教育专业创新型人才的培养。

学院一直鼓励教师将科研成果引入本科教学工作，将优秀科研成果及时转化为教材和教学内容，近四年共有 125 项科研成果转化为教学内容，丰富了教学内容，提高了教学质量。

体育教育专业的教师队伍得到了进一步优化并取得较显著的成果，如教育学院排球教研室 2009 年在庆祝教师节暨全国教育系统先进集体和先进个人表彰大会上被授予“全国教育系统先进集体”荣誉称号，为学校争得了荣誉。2009 年 10 月 1 日，我院足球教研室张廷安教授作为国庆体育成就彩车优秀体育工作者代表参加了庆祝中华人民共和国成立六十周年群众游行活动。

在北京奥运会中，共有 1000 多名体育教育专业学生参与奥运会的志愿者服务工作，共有 20 多名学生获得北京市表彰，90 多名学生获场馆团队表彰。

2004 年教育学院体育教育专业学生代表北京市参加历时 5 天、24 所高校参加的全国体育专业大学生教学基本功大赛，以基本理论知识类一等奖、技术技能类一等奖的优异成绩赢得了大赛团体总分第一名。这一成绩的取得是体育教育专业强化培养标准，出人才出成果的生动体现。

2005 级学生龚亮华的《羽毛球正手高远球“反序教学法”试验研究》被全国体育院校德育研究会主办的“2008 年全国体育院校大学生科创论坛”收录，并荣获“一等奖”。

2003 级学生余时宽发明“田径短跑力量综合练习器”，用于短跑运动员进行力量训练，并申请了专利。

2006 届体育教育专业学生曹煜波的毕业论文《北京市海淀区中学生压力源、压力应对方式及其与体育锻炼的关系》获全国体育院校本科优秀学士论文一等奖。

近四届体育教育专业学生累计英语四级通过率为 31.8%，六级通过率为 6.2%；近四届学生学士学位获得率为 96.1%；近四届学生考研录取率为 10.3%；

近四届毕业生一次性就业率为95.4%。据《中国大学评价》课题组公布的2007中国大学本科专业排名显示，在199所开设体育教育专业的高等院校中，北京体育大学体育教育专业排名第一。

突出国际特色　加强实践教学　打造特色专业

冯幼民　国际关系学院

【摘　要】国际关系学院在原有外语特色的基础上，近年来注重发展与国际关系、国家安全紧密相关的特色专业。学院通过加强国际法、传播学、政府采购三个国家级特色专业建设，强调实践教学在专业特色发展中的作用，逐渐形成了新的专业特色增长点。结合近年推行的学分制和通识教育平台，我们正在逐步实现着“保持特色，融入主流”的目标。

【关键词】特色专业　国际关系　实践能力

国际关系学院现有十个本科专业，十三个专业方向，分属法学、管理学、经济学、文学四个学科门类。除一个理科管理类专业外(信息技术)，其余十二个专业和方向均为文科(国际政治、国际经济、外语、文化传播、法律、管理等)。

自 1979 年恢复招生三十一年以来，国际关系学院最重要的办学特色一直围绕着外语和国际关系、国际问题研究展开。近年来，我院新建的专业和方向也继续沿着既定的道路前行。截至 2009 年，我院共获得三个国家级特色专业建设点，分别是：国际法、传播学、政府采购。这三个特色专业建设点为我院的专业特色建设搭建了崭新的平台，注入了新鲜的血液。

本文拟以这三个特色专业的建设目标、思路和实践为基础，浅谈我院近年来在专业特色方面取得的一些进展。

一、国际法特色专业建设

我院的国际法专业成立于 2003 年，于 2008 年被批准为第二批国家级特色专业建设点，并同时被认定为北京市级特色专业建设点。

我院国际法特色专业最重要的特色在于借助国际关系学院的优势学科和国家安全系统的学术力量，将国际法和国家安全法密切结合起来，侧重学科基础知识，培养适应时代与社会需要的高素质人才。该专业的建设理念是：坚持教学科研两手抓，坚持既定“政治＋专业”、“法律＋外语”、“理论＋实务”的特色人才培养模式，努力把国际关系学院法学专业建设成为我国重要的复合型高素质涉外法律人才的培养基地之一，成为我国重要的国际法与国家安全法研究中心。

在教学团队建设方面,国际法专业全体教师对专业的建设发展目标、任务与自身责任达成了共识。全体教师有重点地开展系列化的教学科研活动,积极投入教学研究和科学研究活动。同时,国际法专业积极吸纳贤才充实师资队伍,构筑发展性学术梯队,协调教师科研方向,形成学科优势。

近年来,我院国际法专业教师公开发表学术论文20多篇,出版学术专著多部,并有10多人次出国参加学术交流和讲学,不断实现着为特色专业建设服务、为学院的国际化服务、为主管部服务、为党和政府政策与决策提供支持服务的目标。

2009年10月,国际法专业组织召开了"国家安全法的理论与实践"研讨会,检阅了我国国家安全法理论研究与实践的成果。中央和部分地方的国家安全执法部门、国务院法制办、中共中央政法委、中央军委法制局、外交部、最高人民检察院、国家海洋局、国家保密局等部门,以及清华大学、北京师范大学、中央民族大学、中共中央党校、北京行政学院等高校、科研机构均派出了代表性学者。会议对我国《国家安全法》的制定和实施情况进行了认真总结,从学理和实操层面科学探析现行国家安全法律体系、规则存在的若干缺陷与不足。中央政法委机关刊物《长安》杂志报道了本次会议成果。

作为法学特色专业建设的重要组成部分,该专业设定了下列建设目标:

(1) 重点建设《国际法》、《国际私法》、《国际经济法》、《国际人权法》、《国际刑法》、《国家安全法》五门精品课;

(2) 重点建设《知识产权法》、《美国侵权法》、《国际商事仲裁》三门双语课程;

(3) 着力完成《国际法》、《国际私法》、《国际经济法》、《国际人权法》、《国际刑法》一套五本特色教材;

(4) 资助8~10部学术专著的研究与出版,期中包括:《国家安全机关人员心理素质研究》、《国际热点问题与国际法》、《国际环境法研究》、《危害国家安全罪研究》、《国家安全法比较研究》、《西方国际法基本理论研究》、《国际商法热点问题》等。

在人才培养过程中,该专业充分运用学院开展学分制改革的契机,增设了通识与专业选修课程;继续尝试并扩大双语教学课程的比重;开展富有特色的实践教学活动;认真抓好教学质量的监控与评估;同时,积极发挥学习学术网站建设、学术交流等专项建设工作在人才培养过程中的作用。

国际法专业针对法学人才培养规律,非常注重实践教学,通过举办模拟法庭,让学习学会从不同角度思考和解决法律纠纷,不定期组织学生旁听人民法院实际庭审。每年"3.15"、"12.4"组织学生进行系列法制宣传,以及深入社区、农民工工地进行普及法律知识活动,为社会公众尽可能提供力所能及的法律援助。

国际法专业特别重视学生的外语和专业能力的协调发展,鼓励学生参加国际国内的高层次学术竞赛活动。2009 年 2 月，该专业派代表队参加全国高校“Jessup 模拟法庭竞赛”，凭借精心的准备和出色的发挥，脱颖而出，获得了一等奖以及最佳书面奖两个团体奖项，成绩喜人。

二、传播学特色专业建设

我院传播学专业在原有的国际新闻、汉语、管理等专业的基础上经过整合，于 2005 年正式获得教育部批准，并于 2008 年下半年被教育部批准为第三批特色专业建设点，同时也被北京市认定为市级特色专业建设点。

我院传播学的专业特色明确地将“文化与传播”与国家安全结合起来，为提升我国的文化软实力、改变国际舆论格局中“西强我弱”的局面，为我国的“和平崛起”培养专门人才。

在上述方针的指导下，我院传播学专业以国际关系、国家安全为基础，积极寻求与宏观国家安全研究与教学相结合的发展途径，侧重于国与国之间文化软实力的相互影响、消长、特点、深层次成因及建设性对策等方面的教学与研究。这一工作方向，将使我院的传播学专业具有自己明显的“特色”。

为了迅速实现上述特色建设目标，我院传播专业采取了学术导向先行的发展战略，启动了“国家安全·文化·传播”系列专题研究，包括《文化软实力研究》、《中国传统文化与国家安全》、《网络传播安全研究》、《舆论安全研究》、《宗教传播与国家安全》、《汉语传播与国家安全》、《非传统安全与软力量的舆论支点》等十余个子项目科研工作。两年多来，已发表相关论文十多篇；重点研究的成果《网络舆情与社会稳定》、《文化建设与传播安全》等论著即将出版。在奥运会召开前夕，根据当时发生的拉萨“3·14”骚乱、奥运火炬海外传递风波等事件背景，我院文化与传播安全研究所举办了“当前涉华国际舆论形势及应对策略分析”研讨会，并把对国内外形势所作的分析判断形成报告，提交给主管部，受到重视和采纳。

在传播专业的建设过程中，该专业还产生了一批具有独创性、理论性、学术性的教改论文，在《人民网》、《中国教育报》以及学术刊物上公开发表了《传播业的发展及高校教育的应对》、《传播学专业教育的特殊性和教学方法创新之探讨》、《中美传播影响力研究》、《任务导向教学法的改革与探索——案例分析》等论文，其中《新专业的探索与创新——关于在传播学专业本科阶段开展科研实践的研究》获北京市教改立项并已经完成。

在教学过程中，传播专业的明显特点在于对学生实践能力的全面培养。该专业主要采取了下列措施：

(1) 在传授知识环节中引入“任务导向”教学法，有效地激发学生学习兴趣，实现从“以用促学”到“学以致用”的升华。

(2) 在培养专业能力方面，采用“仿真情境＋角色扮演”的实训模式，让学生们在“实战”环境中掌握相关专业能力和职业技能。

(3) 在培养科研实践能力方面，采用“工作坊”模式，由多位师生共同完成一项具体科研项目，形成产、学、研的完整链条，使学生既掌握科研的一般方法，又通过实际操作了解科研实践的奥秘。

(4) 在培养知识整合能力方面，实行相关课程的相互配合和联动，教师以传播领域中的“程序性知识”与“情境知识”为施教核心，训练学生了解社会实际，并在仿真经验中学习自我反省。

三、政府采购特色专业方向建设

政府采购是一个比较典型的跨学科专业。它汇聚政治学、经济学、法学、管理学等学科的知识，需要以创新的视角和理论进行研究和教学。我国政府采购领域的理论建设与实践管理，都处于起步阶段，许多重大问题急需深入研究，相关法规制度亟待完善提高，全社会对政府采购人才需求急剧增长。

为适应我国社会当前和长远发展的需要，我院凭借多年来在政府采购立法、理论研究和实践方面的优势，整合国际经济、文化传播、法律、公共管理等专业的专家学者，从 2008 年起在“国际经济与贸易”专业下开设特色突出的政府采购方向，并于 2009 年获批成为教育部第四批特色专业建设点。

这是我国目前在本科层次开设的第一个“政府采购”教学点。它的建设将对我国政府采购事业的发展具有促进作用，对该专业的教学和科研等相关方面的工作具有创新意义。同时，也可将政府采购领域目前的理论研究和实践工作提升到一个更高的层次。

我院政府采购专业方向的一个重要特点是专业设置在国际经济系。同时，学院组织了包括公共管理、文化传播、法律系相关专业教师在内的师资团队，进一步吸引国内外优秀人才，形成老中青结合，国内外学者结合的整体合力，共同致力于专业建设和教育创新。学院划拨专项经费每年派教师参加有关国际会议或国外培训、邀请国外学者开设有关讲座课程、与外国驻中国机构建立固定关系，进行经常性交流。与我院建立了固定合作关系的单位有美国驻华大使馆商务处、世界银行驻京办事处、韩国政府采购厅驻华办事处等。

在科研活动方面，我院拥有一支固定的硕士生、博士生队伍，同时积极吸收本科学生参加，在学科理论和实践上保证其前瞻性和创新性。学院聘请国内外高等院校和政府采购研究机构的专家学者作为兼职教授，定期授课，参与政府采购研究所的科研项目。

经过近两年的摸索和努力，目前该专业方向的培养方案已经正式收入《国际关系学院本科生学分制培养方案》(2010版)。政府采购方向的必修课与国际经济与贸易方向有许多必要的重合,专业方向特有的必修课和选修课并从第二学期起开设,合计约10门,主要有政府采购概论、政府采购与招标实务、公共采购法律导论、公共采购国际规则导论、公共合同制定与管理、电子公共采购系统操作等。

作为教学工作的基本条件,教学团队目前正在结合课程内容编写相关系列教材,主要有《政府采购与招标投标概论》、《政府采购实务》、《政府采购管理概论》、《公共财政概论》、《政府采购制度国际比较》、《政府采购协议概论》、《政府采购电子化概论》、《招标投标实务》、《政府采购条约法律研究》等,力争在近期形成覆盖政府采购主要领域、满足全日制专业培养、社会培训等多层次办学需要的国内首套完整的政府采购专业教材体系。

在实际培养过程中,政府采购方向特别注重具有宽阔视野、开拓创新和实践能力的新型人才。政府采购与招标课程本身贴近实践,课堂的学习就不能脱离实践,应随时了解社会发展前沿动态,按照实践走向设计个人的科研题目和论文方向,也增加学生学习的兴趣,及早调整自己的学习目标和职业目标。为了实现这个目标,在实践环节安排上,用三结合的方式进行:即,课程与见习相结合;科研与实践相结合;毕业论文与基地实习相结合。全体学生在课程学习的同时,必须在公共市场与政府采购研究所及其多个实践基地开展科研和实践。目前,我院已与国信招标集团、中国机电设备招标中心、广东佛山市南海区政府采购中心、河南省财政厅等单位合作建立了政府采购研究和实习基地,还在与一些国家部委和省级部门洽谈建立合作基地。

作为"国际关系学院公共市场与政府采购研究所"重要的对外信息发布窗口,我院建立了专门的网站(www.insgp.org)。这是我国高等院校中首家专门研究政府采购问题的科研网。网站力求及时、全面地报道、介绍研究所的科研成果和研究动向,内容包括:机构概况、新闻动态、法律法规、理论前沿、案例分析、电子采购、学者风采、独家专访、合作交流、学子园地、释疑解惑等。参与网站建设的有研究所的教师、本科生、研究生,所涉及的专业包括经济、政治、法律、公共管理等,成为学生开展实践的良好场所。2008年,我院申请的题为"以学术网站建设为平台,实现学生跨专业参与教学科研实践的人才培养模式研究"的教育教学改革项目获得了北京市的立项和经费支持,为网站建设提供了有力的支持和保障。

从上述三个特色专业建设的基本情况我们可以看到,新的专业建设都有着国际化、跨学科、重理论与实践相结合、重实践与创新能力培养等明显特点。这些特点实际上也是当代社会发展对人才培养提出的新要求和新标准,也应该是我院其他专业的发展方向和目标。

学院正在通过各种途径深入推广这些理念和目标，推动其他的专业和方向进一步转变观念，顺应时代发展对人才规格提出的新要求，为国家长远的、稳定的、安全的发展培养更多的适用人才。

以“质量工程”为抓手，走高校特色发展之路

外交学院

【摘　要】外交学院作为直属外交部的唯一一所高校，在长期的办学中形成了鲜明的外交外事特色。近年来，我院更是以“质量工程”为契机，通过一系列具有本院特色的质量工程项目建设，以特色求创新，带动全院上下在教学工作上开展的全方位、全过程的改革与创新，积极从专业建设、课程建设、师资队伍建设、实践教学与人才培养模式改革创新、教学管理等方面入手，加强内涵建设，提高人才培养质量，坚定不移地走高校特色发展之路。

【关键词】质量工程　高校特色发展　内涵式发展　措施　成效

世纪之交以来，我国高等教育在实现了快速的规模增长之后，人们关注的焦点不断转向质量以及与之密切相关的高校自我发展，高等教育的发展重心也开始从外延式发展向内涵式发展转型。尤其是随着“高等学校本科教学质量与教学改革工程”(以下简称“质量工程”)的开展与深入，高校特色发展作为高等教育优化结构、提高质量的重要途径之一得到了前所未有的重视。

早在2007年“质量工程”伊始之时，《教育部、财政部关于实施高等学校本科教学质量与教学改革工程的意见》(教高〔2007〕1号)中即明确提出了要“大力加强本科专业建设，按照优势突出、特色鲜明、新兴交叉、社会急需的原则，努力办出特色。”我国新世纪第一部教育发展纲要——《国家中长期教育改革和发展规划纲要(2010—2020年)》(以下简称“纲要”)则明确将把提高质量作为教育改革发展的核心任务，同时提出要“增强社会服务能力”、“优化结构办出特色”，并进一步指出要“促进高校办出特色……引导高校合理定位，克服同质化倾向，形成各自的办学理念和风格，在不同层次、不同领域办出特色，争创一流。”

实践表明，质量工程为各类高校的特色发展提供了前所未有的契机，对此，就行业特色院校而言，更应牢牢把握好特色发展的主基调，集中优势办出特色，并积极推进从教学到管理的相关建设工作，不但要依托行业，更要有效服务于所在行业，为之输送高质量的专业人才，与此同时，也使学生自我发展与自我实现的需求在此过程中得到更好的满足。

一、质量工程对高校特色发展的意义

在高等教育领域，特色二字本身的内涵就十分丰富，高校特色涵盖了办学思想与理念、办学模式与方法以及办学的社会贡献等层次的一系列内容，涉及办学定位、人才培养目标、学科建设、专业建设、课程建设、师资队伍建设、人才培养模式等方面的长期积累，并以相对稳定的状态积淀校园文化之中。由此可见，特色并非先天赋予，对所有高校而言均是如此，特色行业院校也不例外，或许唯有据自身条件与外部需求通过合理定位、优化学科专业结构、创新人才培养模式等内容开展持续建设才是可取之径。

就质量工程而言，其在众多项目的实施中，大力鼓励各院校充分体现特色、整合优势资源开展建设，对于院校特色发展发挥了重要的引领与助推作用。下面，结合我院这几年在质量工程建设中的体验，谈谈质量工程对高校特色发展的重要意义：

（一）发挥质量文化引领作用

质量工程的各项建设对我院特色发展起到了重要的质量文化引领作用。质量工程一经推出，即引起了学院领导班子的高度重视，并且，随着质量工程的开展与深入，全院上下对确立教学中心地位、突出我院外交外事特色、不断提高教学质量、关注以生为本等关系到学院发展的根本内容有了更为深入的认识和参与，相关的制度保障也趋于完善之中。经过近四年的质量工程建设，这种质量文化已逐渐渗透到了学院工作的方方面面，开始显现对教学活动及教学管理工作中的各个环节和涉众的积极影响，我们有理由相信，随着此项工作的不断推进，这种影响还将继续深入。这种质量文化上的引领对于丰富和提升我院的校园文化、促进我院的特色发展无疑具有十分重要的启迪作用。

（二）指明通向创新的主方向

实践表明，特色发展是高校办学中开展一系列创新的重要先决条件。我院在质量工程的建设中进一步巩固和发展了外交外事的办学特色，并且，已经逐渐发挥出其对创新的深层推动作用，对专业、课程、师资队伍、实践教学与人才培养模式、教学管理等方面的建设、改革与创新起到了关键的带动作用。举例而言，我院在外交外事实践教学领域就具有十分鲜明特色，并在国家级和北京市级质量工程相关领域（“实践教学与人才培养模式改革创新”）的建设中得到了教育部和北京市教委的充分认可，建成了国家级外交外事人才培养模式创新实验区和北京市级外交外事实验教学示范中心，上述实验教学和人才培养优质平台通过举办外交学院论坛和开展诸如模拟联合国、模拟新闻发言人、外交外事礼仪大赛等一系列高规格的实践教学活动，不断推动学生与外交一线的资深人士和学者开展对话，增进学生自我发展的能力。

（三）引导院校开展内涵建设

影响高校特色发展的因素基本可以概括为内因和外因，内因主要涉及学校办学过程所涉及的各项软/硬条件，外因主要涉及国家在高等教育领域实施的各项法规、制度、方针以及管理体制等。目前，我国高等教育领域无论是从质量工程1号、2号文件还是从新世纪第一部“纲要”解读，均把全面提高质量、鼓励高校办出特色作为重要内容，而在此过程中，引导高校开展内涵建设已经成为重要的实现途径。质量工程的建设正是一种“以外促内”的重要手段。从我院的实践看，自开展质量工程以来，学院立足外交外事特色，视教学质量为办学生命线，积极从专业建设、课程建设、师资队伍建设、实践教学与人才培养模式改革创新等方面入手，深入挖掘本院潜能，整合优势资源，充分利用质量工程项目的示范作用，促进教育资源配置的优化，提升人才培养的质量，巩固和增进学院的核心竞争力。

此外，通过质量工程建设，我院在资源上也得到了更为充分的支持，为学院走特色发展之路提供了重要支持。

二、我院推进质量工程建设的措施与成效

自2007年初教育部、财政部启动实施质量工程以来，外交学院在外交部的领导下，在教育部和北京市教委的指导下，积极投入质量工程建设，始终坚持把教学工作的中心放在提高教学质量上，在人才培养模式改革、专业与课程建设、师资队伍建设、教材建设等方面取得了显著成效，并建立了一系列行之有效的工作办法和管理规章制度，使我院的质量工程项目建设成效突出，对提升学院教学质量、进一步凝练学院特色发挥了显著作用，使学院更加坚定不移地走特色发展之路。

（一）我院推进质量工程建设的相关措施

我院紧密围绕外交外事办学特色，积极推进质量工程建设。在此过程中，从学院领导班子到全体师生齐心协力，积极探索，逐渐形成了一系列推进此项工作、有效保障质量的措施。从现有的经验看，主要表现在以下几个方面：

1. 加强领导，理清思路

加强组织领导是带动此项工作的重要前提，学院于2008年成立了由院党委书记任组长、有关院领导任副组长、各教学单位和有关职能部门主要负责人任成员的质量工程建设领导小组，下设由教务处处长任主任的质量工程建设办公室（以下简称质量工程办公室），办公室挂靠在教务处。其中，质量工程建设领导小组主要负责协商决定质量工程的重大方针和总体规划、经费预算与投入；质量工程建设办公室

主要负责质量工程的日常工作,包括项目建设的辅助决策,确定项目建设实施方案,组织对质量工程建设项目的申报、评审、实施、检查、审计和验收等。

在学院质量工程建设领导小组的领导下,质量工程办公室每年都会对学院的质量工程项目进行规划,拟定学院各年度的质量工程项目规划,发布质量工程项目立项指南,指导各院系做好相关项目的建设,并组织落实开展新项目建设的各项服务工作,如提供项目建设方面的信息支持、组织开展校内自评和校外专家咨询等。

此外,学院还通过确立阶段性长期发展目标,对各项中短期规划的制定起到宏观指导作用。例如,在第一期质量工程的建设过程中,学院经过广泛深入地征求意见,确立了“十一五”期间我院质量工程建设的总体发展目标:从 2007 年起,经过四年的质量工程建设,初步建立可持续发展机制,使我院本科教育的规模、结构、质量、效益协调发展。教学过程的信息化水平得以大幅度提高,教学管理制度更加健全,管理过程更加规范,监控体系更加完善;教师队伍结构更加合理,高层次人才数量达到一定规模,整体素质进一步提高;人才培养模式改革取得突破,以特色专业、精品课程等为代表的优质教学资源在人才培养中的示范辐射作用得以彰显;学生人文道德素质、实践能力和创新精神显著增强。

2. 科学管理,建章立制

质量工程项目是一个系统工程,涉及教学建设的方方面面,因此,必须加强其管理规章制度的建设。在此建设过程中,首先会由学院质量工程项目办公室基于广泛深入的前期调研,拟订质量工程项目管理与建设方面的规章制度。而后,组织各教学单位开展深入讨论与修改,达成一致意见。最后,提交教学指导委员会审议通过。

目前为止,我院形成了一系列行之有效的规章制度,例如,2007 年 3 月 21 日党委扩大会议通过了《关于深化教学改革、提高教学质量,落实“质量工程”的若干意见》,成为我院质量工程建设的指导性文件;2008 年 11 月 26 日,第四届教学指导委员会第三次会议通过了《外交学院本科教学质量工程实施意见》及《外交学院本科教学质量与教学改革工程项目管理办法》;2009 年 3 月,我院通过了《2009 年外交学院本科教学质量与教学改革工程项目申报指南》,等等。这一系列管理规章制度的确立,为我院的质量工程项目建设提供了管理依据。当然,随着质量工程的深入以及院内外经验交流与总结的深化,新的问题、新的良策势必还会不断产生,毕竟这一建设并无太多的前期经验可以借鉴,唯有在实践中不断探索、总结、交流与完善。

此外,学院不断加强对已有质量工程项目的项目管理。为使质量工程项目建设达到预期的效果,学院质量工程办公室加强了对项目建设的过程管理,保证做到实施项目“年初有规划、年中有检查、年底有总结”。在项目建设过程中,制定了各项质量工程项目检查表，着重就项目建设现状、阶段性成果、项目管理及经费使用情况、存在的不足及改进办法、项目的近期及长期目标等方面进行跟踪、监督和督促。

3. 突出特色，注重内涵

外交学院作为直属外交部的唯一一所高等院校，在长期的办学过程中，已经形成了极其鲜明的外交外事特色。在质量工程项目的建设过程中，学院更是紧紧抓住自身办学特色，不断进行深入挖掘，取得了显著成效。如我院外交外事人才培养模式创新实验区于2008年建成国家级人才培养模式创新实验区，同年，我院外交学专业、英语专业成为国家级特色专业建设点，外交外事翻译教学团队被评为北京市级优秀教学团队，等等。此外，在精品课程、精品教材、优秀教育教学成果奖、教育教学改革立项等方面，我院的质量工程项目均围绕外交外事特色开展深入建设，受益匪浅。

通过这些具有外交外事特色质量工程项目的建设，对我院推进自主发展和提升办学声誉无疑具有深远意义。办学特色是高校发展的灵魂，学校的特色建设已成为当前以及未来同类院校竞争的焦点，所以，唯有创建特色，以特色求质量，通过一系列具有我院特色的质量工程项目的建设，使我院的教学质量提升到一个新的台阶，才能为学院未来的发展打下坚实的基础。

4. 全面铺开，以点带面

我院的质量工程项目形成了国家级——北京市级——院级三级层次分明的体系，在学院教学建设中全面铺开，这些项目的建设，充分带动了学院整体教学水平的提升。

在人才培养模式改革方面，我院以国家级质量工程项目——外交外事人才培养模式创新实验区的建设为契机，开展了新一轮的人才培养模式改革，以人才培养方案的改革为切入口，按照五大基本原则进行改革。这五项基本原则具体为：① 课程设置要以学院的办学定位和专业培养目标为指导；② 以“外交外事人才培养模式创新实验区”为平台，实现包括学分制、培养方式、教学模式、教学方法、管理体制和运行机制等方面的改革和创新；③ 以培养高素质复合型的外交外事人才为导向，压缩必修课，增加选修课，既夯实基础，又保证学生知识结构的系统性和完整性，也为学生的个性发展和自我培养提供条件；④ 课程设置突出学院的特色和外语优势，更加适应我国新的外交外事工作和社会的需要，增强学生的就业竞争力；⑤ 强化实践教学，使实践教学体系化，引导学生开展创造性的学习，培养学生的实践能力、研究能力、创新意识、创新思维和创新能力，增强学生的学术发展潜力。目前，我院新的人才培养方案已经基本确定，并已在2008级新生中开始实施。同时，我院在“外交外事人才培养模式创新试验班”不断改进和完善本科生导师制，组织学生定期进行读书报告会，推进案例教学改革，进行择业经验交流，对人才培养模式改革做了有益的尝试。

在专业与课程建设方面，我院依托两个国家级特色专业（外交学专业、英语专业）建设点的建设以及一系列国家级、北京市级精品课和双语课的建设，加大学院专业和课程建设力度，并取得了显著成果。2009 年，根据《教育部关于公布 2008 年度高等学校专业设置备案或审批结果的通知》（教高[2008]10 号），我院英语系申请增设的“翻译专业”和国际经济学院申请增设的“金融学专业”均获教育部审批同意设置，并于 2009 年开始招生。此外，在课程建设方面，我院在原有的 2004～2007 年课程建设规划顺利完成的基础上，于 2008 年启动了新一轮的精品课程建设，建设院级一类精品课程 5 门，二类精品课程 12 门，使我院拥有了一批集教学名师、精品教材、精品课程于一体的课程，并拥有结构合理的优秀师资梯队和先进的课程体系、教学内容、教材、教学手段和教学方法，拥有成熟的网络课件，能够通过网络进行教学，同时，使精品课程的示范和辐射作用得以发挥，带动我院的课程建设的全面进步，更为有效地提高了我院的课程教学质量。

在师资队伍建设及管理队伍建设方面，我院依托教学名师、优秀教学团队以及优秀教学管理人员等质量工程项目的建设，进一步加大师资队伍建设及教学管理队伍建设的力度，学院还通过优秀青年骨干教师奖及教学成果奖的评审，激发教师的工作热情，鼓励教师将更多的精力投入到教学中去。

在教育教学方法改革方面，我院专业课和外语课多年来坚持“小班授课”的传统，对学生进行精英式培养，并将探索式教学、互动式教育、基于问题的教学等教学方法引入教学实践之中，取得了良好的效果。同时，通过开展学院教改立项工作，鼓励教师积极进行教学改革，推动教学内容、教学方法及手段的改革与更新，鼓励教学管理人员对教学管理工作开展深入调研和研究。

（二）我院质量工程建设的成效

近年来，我院质量工程建设的成效显著，取得了一系列成果：

1. 专业建设

我院在已有一个国家级特色专业建设点——外交学专业的基础上，2008 年，外交学专业、英语专业均成为北京市级特色专业建设点，同年，英语专业也成为国家级特色专业建设点。

2. 课程、教材建设

在我院已有 1 门国家级精品课程，4 门北京市级精品课程的基础上，自 2008 年以来，我院又获得三项北京市级精品：2008 年《外交学概论》、2009 年《国际关系理论》、2010 年《世界经济概论》。并且，今年我院的“欧美关系研究”被评为国家级双语示范课程，在此项建设上取得了突破。

在教材建设方面，继 2005 年《外交学概论》、2006 年《简明国际关系史》、《交流学十四讲》成为市级精品教材之后，2008 年以来，我院获得两项北京市级精品教材，分别是：《翻译的要素》、《口译学习与实践》。今年，在教育部第二批高等学校哲学社会科学重点教材项目招标中，我院获得 2 部首席和 1 部次席。

3. 实践教学与人才培养模式改革

在人才培养模式改革方面，我院积极探索，形成了“外交外事人才培养模式创新实验区”，这一实验区在 2008 年被教育部评定为国家级人才培养模式创新实验区。此后，我院的“外交外事翻译人才培养模式创新试验区”于 2009 年成为北京市级人才培养创新试验区。

我院历来重视实验实践教学，培养学生的实践能力。2009 年，我院“外交外事实验教学中心”成为北京市级实验教学示范中心。

4. 教学团队与高水平教师队伍建设

目前为止，我院先后已有六位教师获得北京市级教学名师奖。

在教学团队建设方面，我院的外交外事翻译教学团队和当代国际关系教学团队分别于 2008 年和 2009 年相继成为北京市级优秀教学团队，其中，外交外事翻译教学团队今年又被评为国家级优秀教学团队。

5. 教育教学改革立项

在已有 7 项市级教育教学改革立项项目的基础上，2008 年，我院《关于外交技能课程模拟教学的课程管理研究》、《〈大国兴衰〉课程创新思维教学方法探索》获得北京市高等学校教育教学改革立项项目。

6. 教育教学成果奖

我院在已有市级教育教学成果一等奖一项、二等奖两项的基础上，2008 年又获得北京市教育教学成果（高等教育）一等奖一项——“任务型精读教学模式的探索与实践”；二等奖两项，分别是：“思维训练模式下的法语口译教学改革”、“外交外事特色英语听力教学的探索与实践”。

此外，我院还有北京市优秀教学管理人员等项目。

在这些年质量工程建设过程中，我院充分挖掘学院办学特色，整合优势资源，形成了一系列层次分明、优势突出、特色鲜明的质量工程项目，在很大程度上提升了学院的整体教学水平。

（三）我院特色发展中所显示教学效果

我院在坚持以外交外事为特色的发展的过程中，通过质量工程项目等一系列优质教学资源的建设和带动，教学效果提升明显，我院学生所取得的成绩更是显示出学生专业素质好，基础知识扎实，自学和实践能力强，具备了我院人才培养目标规定的五种基本功和五种能力。

近年来，我们的学生在积极参与全国和北京市的各类活动和竞赛中，已取得个集体和个人奖项80余个，如：大学生社会实践首都贡献奖，第四届模拟联合国大会安理会“最佳提案奖”、“最佳演讲奖”，“杰赛普”模拟法庭中国赛区第一名，模拟联合国“团体冠军荣誉奖”、“团体杰出代表奖”、“立场文件奖”、“领导才能奖”、“杰出贡献奖”、“最佳演说奖”，第二届大学生东亚问题研讨会团体一等奖、“最佳组织奖”、“最佳礼仪奖”，全国法律高校“理律杯”模拟法庭比赛“优良辩手奖”，北京高校第三届外交外事礼仪大赛亚军，等等。

我院在多年的教学实践中，确立“外交学院的学生外语不过关，就不能成为合格的外交干部，其专业特长也难以发挥”的指导思想，英语教学一直保持着较高水平，学生在各项高水平英语竞赛中频频获奖，如：2008年，我院在全国大学生英语竞赛中获得一项特等奖、两项二等奖和四项三等奖，同年，在“第十二届外研杯全国英语辩论赛”中我院代表队获一等奖。2009年，我院学生获中央电视台“希望之星”英语风采大赛全国总决赛亚军、首届“高教社杯”全国英语口译大赛第一名、首届北京市大学生英语演讲比赛二等奖、“2009年北京市大学生英语演讲比赛”二等奖。2010年上半年，我院学生获“外研社杯”全国英语辩论赛中获季军、全国大学生英语竞赛北京赛区比赛特等奖。此外，我院学生多年来在全国大学英语四、六级考试，英语专业四、八级考试和法语专业四、八级考试中一直保持很高水平，通过率、平均分和各单项成绩均高于全国其他外语院校学生。

三、质量工程建设的设想与方案

（一）进一步加强项目管理

质量工程项目能否在教学实践中发挥应有的实效，后期的项目管理应该引起我们的关注。对此，今后我院将进一步加强已有质量工程项目的建设，对已申报下来的项目尽早规划，要按照《外交学院本科教学质量与教学改革工程项目管理办法》，进行定期检查和监督，使质量工程本身的质量也得到有效保障，这是此项工作能否有效促进教学质量的重要前提之一。为此，学院根据自身特点，制定了质量工程项目检查表，着重就项目建设现状、阶段性成果、项目管理及经费使用情况、存在的不足及改进办法、项目的近期及长期目标等方面进行跟踪、监督和督促，确保实施项目“年初有规划、年中有检查、年底有总结”。

（二）进一步加强沟通与交流

在质量工程建设过程中，加强与院校内外部的沟通与交流，即使是在竞争中，也有利于形成互为促进、互为协调的合作关系，现代高校应更好地运用“竞合”的理念，通过公平竞争、互补合作，形成双赢或多赢的格局，使高等教育资源配置拥有更为高效的产出。

今后，我院将通过“走出去、请进来”的办法，增进校际间沟通与交流，学习其他院校在质量工程建设与管理中先进的做法和经验。而对于质量工程项目建设的院内交流，我院将继续开展一些富有成效的活动，如定期召开质量工程项目建设工作会议与经验交流会、精品课建设座谈会等，增进各院系、各项目建设团队之间的沟通与交流，在学院内树立项目建设榜样，并推广其建设经验和方法。

（三）以项目建设带动学院教学质量的提升

我院在今后将继续推动质量工程项目建设，建设和完善“院级—市级—国家级”的三级建设与管理体制，并在学院建设中全面铺开。

在院级建设层面，加大对院级质量工程项目建设的支持力度，使更多的教师能够参与到质量工程项目建设中来，群策群力，发挥教师的主观能动性，提高学院的整体教学质量。

在北京市级、国家级质量工程项目建设层面，学院要进一步加大对项目建设的管理力度，使之成为学院质量工程项目建设的榜样和标杆，在全院范围内起到示范和带头作用。同时，也要进一步凝练学院特色，使这些市级、国家级质量工程项目成为同类院校质量工程项目建设中的佼佼者。

总之，通过质量工程建设，学院的办学特色得到了巩固和发展，学院的教学质量有了进一步提高。2010 年是第一期质量工程的收官之年，学院将依据《外交学院本科教学质量工程实施意见》中确定的“十一五”期间的发展目标，稳扎稳打，踏踏实实做好质量工程项目相关工作，走以质量为中心的内涵发展之路，不断完善和创新人才培养模式；增强品牌意识，立足学院办学优势与特色，全面提升专业建设和课程建设水平；坚持以教育教学研究推动教学改革，坚持以培养具有创新精神和实践能力的人才为重点；完善激励机制，调动教师从事教学工作、参与教学改革的积极性，坚持把人文教育和科学教育融入到人才培养的全过程，把德育、智育、体育、美育有机结合起来，努力为社会主义祖国培养“思想好、专业基础扎实、精通外语、知识面宽、有较强研究创新能力”的高素质、复合型外交外事人才！

如何打造特色专业的专业特色
——以中国劳动关系学院法学专业为例①

杨汉平　刘玉方　李红卫　王向前　李冰彬　中国劳动关系学院

【摘　要】建设特色专业，实为打造专业特色。开发并落实专业特色课程，引导学生将社会实践、学年论文、毕业实习、毕业论文与专业特色紧密结合，招收认同专业特色的学生，引导学生到与专业特色相关的单位就业，有助于培育专业特色。引导教师发挥专业优势，开展与专业特色相关的研究，并以科研成果反哺专业教学，有助于强化专业特色。引导教师利用与专业特色相关的学术资源优势，主动为社会提供服务，有助于彰显专业特色。此外，特色与基础并重、基础与特长结合、重在引导和激励是特色专业建设的重要原则。

【关键词】特色专业　教学　研究　服务　引导

目前，各高校都在按照教育部“高等学校本科教学质量与教学改革工程”的要求，开展特色专业建设。大家普遍认为，特色专业建设意义重大，但对如何做好特色专业建设工作感到茫然。尽管有教育部 2008 年颁布的《关于加强“质量工程”本科特色专业建设的指导性意见》，但由于其针对性、指导性不强，其所涉及的培养方案、课程与教材、实践教学、师资队伍、教学管理等建设要求，可适用于所有专业的建设。所以，如何开展特色专业建设、打造特色专业的专业特色，是一个值得研究和探讨的课题。

一、特色专业与专业特色

提及特色专业，人们常用“人无我有、人有我优”来概括。目前，除个别重点大学有专业设置自主权外，一般高校均须在教育部颁布的本科专业目录内开办专业。全国有七百多所本科院校，而目录内专业仅有两百多个。所以，一般高校开展特色专业建设，不可能在“人无我有”上做文章。“人无我有”不可行，“人有我优”呢？对于势力雄厚的重点高校，这可能是条行之有效的路径。但对于一般高校，特别是基础较为薄弱的新建本科院校，成功的可能性几乎为零。“人无我有”不可行，“人有我

① 本文系中国劳动关系学院 2009 年教育教学改革重点项目《我国普通高校特色专业建设存在的问题、经验及其完善》(项目编号:JG0902)的阶段性成果.

优”更不可行，这是否意味着一般高校没有开展特色专业建设的可能和空间了呢？

目前目录内专业按专业大类设置，专业口径、培养目标宽泛，难以反映社会对某一专业人才在不同专业方向上的不同需求。这启示我们：设置同一专业的不同高校，可以通过设计不同的专业方向建设特色专业。设计专业方向一般有两种方法：一种是根据就业去向细分，如市场营销专业，按业务岗位类型可分为市场调查与研究、营销策划与战略、国际市场营销等。一种是根据培养人才的类型细分，如可将某一专业人才分为理论研究型、应用型、复合型等[1]。我院法学专业根据其教学和研究的重点、培养的法律人才的主要去向，将劳动法与社会保障法作为专业方向。法学专业被学校推荐参评国家级特色专业建设点，就是因为该专业有与众不同的专业方向。

专业相同，专业方向不同，这里的专业方向可以理解为专业特色。所以，一般来说，所谓建设特色专业，实为打造专业特色。

二、如何打造特色专业的专业特色

教学、科研、社会服务是高校的三大职能。作为高校办学基本载体的专业，其主要职能概莫能外。所以，开展专业建设、打造专业特色，可以以教学、科研、社会服务作为线索。

（一）依靠教学培育专业特色

特色课程。专业是系列课程的有机组合。特色专业离不开特色课程，没有特色课程，也就无所谓特色专业。课程教学是实现专业人才培养目标的基本途径，特色专业人才培养目标的实现离不开专业特色课程的教学。目前，法学专业已开发出劳动法、社会保障法、劳动合同法等近十门专业特色课程，不仅有力支撑着法学这一特色专业的课程体系，而且成为了实现劳动法律人才培养目标的重要载体。

按照目前的培养方案，多数特色课程被设定为选修课，而非必修课。一方面，由于学生有选或不选特色课程的权利；另一方面专业选修课多安排在三四年级，此时有相当一部分学生已修满选修课学分。于是便会因修课人数达不到学校要求，很多特色课程开不起来。这样，学生修读的特色课程有限，掌握的劳动法、社会保障法方面的知识，及运用相关知识解决实际法律问题的能力有限，势必影响特色专业人才培养目标的实现。

多数特色课程不能被设定为必修课的原因，一是学校对专业总学分有限定，原则上不超过 150 学分；二是教育部规定的政治、外语等公共基础课所占学分较多，约为 45 学分；三是教育部法学学科教学指导委员会规定了 14 门专业核心课程，若每门课程按 4 学分计，则为 56 学分。此外，再除去毕业实习、毕业论文等教学环节占用的 10 多个学分，留给专业自主安排其他专业课程、专业特色课程的空间就极为有限了。

为强化专业特色课程教学，保证特色专业人才培养目标的实现，一方面，学校宜将专业总学分增加至165学分，为将全部或部分特色课程列为必修课留出空间；另一方面，在专业选修课模块中增设限选课模块，将确实不能或不宜纳入必修课的特色课程设定为专业限选课。

实践教学。高等教育是学术性与职业性相结合的专业教育。在大学毕业生就业形势日益严峻的当下，作为一所行业特色鲜明、主要培养应用型专门人才的教学型院校的特色专业，法学专业没有理由不重视实践教学。目前，模拟法庭、法律诊所、朝阳区人力资源和社会保障局、市职工法律服务中心、海淀区劳动争议仲裁委员会等一批体现劳动法特色的校内外实习实训基地已建设完成。但实事求是地说，法学专业的实践教学总体上仍然处于非常薄弱的状态。实践教学多停留在书面的培养方案中，落实状况很不理想。课堂讲授、理论教学居垄断地位，实践教学处边缘状态的状况未有较大改变。较为虚化的实践教学，并未对特色专业建设形成有力支撑。

社会实践、学年论文、毕业实习、毕业论文等课堂外实践教学环节，不仅是专业实践教学的重要组成部分，而且由于这些环节对培养学生实际工作能力，实现人才培养目标，具有深入性、集中性、综合性的特点，所以是加强专业建设、打造专业特色的重要抓手。但目前基本上处于放任自流、各行其是的状态。学生社会实践、毕业实习，多是自己联系单位，实践或实习内容也多由自己或实习单位确定。据了解，学生实践或实习的单位、实践或实习的内容，与专业特色劳动法、社会保障法相关的并不多。学生的学年论文、毕业论文也多为自选题目。尽管这些选题与法律相关，但以劳动法、社会保障法相关法律问题为研究对象的并不多。学生社会实践等实践环节之所以出现上述情况，与专业教师未能尽到引导、指导及提供帮助之责有关。

为了把社会实践等课堂外的实践教学落到实处，让其真正成为建设专业特色、培养应用型人才的有力支撑，除学校在制度层面进行激励与引领外，系部及专业建设负责人、甚至专业教师均应积极思考，如何将课堂外实践教学环节打造成专业特色建设的有力载体。例如，是否可引导学生到与劳动法、社会保障法相关的单位进行社会实践、毕业实习？是否可引导学生将与劳动法、社会保障法相关的法律问题作为学年论文、毕业论文的选题？

招生与就业。招生与就业是专业建设、专业教学的两个重要关口。招生工作与生源质量息息相关，优质生源将为特色专业建设奠定良好的基础。就业质量则在一定程度上代表了专业教学的质量、特色专业的建设水平。目前，总体而言，法学专业的生源质量较好，毕业生就业率较高。但结合特色专业建设工作分析，无论招生还是就业，仍有不尽如人意之处。

据初步统计，法学专业一届学生四年中流失的比率约为10%。流失的原因多种多样，但专业思想不牢固，对专业特色劳动法、社会保障法不认同是主要原因。这启示我们，为了选拔到真正认同专业特色、并乐于从事劳动法和社会保障法工作的考生，招生简章中有关专业特色内容的描述，通过各种媒体及校园开放日进行的招生宣传，有关专业特色内容的介绍应力求详尽。招录时，即使第一志愿报考法学专业的考生分数低一点，也要录取进来。进校后，一方面要认真做好新生的专业教育，进一步巩固学生的专业思想，加深其对专业特色的认同感；另一方面，学习中途，确有学生因专业兴趣提出转专业或转学要求的，学校应尽量予以满足。

与学生毕业实习单位大多不是劳动法和社会保障法相关单位相关，毕业生在劳动法、社会保障法相关单位就业的比例并不高。在大学毕业生就业形势严峻、法学专业毕业生尤甚的当下，要求毕业生到劳动法、社会保障法相关单位就业，似乎有不切实际，近乎苛刻之嫌。但据调查，仅律师事务所、法律服务所等机构对具有劳动法、社会保障法专长的法学毕业生的需求量就很大。所以，鼓励、引导法学专业毕业生到这类机构就业，在人才市场上、在法律实务界树立起学院法学专业劳动法、社会保障法特色人才的品牌和声誉是有可能的。

（二）依靠科研强化专业特色

教学与科研是高校的两项主要活动，犹如车之两轮、鸟之两翼。从理论上说，教学与科研是相辅相成的。一方面，教学没有科研做底蕴，教学就不会有活力，教学质量也不会高；另一方面，科研没有教学做目的，就是一种没有教育性的研究，就失去了高校科研的本质特征[2]。所以，没有劳动法、社会保障法领域的深入研究，没有劳动法、社会保障法领域研究成果对法学特色专业教学的反哺，打造法学专业特色，提高法学专业特色人才培养质量，就会成为无源之水、无本之木。事实的确如此，如果没有院级、省部级科研项目经费及成果的支撑，没有多年相关研究及成果的积累，法学专业就不可能有市级精品教材《劳动争议处理教程》、市级精品课程《劳动法学》。法学专业其他教材如《劳动法培训教程》、院精品课程如《劳动争议处理法》、《社会保障法》的建设情况亦如此。

以法学专业国家级特色专业建设为契机，加大劳动法、社会保障法问题的研究力度，将法学系建设成为全国劳动法研究中心，是特色专业建设的目标之一。要想实现该目标，就意味着我们劳动法研究的水平必须超过人大、北大、清华等著名法学院的同类研究。这些法学院拥有雄厚的研究资源，我们难以望其项背，该如何与其竞争呢?如果靠个别教师“单兵作战”，去跟人家竞争，岂不有蚂蚁撼大树之嫌！所以，办法只有一个：制度激励，团队作战。即以适当而有力的制度激励法学专业的所有教师都参与专业特色课程的讲授，或承担部分特色课程的讲授任务，以此推动所有教师尽快掌握劳动法的基本理论和知识，然后根据自己的专业背景及专业优势，开展某一方面的劳动法学研究，从而成长为劳动法学某个领域的专家。譬如，法理学教师研究劳动法基本理论，法制史教师研究劳动法制史，诉讼法教师研究劳动争议处理制度，国际法教师研究国际劳动法，合同法教师研究劳动合同法，行政法教师研究劳动行政法，公司法教师研究企业民主管理，刑法学教师研究劳动刑法学，等等。这样坚持三至五年，或更长一些时间，法学专业教师每人写一本与劳动法、社会保障法相关的法学专著，就会有20多本专著出版。藉此，法学专业教师就会在全国劳动法研究领域鹤立鸡群，就会超北大盖清华，成为国内最强大的劳动法研究团队。在此过程中，法学专业的专业特色将更加突出，专业特色课程的教学将更具活力，专业特色人才的培养质量将会更高。

（三）依靠服务彰显专业特色

从广义讲，大学的人才培养、科学研究也是一种社会服务。从狭义讲，社会服务仅仅是大学的三大职能之一，即大学利用自己的资源优势，通过提供技术和咨询服务等方式直接为社会提供人力、技术和智力支持，为解决相关社会问题提供直接的服务[3]。由此可见，大学开展的社会服务，不仅体现了大学作为公共机构理应承担的社会责任，而且展示了大学作为培养人才、研究科学的学术机构的存在意义和价值。对于一所大学言，其卓有成效的社会服务，将有力地宣传和彰显其在学科专业建设、科学研究、人才培养等方面的成就及特色，增加其社会知名度和美誉度。

凭借法学专业几代教师、二十多年来在劳动法、社会保障法领域的教学及研究成果，法学专业的专业特色日益显著。与此同时，涌现出了一批国内知名的劳动法、社会保障法专家。他们经常接受国内外媒体的采访，就我国劳动关系领域的热点及难点问题发表真知灼见，发挥着激浊扬清、普法弘法、保护劳动者权益、维护法律尊严、维护社会稳定的重要作用。此外，他们中多人参加了我国《劳动法》、《劳动合同法》、《促进就业法》、《劳动争议调解仲裁法》等劳动法律、法规的起草、论证等立法活动，提出了大量立法建议，其中一些有价值的建议被立法机关采纳，写进法律，为我国的劳动法制建设做出了重要贡献。

以上各项社会服务工作，一方面，集中宣传和彰显了我院法学专业在劳动法、社会保障法方面的成就及特色；另一方面，为参与教师积累鲜活案例、丰富法律实务经验提供了机会。教师将这些案例及经验运用于专业教学，显然有助于专业特色的进一步打造与凝练。为进一步发挥社会服务在法学专业特色建设中的重要作用，学院拟采取的措施有：通过学院高层运作，为法学专业搭建与全国人大、国务院、人力资源和社会保障部、全国总工会等机构对口单位的合作与服务平台；出台相关鼓励和支持法学专业教师开展社会服务的制度，如为研究课题提供配套经费，将被有关机构采纳的咨询报告或建议认定为科研成果，将相关社会服务折算成一定课时，作为减免教学工作量的依据等。

三、关于专业基础、个人兴趣与专业特色关系的思考

建设特色专业、打造专业特色，经常会遇到一些似是两难的问题：如何协调专业特色课程与基础课程在学时、学分方面的冲突？建设特色专业，培养个性化、特色化人才是否与“厚基础、宽口径”本科专业人才培养模式的改革趋势相矛盾？一味强调专业特色，是否会扼杀师生的研究及学习兴趣、甚至是研究及学习特长呢？

基础课程与特色课程。在既定的学时、学分框架内，专业特色课程与基础课程确实存在此消彼长、此强彼弱的问题。两类课程并重，不偏废任何一方，是特色专业建设的理想状态。为实现这一目标，在学时、学分有限的前提下，一是两类课程的设置与讲授都要少而精，必需、够用即可；二是充分调动学生学习的积极性，课上不够课外补，“堤内损失堤外补”。当然，如果可能，应适当增加总学时、总学分，为实现两类课程并重的理念提供较为宽松的空间。

专业基础与专业特长。一方面，减少专业种类，拓宽专业口径，按专业大类培养厚基础、宽口径、复合型专门人才是本科教育的改革方向；另一方面，尽管法学可细分为经济法、行政法、劳动法等部门法，但法学作为一级学科，一门有着深厚积淀的社会科学，有学界普遍认同的核心课程、研究方法、基本精神等，舍此，部门法的学习及研究就会成为空中楼阁。所以，绝不能因为“特色”而忽略了“基础”，否则就是舍本逐末。当然，一个人是不可能精通各类部门法的。所以，本科学生在掌握了法学基本理论、基础知识、一般方法的基础上，必须选择一个专业方向，把自己培养成学有专长之才。所以，建设特色专业，培养个性化、特色化人才与“厚基础、宽口径”本科专业人才培养模式的改革趋势并不矛盾。专业基础与专业特长是有机结合、相辅相成的关系。

个人兴趣与专业特色。法学专业动员师生参与专业特色建设的指导原则：一是自愿；二是引导；三是提供便利条件。对于学生而言，可通过招生宣传、专业教育、劳动法、社会保障法方面的专家讲座，增强其对专业特色的认同感。通过调整和完善现有的优秀毕业论文、优秀实习生、优秀毕业生等评选制度，鼓励和引导学生关注和从事与专业特色有关的学习及实践活动。通过为学生提供足够多的、好的实习单位、论文选题及就业信息，方便学生到与专业特色相关的单位实习，完成与专业特色相关的论文，或到与专业特色相关的单位就业。对于教师而言，一是通过会议、报告、研讨等方式，启发和引导教师联系学校、系部、专业的定位、使命、特色及面临的挑战，规划自己的专业发展；二是通过相关制度，如科研奖励与考核、教学奖励与考核、职称评聘等，鼓励和引导教师将自己的研究兴趣、专业特长与法学专业特色建设联系起来。

参考文献

[1] 侯立松.论高等学校特色专业建设的一般过程[J].辽宁教育研究,2005,(12):57.

[2] 田恩舜.建设高水平教学团队切实提高教学质量[J].中国高等教育,2008,(15-16):22.

[3] 陈健,沈兵虎.对我国当前大学社会服务职能优化的几点思考[J].新闻界,2009,(3):42.

对大学素质教育问题的思考

王义军 姬金铎 包锡姝 中国青年政治学院

【摘 要】大学素质教育是实现大学人才培养目标的理论和实践基础。大学素质教育是以知识学习为基础，以大学的课程教学为主要方式、使知识转化为学生素质的教育过程，是在这一转化过程中使学生获得创新精神和实践能力的教育理念。

【关键词】素质教育 人才 知识 学术 能力

素质教育是在改革开放过程中我国教育界形成的一个十分重要的教育理念，它一出现就在教育界引起了强烈的反响。但是，在如何理解和贯彻这一教育理念的问题上却存在着诸多不同的看法和认识。本文试图从教育理念与教育方针、教育政策的关系以及大学素质教育应该具有的内涵的角度进行分析，从而为大学教育过程中运用素质教育的理念重新认识大学的教学方针和培养目标，深入进行大学教育的改革提供点滴的帮助。

一、大学素质教育的提出

从全国解放到现在的60多年的时间里，我国的教育事业有了突飞猛进的发展。在教育事业的发展过程中，我国的教育理念也经历了几次重大的变化。在全国解放初期，我们全面学习和效仿苏联的教育思想和教育模式，在教育战线上全面学习凯洛夫的教育理论，注重基础知识、基本理论和基本技能的教育和训练。然而在1957年以后，在走中国自己的独特的社会主义道路和批判苏联的所谓修正主义的过程中，我国的教育事业逐渐接受并贯彻执行了毛泽东以实践为核心，以生产劳动和阶级斗争为主要内容的“无产阶级教育思想和理念”，因而从根本上否定和抛弃了凯洛夫以知识学习为核心的教育理论。这种情况发展到“文化大革命”时期，就出现了从根本上否定学校教育和知识教育的理论和实践，而出现了以社会为大课堂，以生产劳动和阶级斗争为唯一的学习内容的所谓的无产阶级教育路线。在这种教育观念的指导下，学校被关闭，大中小学生被赶到社会上去接受工人阶级和贫下中农的再教育。虽然“文革”后期中小学复了课，大学的理工科恢复了招生，但总体来说，学校以搞所谓的“斗、批、改”活动为主，知识学习为辅。

“文革”结束以后，我们痛感在教育事业上所遭受到的重大损失，在以邓小平为核心的党的第二代领导集体的统领下，在教育事业中开始了拨乱反正和改革开放。

当时，我们虽然没有再大力宣传凯洛夫的教育思想，但在尊重知识尊重人才的口号和环境下，知识的传授和学习成为大中小学校的中心任务。而且在恢复高考以后，这种以知识为中心的教育逐渐演变成了现在的以知识传授和积累为教育的根本目的的应试教育理念。应该说，这种应试教育有它应有的历史功绩。它在我们全民族中传播现代科学技术知识，提高全民族的知识文化水平方面起了极其重要的历史作用，这个成绩是不能够抹杀的。但是随着我国经济和科学技术的发展，这种以知识的传授和积累为目的的教育实践和教育理念越来越难以适应我国经济和社会的进一步发展的需要。在改革开放初期，我国的经济和社会发展是以学习和模仿其他先进和发达国家的经济社会发展模式和科学技术作为我们国家发展的动力和手段。在这样的历史时期，我们的教育以知识传授为中心的模式还能够适应经济发展的需要。但是从20世纪的90年代中期以后，我们的经济和社会发展已经到了一个转折的关头，即到了要从学习和模仿转变为以创新为发展动力的时代。在这种关键时期，我们的教育理论和实践也必须从以知识为目的与中心转变为以知识的创新为中心。而知识的创新就需要我们的教育事业以提高人的创新精神和能力为目的和归宿，而不再以知识的传授为依归。这一情况的出现正是我们的素质教育提出的时代的大背景，也是我们理解素质教育这个新的教育观念所应该把握的现实的前提条件。

上述可见，素质教育是在我国经济和社会发展的特定的历史条件下提出来的，因此它带有鲜明的中国特色。由于素质教育的提法适应了我国社会和经济发展的需要，适应了我国教育事业发展的要求，提出了我国教育事业发展中需要迫切解决的问题，因此它一提出就受到了广泛的关注和支持，而且迅速从中小学转移到大学高等教育领域，成为大学教育中的一个新的教育理念。

二、大学素质教育是一种教育理念

教育理念是对“教育是什么”的价值判断和基本看法。教育理念是一种思想观念，是一种价值期望。教育理念是人们在某些教育思想和教育理论及社会教育的实践影响下自发地产生出来的，它往往不是政府和党的提议和倡导的结果，也没有党和政府的方针政策那样的强制性和可执行性。但是，教育理念一旦产生出来就会对人们的教育行为和实践产生巨大的而且往往是意想不到的影响。这是因为它虽然没有强制性的特点，但是却在观念上影响甚至指引着人们的行为意志和实践方向。我们认为，大学素质教育是一种教育理念，特别是我国大学教育中的一个新的教育理念。大学素质教育理念与教育方针、教育政策不一样，两者不能混为一谈。教育理念对教育方针、政策的制定与实施具有导向性的作用和意义。教育理念表现在实践层面上就是教育方针、教育政策；学校的办学思路，即办学的指导思想、办学方针、政策、措施、目标等。教育理念有宏观与微观之分。此处所说的是宏观意义上的教育理念。

一般认为，教育方针是国家或政党在一定历史阶段提出的有关教育工作的总的方向和总指针，是教育基本政策的总概括。它是确定教育事业发展方向，指导整个教育事业发展的战略原则和行动纲领。由于教育方针的制订者——国家或执政党将教育方针作为贯彻整个教育发展方向的指针，因此，它具有全局性和强制的特征。由于不同的历史时期有不同的教育方针，所以，教育方针又具有阶段性。

人们通常把教育方针和教育政策连在一起使用。从本质上说，教育方针与教育政策并无实质区别，它们同属于一个理论范畴。但两者也有区别。从内容上看，教育方针主要是规定教育的性质、目的以及实现教育目的的基本途径。教育政策的内容则更为广泛。它可以是有关全国范围内的共同性问题，也可以是某一省市所面临的局部问题。因此，也可以说教育政策包含了教育方针，教育方针是一种特殊的教育政策。从特点上看，教育方针一旦形成就具有比一般教育政策更为鲜明的原则性、稳定性。在某一历史时期，教育方针只有一个，而教育政策却有较大的变通性和灵活性。从主体上看，制定教育方针的主体级别高，一般是由政党和国家的最高领导机关承担这一责任。而制定教育政策的主体级别差异较大，既可以是中央级的领导机关，也可以是地方权力机构和政府部门。

教育理念与教育方针、政策两者的关系是十分密切的。这首先表现为正确的教育理念是教育方针、政策制定的理论与思想基础。党和政府的教育方针、政策的制定是以一定的教育思想、理论和理念为指导进行的，是以理论为指导的实践活动。科学的、正确的教育理念是正确的教育方针、政策的理论保证；其次，科学正确的教育理念也是教育方针、政策贯彻执行的思想保证。我们国家的教育方针、政策是由党和政府依据相关的法律、法规和我国社会主义改革开放和社会主义建设事业的具体情况和实际需要，以一定的教育理论和理念为指导制定出来的。它的贯彻执行则不仅需要政府教育行政部门的工作和努力，更重要的是要有各类教育组织和各类学校的教师共同努力。而这些部门、机关和学校的教师和工作人员的教育理念的正确与否对教育方针、政策的贯彻执行有着十分重要的影响。这些人中存在的教育理念大多都是自发地产生的，因此也是多种多样的。这些教育理念有的是科学的、正确的，有些可能是不科学、不正确的。不科学的教育理念对教育方针、政策的贯彻执行起着阻碍作用。只有科学的教育理念才能对教育方针、政策的贯彻起到促进的作用。例如，应试教育理念就对我们目前的教育方针、政策的贯彻执行有着负面的影响。而素质教育的理念则是我们的教育方针、政策贯彻的得力助手。从这一点来看，我们就应该在积极贯彻我们的教育方针、政策的同时，积极地进行科学的教育理念的传播与渗透，以便在更大程度上统一广大教师和教学管理人员的教育思想和教育理念，为教育方针、政策的贯彻执行打下坚实的思想基础。

三、大学素质教育的内涵

素质教育的问题最先是针对中小学的基础教育提出来的，以后才推及到高等教育的领域。在推行素质教育的问题上，中小学与大学没有不同。这两者之间的差别主要是内涵上的不同。

首先，重视人才培养是大学教育的重要目的和根本任务。这是大学教育与中小学的基础教育截然不同的地方。中小学的教育主要应该是提高学生的基础素质，还不是严格意义上的人才培养。

大学教育的这种目的性可以从大学的办学目标和办学任务中反映出来。我国《高等教育法》明确规定："高等教育的任务是培养具有创新精神和实践能力的高级专门人才，发展科学技术文化，促进社会主义现代化建设。"在这里，我国的《高等教育法》为大学规定了三项任务。第一项是培养人才；第二项是发展科学技术文化；第三项是促进社会主义现代化建设。在这三项任务中，最主要的应该是第一项，即培养人才。这也是大学的中心任务，大学的其他两项任务是以第一项任务为前提和基础的。它是以培养人和教育人为目标来实现它为社会的文化发展和社会主义建设服务的任务的。因此，大学教育的目的可以概括为培养人才。

大学的这一培养目标是不是与素质教育相矛盾呢？我们说不矛盾。从素质和人才两个概念的内涵来看，两者有十分紧密的关系。我们这里所讲的人才具有两方面的含义，从人的内在含义上说，它所讲的就是一个人的素质；从人的外在含义，也就是从人与社会的关系来讲，它所指的则是一个人对社会的价值。因此，人才两个字包含了人和才的两个内容。这个"人"不是指自然人，而是具有一定社会所要求的素质的人，这个"才"也不是一般的才，而是能为社会所用之才。也可以说，素质是人才的内在本质，而才能是内在素质的外在表现。因此培养人才其实就是塑造与提高人的素质。大学就是要通过提高素质来培养人才。大学与技术培训有本质的不同。这一点很早以前人们就有了比较清楚的认识。早在19世纪的时候，英国的教育家约翰·亨利·纽曼就在他的名著《大学的理念》一书中谈到了大学教育与一般技术教育的区别。纽曼认为，大学教育确实从定义上就有别于职业或专业指导。大学教育目的是大力开阔眼界，扭转思想观念，培养思维习惯，并使人具备社会互动和人际交往的能力[1]。这就是说，大学教育与技术培训不同的地方就在于大学不是直接对学生进行技术训练，而是着眼于学生素质的提高。因此可以这样说，技术培训所培养的是专门的技术人才，是社会的有用之材。而大学教育所培养的是有较高素质的人才。

中小学的基础教育也是素质教育，这是我国《义务教育法》明文规定的。在素质教育这一点上，中小学与大学没有不同。这两者之间的差别表现在，一是上面我们所谈到的大学的素质教育着重于对社会所需人才的培养，这是中小学所没有的；再一个是表现在素质教育程度上的差别。中小学教育属于基础教育，它的素质教育是基础素质的教育，而大学的素质教育则属于高级素质教育。因为我国的《高等教育法》规定的大学培养目标是高级人才，这个高级表现在哪里呢？我们认为就表现在它具有比中小学的基础素质更高的素质。

第二，大学素质教育与中小学素质教育都强调知识的学习，但是在知识学习的内容和层次上不同。

我们知道提高人的素质教育，可以有家庭教育、社会教育等多种形式，学校教育是现代教育的主要形式。而学校教育的最重要的特点之一就是通过传授知识达到教育的目的。大学作为学校教育的一种形式又有它自己的特点。大学具有两种根本的职能，即提高人的素质的职能和知识传授推广和生产的职能。那么，我们要问，在大学的教育过程里，素质和知识之间到底有什么关系呢？我们认为，在大学里，知识教育是素质教育的基础，而素质教育则是知识教育的目的和归宿。大学的教育目的之一是提高人的素质，但是在大学的教育与教学过程中用什么方法或手段来提高大学生的素质呢？是通过知识的传授、推广与推进。在这个过程中，素质是目的，知识是工具和手段。大学教育的任务就是通过课堂教学及其他教学手段把知识转变为学生的素质。在这一过程中，就需要知识的形态发生两个转变。第一个转变是要把知识转变为人的素质。这个转变是知识形态的第一个转变。也就是把知识的客观形态转变为知识的主观形态。按照波普的哲学理论，存在着三个不同的世界，即世界1：物理客体或物理状态的世界；世界2：意识状态或精神状态的世界；世界3：思想的客观内容的世界。进入教育过程以前的知识可以像波普所说的那样被称为世界3。这也是波普所讲的客观知识，即存在于人的意识之外的知识世界。在教育和教学的过程中，客观形态的知识转化为主观形态的知识。这时知识进入了人的头脑，成为人的思想意识的组成部分。这种知识形态的转变不仅是知识的外表形态的变化，而且是知识内在形态的变化。也就是说，它不是图书馆的书库搬家，从纸中的知识变成了脑中的知识，就像从书库中的纸质文件变成了电脑中的网络文件那样。通过教育过程所形成的知识形态的变化实质上是知识化育人格的过程①，

① 知识化育人格这个问题，刘铁芳在最近的高等教育研究杂志上发表的一篇题为《重新甄定大学学术研究的根本目标》的文章中有较为精彩的论述。他在文章中说，“显然，大学的学术研究不仅仅是培育亲知，更要以学问精神来化育新人，确切地说，是在培育新知的过程中启迪人格，化育新人。大学的学术研究首先成就的是学者自身的人格……与同时，广博的学问精神敞开年轻人的生命空间，使他们的情感得到充分的陶冶，并使他们的理智得到充分的扩张与锻造，由此而获得心灵世界的扩展，大学的学术研究也因此而成为引领年轻人精神成人的重要基础。”(载《高等教育研究》2009.12.8)

也就是用知识来教育人、培养人，使学习者成为知识人的过程。这也就是知识转化为受教育者的素质的过程。我们一般认为大学教育和知识搬家不一样，只是从书库里把书取出来，放到人的大脑里去。这只是知识的一种位置的移动，而不是知识形态的变化。因此，我们学习知识的成果就是会记会背，如果再进一步要求就是会解释，最终的目的是会应用。这样的知识学习理论至今还占据着大多数人的头脑。然而西方的教育理论家们却早就超越了这样的学习论。纽曼的博雅教育理论就是这方面的代表。在他的教育理论中，大学生通过知识的学习，把知识变成了心智的组成部分，从而改变了他们的品格，使他们从普通人变成了博雅的绅士。知识分子不再是只会背诵或传授已有知识的人，而成了以知识所形成的品格装备起来的文雅之士或称为知识人。这种知识人不仅能记诵知识，而且能创造新知识；第二个转变是要把素质转变为新的知识，即创新知识。这正是下面的问题所要谈到的。

第三，中小学教育属于基础教育，它的素质教育是基础素质的教育，而大学的素质教育则属于比基础素质更高层面的素质教育。因为我国的《高等教育法》规定的大学培养目标是高级人才，这个高级表现在哪里呢？就表现在它具有比中小学的基础素质更高的素质。这种更高级的素质主要表现在两个方面。第一个方面就是从广义上来说，大学的素质既包括上面我们上面所说的人的素质，又包括才的素质，是人的内在素质与社会所要求的才的素质的结合；第二个方面是说，大学要培养与基础教育不同的更高的素质。这个素质就是知识创新的素质。中小学主要任务是学习已有的知识，大学的主要任务是学习创造新的知识。这种创造新的知识的能力和素质就是大学素质教育的核心内容。而要创新知识，就要有创新知识的精神与方法，这个方法就是学术的精神与方法。这种学术的精神与方法正是大学教育的根本方法与大学素质教育的根本内容。这一观点在国内外的教育家们关于大学的功能和理念的认识中多样论述。我国大学教育的开拓者蔡元培先生就曾明确指出，“大学者，研究高深学问者也”，他还说，“在大学必择其以终身研究学问者为之师，而希望学生于研究学问以外，别无何等之目的”[2]。我国当代的教育家杨淑子去年在《高等教育研究》上发表的题为《素质教育：改革开放 30 年中国教育思想一大硕果》的文章中也谈到这个问题。他在文章中写道，“……正因为高等学校是实施高等教育，培育高等人才的机构，所以其固有的特性，是学术，是学科建设，是研究高级文化，是营造有关学科的学术文化环境。……不将学术作为高等学校的工作的基础，就不是高等学校，就不能以高级文化、创新文化、前沿文化来培育高级人才。育人必须立足于学术，学术首先服务于育人，学术就是高级学问，就是深刻的人文，高尚的艺术，现代的科学，先进的技术，犀利的哲理。”[3]这里涉及的一个知识、学问与学术三者之间的关系问题。在我们看来，知识所包括的内容可分为这样两种：一种是作为认识成果的知识；一种是作为认识过程的知识。一般人所讲的知识主要讲以认识成果而存在的知识，而很少注意到以认识过程存在的知识。因此，人们才发明了学问这个词。学问这个概念讲的主要是知识的学习、推广与推进的方法方面的知识。所谓学就是指个人学习知识的过程；所谓问就是在自己学习知识时的理解过程和在与其他人的交流与辩论过程中理解和发展知识。而学术则主要是指传授、推广和推进知识的技术和方法。在中小学的基础教育阶段，我们所注重的主要是对已有知识成果的传承，但这只是知识的一个方面的内容。在大学我们则应该更为注重知识的另一方面，即知识的生产与发展过程的教育。这也正是为什么大学教育要注重学术研究的一个重要原因。

古今教育家们把学术强调到这样重要的地位是因为，学术研究乃是知识生产，即知识的推广和创造的唯一有效的方法。我们现在是知识社会，与传统的、以经验为主的社会是截然不同的。在传统的社会里人们是以经验为安身立命的工具的，而经验的获得可以通过经验的传递或实践的方法获得。因此，这时候的学术与理论知识在社会生活中的地位并不明显。然而在知识社会里，知识和知识生产的地位就不一样了。我们现在讲提高人的创造力，建设创新型社会和创新型国家，这种创新其实就是知识的创新，其他的一切创新都是建立在这个基础之上的。因此，作为推广知识和创造知识的大学的地位也发生了重大的变化，学术在大学中的地位也受到了越来越多的人的重视。我们的高等教育法明确规定，大学要培养的是具有创新精神和实践能力的高级专门人才。也就是说，创新素质是大学素质的核心。创新素质包括创新精神和创新方法以及由此产生的创新能力。创新精神和创新方法其实就是学术研究所具有的精神和方法。创新精神就是学术研究所应具备的那些精神，包括独立思考的精神，对已有知识的质疑和深入探讨的精神，对现实问题求真务实精神，等等。创新方法就是从事学术研究所应采取的科学方法。总之，在知识社会和创新型社会里，人人都要有创新精神，都要有所发现、有所发明、有所前进。这就要求人人都要用学术研究的精神去研究所面临的工作和实际当中的问题，以新的更加科学的方法去解决这些问题。因此，大学的素质教育与大学的学术研究是相一致的。作为大学教育的学术要立足于大学的素质教育，为素质教育服务。

第四，大学素质教育比中小学更为重视能力的培养。

素质与能力是两个既互相区别又互相联系的概念。素质与能力都是人的品质的表现。与能力相比，素质更具有全面性与综合性。从广义来讲，素质可以包括能力，而能力则不能包括素质。能力只是人的素质的一个方面的表现。人的素质包括德、智、体、美的各个方面。一个人的素质高低要从多个方面去进行衡量。不能仅从一个方面就说这个人的素质如何。但是就能力来说，我们所讲的都是这个人某一方面的具体的能力。人的有些素质可以从能力上来表现，但是有一些素质则不能表现为某种能力，比如道德品质就是这样。所以我们常常说某个人的能力强，但道德品质差。素质所表示的是人的内在的品质，而能力所表示的则是人的外在的力量。也可以说，素质是属于主观性的东西，它是不及物的；而能力是客观的东西，它是及物的，它需要通过人对客观事物的作用力表现出来。人的能力按照其作用对象的不同可以分为这样几种：一种是处理人际关系的社交能力；一种是处理社会问题的工作能力；一种是处理与自然界关系的劳动能力；还有一种是处理科学技术问题的科学研究能力。能力都是具体的，而素质则往往具有较多的综合性特征。素质是通过学习来培养的，而能力必须通过实践才能获得。

大学教育的目的是提高学生的素质还是培养学生的能力，这个问题自古以来就有争论。在19世纪中叶，在欧洲对这个问题的争论特别激烈。上面我们提到的英国的大教育家纽曼是力主素质教育理念的教育家。他的名著《大学的理念》通篇讲的就是这个道理。他把大学教育看作是博雅教育，所培养的是具有广博的知识修养和优雅风度的绅士。而与他同时的大科学家与教育家赫胥黎却对纽曼的大学理念表示了深切的忧虑。因为正是在这个时候，在隔海相对的德国，在洪德堡所提出的新的大学理念的影响下，以培养科学技术人才为目标的大学理念已经兴起，并在德国科学技术的发展上起了关键性的作用。现代的大学则综合了前两种大学理念，坚持的是素质与能力并重的办学思路。我国在全国解放以后的这几十年时间里，大学的办学理念有两次大的变化。这些变化都与我们对素质的内涵的理解有很大的关系。改革开放以前的近三十年时间里，我们所强调的素质是政治觉悟和阶级感情，我们强调的能力是为社会主义建设服务的劳动能力。因此，那时的教育方针就是要培养有社会主义觉悟、有一定技术专长的劳动者。这也就是当时所流行的又红又专的口号。改革开放以后，我们的大学教育理念发生了很大的变化。在这一时期，我们完全抛弃了苏联的大学理念，转而接受了西方的大学理念，开始重视大学生的综合素质教育问题。并引进了通才教育与通识教育等观念，在教育机构、教学方法、课程建设等方面进行了一系列的改革，使大学教育补上了素质教育这一课。

参考文献

[1]（英）约翰·亨利·纽曼．大学的理念[M]．高师师，等，译．贵阳：贵州教育出版社，2003.

[2] 金耀基．大学之理念[M]（增订版）．北京：三联书店，2008.

[3] 杨淑子．素质教育：改革开放30年中国教育思想一大硕果[J]．高等教育研究，2009(6).

理想与现实:以高等教育分类透视行业性本科院校人才培养工作

谭　胜　中国人民公安大学

【摘　要】本文从两个维度分析行业性院校本科人才培养工作,一是从国内外高等教育分类体系出发,从理论上确定行业性本科院校在国家高等教育体系中的地位与作用及其人才培养标准与要求;二是从高等教育体制改革等现实角度,分析行业性院校本科人才培养工作在专业设置、培养定位以及教育教学体系等方面面临的问题与挑战。以理论透视现实问题,本文就进一步加强和改进行业性院校本科人才培养工作提出意见与建议。

【关键词】行业性　本科人才　培养　特色

我国现阶段行业性院校发端于建国初期。1952年,新中国为了适应社会主义建设需要而在全国范围内进行大规模的院系调整,并兴建了一批单科性行业院校。几十年来,行业性院校围绕国家建设与行业发展需求,为国家培养了数以万计的专业技术人才。当前,随着我国高等教育体制改革和高等教育的发展,行业性院校正处在分化、转型、发展的重要时期,如何继续保持并发扬自身特色,培养适应新时期社会和行业需要的人才,是现阶段很多行业性院校面临的现实问题。

一、高等教育分类体系中的行业性院校

截至2009年,我国各类高等教育总规模达到2979万人,高等教育毛入学率达到24.2%,高等院校的数量也达到2689所,已成为世界高等教育第一大国①。面对如此大规模的高等教育,分类指导、分层办学已成为当前高等教育的必然选择。行业性院校是我国高等教育体系不可或缺的一部分,在高等教育分类体系具有重要地位和明确的任务分工。虽然名称不同,但世界各国也对行业性院校给予了明确的定位。联合国教科文组织颁布的国际教育标准分类法(ISCED 1997)②将学前教育到博士研究教育的整个教育历程分为7级(学前教育代码为0),其中第6级为高

① 2008年全国教育事业发展统计公报[EB/OL]. http://www.moe.edu.cn/edoas/website18/09/info1280796844414209.htm

② 联合国教科文组织教育统计局. 国际教育标准分类[S]. 1997.

等教育第二阶段，即具备高级研究资格(Senior Research Qualification)，相当于我国的研究生教育阶段；第5级为高等教育第一阶段，包括本科与专科教育。第5级分A、B两类，其中5A级是学术型或理论型的。5B级课程与具体职业衔接，主要目的是让学生获得从事某类职业或行业所需的实际技能或技术。5A级又分为5A1与5A2两类，即前者是按学科设置专业，为学术研究做准备，而后者以行业需要设置专业，实施一定理论与技术要求的专业教育，培养行业发展需要的应用型人才。

我国教育部教育发展研究中心从“教学型学院——研究型大学”维度将我国高等院校纵向分为研究型大学等四个层次；从“学术型人才——应用型人才培养”维度，横向分为学术型与应用型高校。如表一，学术型人才培养的体系框架包含以北京大学为龙头的广博研究大学、一些以文理学科为基础发展起来的综合大学、地方文理综合学院和城市学院；应用型人才培养的体系框架包含以清华大学为龙头的特色研究大学、原部委管理的行业特色鲜明的专业大学、地方专业学院和高等职业学院，再往下包含中等职业学校等。如果与国际标准比对，特色研究大学仍以学术研究见长，应属于5A1型的；而中等和高等职业教育应用型人才培养是以岗位来设计专业，主要培养适应某种岗位的应用型专科人才，对应于5B型。在这两者之间即为本科层次的专业大学与学院，或称之为行业性院校，对应于5A2型。这类院校人才培养有两方面特征，一是与综合性大学相比，更加强调学生技能性和专业性素质，主张培养能将专业理论运用于行业实践的应用型人才；二是与高等职业学院相比，更加强调学生通用性和创新性，强调KAQ(知识Knowledge、能力Ability、素质Quality)协调发展，培养具有综合素质的现代人才。可见，行业性院校与其他类型院校不但有着教学、科研重心的不同，而且更具有人才培养目标与规格的差异。

表1 高等学校的分类设计

类型 层次	学术型人才培养	应用型人才培养
研究型大学	广博研究大学	特色研究大学
教学科研型大学	综合大学	专业大学
本科教学型学院	综合学院	专业学院
专科教学型学院	城市学院	职业技术学院

来源：马陆亭．高等学校的分层与管理[M]．广州：广东教育出版社，2004.

二、新形势下行业性院校人才培养工作面临的问题与挑战

从我国高等教育分类体系层面看，行业性院校办学定位明确，人才培养任务清晰。但是，经过高等教育大众化发展，特别是从20世纪90年代开始的部分中央部委院校管理体制改革，行业性院校在学科专业设置、人才培养定位或具体教育教学

过程等方面均面临着新的问题和新的挑战。

（一）学科专业设置："基础"与"特色"

学科专业是高等院校人才培养体系的顶层设计，是决定学生毕业后"要干什么"的问题。由于服务行业需要的办学宗旨，行业性院校在长期的办学过程中形成了一批特色明显，实力雄厚的传统优势学科专业。随着社会经济的转型和高等教育体制改革的深入，很多行业性院校在办学过程中出现一些结构性的矛盾，专业覆盖面窄、基础学科发展不足等问题日益突出。一项对15所行业性院校拥有国家重点学科的调查显示，2007年，这15所学校共拥有二级重点学科120个，其中与行业密切相关的116个，占总数的96.7%；经济管理类学科3个，占总数的2.5%；基础理论学科仅占1个，仅占总数的0.83%①。可见，具备单一优势学科专业是行业院校的一大特色，但也是其先天不足的问题。因为现代科学发展已由分化走向综合化、整体化，而基础理论学科的薄弱致使行业性院校学科专业发展原创性滞后，因此不少单一传统学科趋于老化，专业特色愈发黯淡，市场空间越来越狭窄，难以适应当前科学技术多学科交叉与整体发展的趋势。

行业性院校学科专业布局另一极端是趋同化倾向，部分行业院校盲目追求综合化发展和"大而全"，对传统的行业特色专业进行了不科学的调整，甚至有的优势专业被撤销，而新建的专业又很难在短期内提升实力，形成优势与特色。据统计，原冶金类院校2008年本科招生，行业特色专业招生人数仅占总人数的17%～25%，而矿业类院校仅为14%。还有的行业院校为追求综合化发展，纷纷更名，其中产业类、资源类院校更名比例最高，在56所管理体制改革后的产业类院校中，有46所现在的校名已"去行业化"了，比例高达86.8%②。盲目的学科专业改造或"去行业化"行为必将淡化学校业已形成的优势与特色，必将削弱其竞争力。"基础"与"特色"这两个似为矛盾的两极，却决定着学校的办学方向和毕业生的总体去向，更是深层次上决定着学生知识能力结构。如何正确处理两者关系，是行业性院校当前务必厘清的问题。

（二）人才培养定位："专业"与"职业"

人才培养定位是高等院校人才培养的起点，是决定学生毕业后"能干什么"的问题。长期以来，行业性院校以服务行业需求为方向标，依托行业、产业资源与优势培养了大量地将科研成果转化为具体生产力，在生产一线从事技术开发、技术应用和生产管理的专业人才。但是另一个事实是，随着高等教育形势的发展，全国高等

---

① 罗维东．新时期行业特色高效发展趋势分析及对策思考[J]．中国高教研究．2009,(3):2.

② 罗维东．行业背景高校"非特色化"趋势须扭转[N]．中国教育报．2009-4-28.

院校毕业生就业形势日益严峻，从事的职业范围越来越广泛。麦可思(MyCOS)大学生就业能力调查显示，2007、2008、2009三个年度全国非211院校的毕业生就业专业相关率平均值为70%左右，211院校约为72%。行业性院校因其专业的特殊性，其毕业生就业能力排名靠前，如在2008年非211院校毕业生就业能力的调查中，位列第一是某行业院校，但其专业相关率只为58%[①]。这也就是说，部分行业性院校中有1/3甚至近半数的毕业生就业岗位与专业不相关。进一步分析，就业岗位专业不相关有两种情况：其一，学生毕业后职业脱离原有行业，即完全“学非所用”，如一些地矿类毕业生很少到煤炭系统就业，由此导致行业与相关院校间的人才脱钩[②]；第二，学生毕业后虽在特定行业，但从事的岗位并非所学专业，例如公安院校毕业生第一任职很多是在基层队所从事普通治安管理工作。

毕业生就业专业相关率，这不仅是体制问题，更是观念问题，即蕴含着现代人才观念的转变，人才“专”与“通”的问题。由此，行业性院校人才培养定位也正面临着“专才”与“通才”的选择，是继续坚持专业精英教育，培养行业甚至对应岗位的“专才”，还是强调宽厚的基础，培养广泛适应性的“通才”。过于强调专业需要，培养“专才”，可能使得行业性院校落后于高等教育形势的发展，不适应现代社会对人才的需求；而过于强调职业需求，也可能使其脱离原有行业的依托，失去行业特色。因此，“专业”与“职业”的人才培养定位是每所行业性院校在当前形势下必须认真思索的问题。

（三）教育教学过程：“理论”与“实践”

教育教学过程涉及课程、师资等方方面面，所要解决的是为达到既定人才培养目标，高等院校该“怎么办”的问题。在教育教学过程众多因素中，“理论教学”与“实践教学”的关系对于每所高等院校都是一个永久的话题，而对于行业性院校更是一个具有特殊意义的问题。因为，从国内外高等教育分类体系来看，行业性院校身处学术型综合大学与职业型高等院校之间，是“偏理论”与“偏实践”人才培养模式的中间地带。理论与实践相结合的教学理念在行业院校的教育教学过程中尤显突出。

面对新一轮教育教学改革，行业性院校教育教学工作必须首先考虑两个问题，一是校内理论课与实践课的比例划分问题。由于人才培养目标的重新定位或调整，课程体系的变化，定理论与实践教学的内容及其授课方式也应随之调整；二是校外实践教学与校内理论教学衔接问题。长期以来，很多行业性院校依托行业部门培养学生的专业实践能力。管理体制改革后，由于缺乏原行业管理部门的宏观协调，部分院校与业务部门这种协作关系可能受到影响。学校需要采取新的措施巩固原有

① 2009年度大学生就业能力排行榜[EB/OL]. http://learning.sohu.com/s2009/dxsjy2009/

② 颜事龙．特色、内涵：行业院校办学若干问题的思考[J]．煤炭高等就业，2009(2).:22.

关系或开拓新的、适合专业发展需要的实践教学基地。在此过程中,还必须考虑校外实践的专业适应性问题。校外实践是将学校理论教学运用于行业一线的重要手段,直接关系到学生将来专业能力的发展。所以,选定“专业对口”的实践教学基地或实践岗位,使校内教学与校外实践有机衔接起来,这是很多行业院校当前面临的一大挑战。

三、行业性院校人才培养工作应对策略

高等教育分类体系从理论上指明了行业性院校的办学定位和人才培养特征,而当前面临的问题与挑战又使其人才培养工作回归现实。通过这一“应然”与“实然”的对比,行业性院校必须更加清晰地认识到自身在国民教育体系中的地位与作用,更加明确办学方向和服务方向,并要根据高等教育形势的发展要求,结合自身办学实际,从学科专业的顶层设计到教育教学过程等各方面进一步优化与完善人才培养体制。

(一)科学构建学科专业群,走特色型发展之路

如前所述,部分行业性院校传统优势专业或因缺乏基础学科的支撑而趋于老化,发展后劲不足,或盲目趋同而渐失优势。据此,行业性本科院校必须依据现代科学技术进行学科专业改造或调整,构建科学合理的学科专业群。所谓学科专业群是指为适应社会经济与科技发展的需要,由若干相关学科围绕某一共同领域,以一定形式结合而成的学科专业群体。它一般由带头学科—支撑学科—相关学科专业层次化结构组成[①]。就行业性院校来说,不论其发展战略如何变化,在构建学科专业群时,首先应以传统的优势学科为依托,围绕特定行业的应用学科专业和区域经济发展急需的学科专业确定“带头学科”和特色专业。国内外大学发展的实践表明,凡是能够引领学科专业发展前沿的大学,一定是办学定位明确、学科专业群特色显著的大学。行业性院校应从自身的办学传统中寻找优势,注重特色品牌学科的专业建设,同时依据现代学科发展观念对传统学科专业进行改造,适度寻找新的学科专业增长点,形成新的优势与特色,使学科专业发展紧跟时代发展的需求,保持持久的生命力。

其次,“带头学科”优势的发挥依赖于“支撑学科”与“相关学科”等基础学科专业的发展,基础学科为“带头学科”改造与发展提供现代理论支持,增强特色学科的原创力;基础专业可丰富特色专业人才培养氛围,形成良好的交叉学科环境,提升人才培养质量。带头学科是学校办学优势与特色的体现,但没有基础学科专业,带

---

① 王忠伟,谢国保. 行业性院校学科专业的改造[J]. 教育评论,2006(6):33.

头学科专业就难以持久保持其特色与优势。行业性院校必须深入研究学科体系结构，找准专业理论基础或相关拓展专业领域，适度发展基础学科或开办基础学科专业。总之，在学科专业建设中，行业性院校要遵循学科专业发展规律，在带头学科、支撑学科、相关学科之间保持适度的张力，做到重点突出又层次分明。只有这样才能从源头上增强行业性院校办学及其人才培养工作的社会适应性，使之真正成为特色型行业院校，走特色发展之路。

（二）设置模块化课程体系，优化学生素质结构

针对现代人才观念及毕业生就业现实需求，行业性本科院校人才培养工作应坚持“宽口径、厚基础、重实践、强能力”的人才培养理念，优化学生素质结构，构建“专业课＋行业基础课＋通识课”模块化课程体系。第一，加强专业教育，兼顾学生行业专门知识与技能的传授与培养。实施以专业理论与知识为基础的专业教育是培养行业应用型人才的基本途径。行业性院校本科人才培养工作要着眼学生毕业后“干什么和能干什么”的问题，根据不同行业和不同工作岗位的业务范围及专业素质要求，厘清各专业内涵与专业知识体系结构，科学设定专业教育教学内容及其课程体系，为各业务部门培养符合需要的高层次应用型专门人才；第二，应对基层岗位第一任职需要，兼顾学生行业基础知识与基本技能的掌握。针对部分毕业生在行业内第一任职专业不对口的现实，高校必须认真研究行业工作特征，将行业领域内一些普识性的基础知识体系化，培养学生行业基础技能和基本能力，适应学生第一任职需要及其岗位转换要求；第三，把握现代教育理念和高等教育规律，兼顾学生综合素养提高。行业性院校本身是国民教育体系一部分，其人才培养工作必须依据高等教育规律，把握现代教育理念，适应现代人才观念的发展，充分重视通识教育，使学生不但具备深厚的专业理论与过硬的专业技能，更具有宽厚的自然、人文、科技等综合素养和较为广泛的工作生活适应能力。

专业教育、第一任职教育、通识教育三者应贯穿于行业性院校人才培养的全过程，这既是适应高等教育发展改革与发展的趋势，也是行业性院校本科人才培养工作的特色所在。只有三者适度结合，兼顾毕业生三个方面的能力与素质，才能更加明显地区别于高等职业院校岗位训练式的“职业教育”，也能显著区别于综合性院校理论性人才培养模式。行业性院校必须紧密围绕学生这三方面能力与素质，合理设置课程体系，科学构建人才培养方案，努力达到“通才”与“专才”培养的平衡，真正实现高层次应用型本科人才的培养目标。

（三）面向业务实践互融双通，努力创新教育教学体系

在既定学科专业结构及人才培养定位的条件下，行业性院校本科人才培养工作根本的就是建立一个面向行业业务实践的、理论与实践相结合的教育教学体系。

首先，整合不同类型、不同层次课程的不同要求，建立校内教育教学体系。也就是说对于不同的课程模块，各教学环节的实施过程、方法应有所选择和侧重，做到互融双通，优势互补。对于适应学生第一任职需要的行业基础课程来说，其旨在培养适应行业业务工作的“通才”，注重学生操作和动手能力。因此，在教学方法上以“学为用”、“练为践”为指导，突出教学内容的实用性和针对性，以掌握主要知识点，强化技能训练，突出实际应用为重点，精讲多练，使学生真正掌握行业一般岗位日常业务能力；而专业课是旨在将业务理论运用于公安业务实践，具有一定的系统性、理论性和专业性。因此，在教学方法上应以注重专业基础理论的融会贯通，突出学生的理论基奠及其创新思维的培养，而校内实验、实训教学环节应配合课堂理论教学，将专业理论运用于现实情境之中，使学生在实践中掌握专业理论知识，提升专业能力。

同时，行业性院校要积极拓展人才培养空间，建立校内、校外相互衔接的教育教学体系。在新的历史条件下，行业性院校要学习国外产业大学、应用科技大学的办学经验，加强与行业部门的合作与交流，探索新型协作模式和人才联合培养机制，进一步拓宽合作渠道，形成多方位、多层次的开放办学格局。目前，很多高校与行业部门已经建立了诸如“3+1”式的人才联合培养机制，这是一个有益的探索。但在此过程中，我们要特别注重校内、校外教育教学体系连续性、衔接性的问题。这就要求在合作对象上，要按照教育教学需要选择针对性强、具有一定资质的行业部门；在教学内容上，要在人才培养方案整体框架下科学制定实习见习大纲，切实保证学生实习见习效果；在协作机制上，要在动态调整的基础上，在教育教学方式、教师队伍及学生管理等各方面加强合作与交流，切勿将协作停留在表面。

参考文献

[1]（美）伯顿·克拉克（Burton R. Clark），王承绪. 高等教育系统——学术组织的跨国研究[M]. 杭州：浙江教育出版社，1997.

[2] 克拉克·克尔（Kerl. Clark）. 高等教育不能回避历史：21世纪的问题[M]. 杭州：浙江教育出版社，2001.

[3] 颜事龙. 特色、内涵：行业院校办学若干问题的思考[J]. 煤炭高等就业. 2009(2).

[4] 罗维东. 新时期行业特色高效发展趋势分析及对策思考[J]. 中国高教研究. 2009(3).

加强特色专业与专业特色建设 整体推进教育教学改革

中央民族大学教务处

【摘　要】中央民族大学始终重视采取各种措施加强特色专业与专业特色建设,包括制订专业发展规划、以专业建设规划为导引调整专业结构与布局、加强优势学科专业特色建设、以教学项目建设为抓手深化专业内涵建设等,取得了明显成效,如人才培养模式改革与创新成果突出,课程体系内涵建设不断深化,实践教学体系不断优化,建设了一批优秀教学团队,学生受益面不断扩大等。

【关键词】特色专业　专业建设　成效

中央民族大学始终重视制订专业发展战略,不断优化专业结构布局,加强特色专业和专业特色建设,整体推进教育教学改革,提高人才培养质量。"十一五"期间,学校着力稳定专业发展规模,通过调整、改造、撤销、合并等方式优化专业结构布局,实施本科教学质量与教学改革建设工程,从特色专业与专业特色建设的角度重点加强专业内涵质量建设。经过长期的系统建设,中央民族大学专业建设工作取得了较大成效,课程建设、教学改革、人才培养模式改革与创新、实践教学与创新教育、教学团队建设等各方面获得整体性推进,取得了一批优秀成果,体现出了良好的发展态势。

一、围绕学校发展目标,制订实施科学合理的专业建设规划

2006年,围绕学校建设有特色的、高水平的、综合性研究型大学的发展目标,根据学校的"十五"发展规划,制订了《中央民族大学"十一五"专业建设规划》,实施"质量立校"的发展战略,提出"通过'十一五'期间的建设,使学校本科专业建设整体达到国内一流大学的水平"的建设目标,强调应重点从专业结构调整、专业特色与优势建设、教学团队建设、课程体系建设、质量监控与保障体系建设等方面深入开展专业质量内涵建设,不断提高人才培养质量。

2007年、2008年教育部和北京市开始实施本科教学质量与教学改革工程后,学校制订了《中央民族大学本科教学质量与教学改革工程实施办法》,提出重点从特色专业和专业特色建设的角度,不断创新人才培养模式,优化课程体系,改革教学内容与教学方式方法,加强实践教学与创新教育活动,培养学生的实践能力与创

新精神。

配合“十一五”专业发展战略和本科教学质量与教学改革工程建设，学校制订或修订并实施了一系列的专业内涵建设管理制度文件，保障了专业内涵建设工作的有效开展。其中《中央民族大学本科专业建设管理办法》确定了专业建设主要内容包括专业建设思路与目标、师资队伍、课程、教学基本条件、教学效果等方面，并制订了相应的标准；制订了新专业的设置、建设与评估的程序和原则。

二、以专业建设规划为导引，整体推进专业质量内涵建设

学校以专业建设规划为导引，坚持规模、结构、质量、效益协调发展的科学发展观，贯彻质量第一、内涵为主的办学方针，优化专业结构，调整专业布局，以课程建设为核心，加快培养模式、课程体系、教学手段与方法的改革，优化人才培养体系，完善教学管理制度，提高了人才培养质量。

（一）不断优化专业结构，调整专业布局

学校积极贯彻落实“十一五”专业发展规划，稳步实施本科教学质量与教学改革工程，采取建设、调整、撤销、控制规模等方式，调整与优化专业结构与布局，重点扶持和建设优势学科专业，加大投入建设满足少数民族地区社会需求的应用性专业，加强新办专业建设。根据学科专业建设需要，探索按学科性质建院、按专业或专业口径建系的基层教学与学术组织模式，2007 年按工学和理学学科门类，优化整合 8 个本科专业，成立了信息工程学院和理学院。通过采取这些措施，进一步优化了专业总体布局与结构。学校现有涵盖 10 个学科门类、24 个学科大类的 55 个本科专业。其中文史哲教类专业 16 个，经管法类专业 15 个，理工医类专业 15 个，艺术类专业 9 个，形成了与学校办学目标定位相符合、结构合理、有学科支撑、协同发展的本科专业格局。

（二）充分发挥学科优势和特点，突出专业人才培养特色

中央民族大学以为国家民族团结进步事业和少数民族及少数民族地区的发展服务为办学宗旨，以提高人才培养质量和提升人才创新能力为核心，坚持培养基础理论知识扎实、实践能力和创新精神强的高素质人才。“十一五”期间，根据学校的办学宗旨和人才培养目标，结合学校学科专业发展的实际情况，根据社会经济发展的需求，特别是少数民族及少数民族地区的需求，学校确立了专业分类分层发展的目标，力求充分强化各学科和专业发展的优势与特色。具体思路为：① 着力加强历史学、民族学、艺术等优势特色学科专业对拔尖创新人才的培养。目前，学校有 3 个国家级重点学科，20 个省部级重点学科，2 个国家文科基础学科人才培养和科学研究基地，1 个教育部人文社会科学重点研究基地，3 个国家“985 工程”哲学与社会

科学创新基地。依托这些重点学科和基地，分别形成了民族学、中国少数民族语言文学、历史学、宗教学、舞蹈表演、音乐学、美术学、行政管理、生态学等教学水平高、社会声誉好的特色优势专业。② 重点加强经济学、广告学、制药工程等新兴交叉融合型学科专业对应用性复合型人才的培养。③ 努力加强化学、汉语言文学等基础理论学科专业对综合素质高的基础人才的培养。

（三）加强新办专业建设，注重提高质量

学校结合社会发展需求，发挥传统学科专业师资力量强、办学经验和教学资源丰富的优势，加大提升、改造传统学科的力度，通过整合、优化、拓展等方式，积极稳妥地开办新专业，使新办专业具有较好的学科专业基础。同时，采取一系列措施保证新办专业的办学条件。实施新办专业教师优先引进、优先培养培训制度等。制定了科学的人才培养方案，明确新办专业的培养目标、课程体系、教学内容、质量标准等。实行按学科大类招生和培养，为提高新办专业质量奠定了基础。优先加强新办专业教学的实验、实训、实习条件的建设，满足了新办专业实践教学的需要。

（四）以特色专业建设点项目为抓手，带动整体专业建设

根据教育部开展特色专业建设点项目建设的规划，中央民族大学 2007 年制订了学校特色专业建设工作规划，有计划地分批分类建设特色专业。自 2007 年以来，根据教育部和北京市要求，积极组织特色专业建设点的申报工作。截至 2010 年，共获批 9 个国家级特色专业建设项目，5 个北京市特色专业建设项目。为了促进学校各专业均衡发展，学校开展了校级特色专业建设点立项工作，截至 2010 年，共 6 个专业获校级立项。同时，学校积极鼓励未获特色专业立项的各专业从课程体系设计与内涵建设、人才培养模式改革与创新等角度开展专业特色建设，努力以“特色”引领学校整体专业建设与发展。

（五）定期修订本科专业人才培养方案，贯彻特色发展理念

中央民族大学实行四年一周期的培养方案滚动修订制度。在修订每一版培养方案的过程中，学校都特别注重从整体办学理念和人才培养目标上进行引导，贯彻特色发展的理念。学校结合社会发展需求和学生发展要求，不断改革人才培养模式，基本思想与措施体现为“一条主线、两个原则、三个优化”，即，一条主线：将专业基本理论与技能培养、实践能力训练和创新精神激励作为一条主线贯穿课内外；两个原则：宽口径设课原则、以学生为主体的原则；三个优化：解决课程结点、各教学环节之间的贯通问题，实现教学全过程的整体优化；专业教育与素质教育、理论教学与实践教学密切结合，使学生知识、素质、能力结构全面优化；教学资源配置利用与现代教学管理手段相结合的条件优化。

2006 版培养方案中已经较好地体现了专业特色发展的理念与要求，特别是该

培养方案执行到后期，在课程质量内涵建设、实践教学环节实施与创新教育活动开展等过程中不断地深化了特色建设，取得了良好的效果。如通过学校的科技与实践活动，培养学生的多元文化素养等。在新修订的2010版培养方案中，无论从专业人才培养目标、课程体系设计，还是实践教学环节设计，都更充分体现了特色发展的理念。如在实践教学环节设计上，除统一规定毕业论文（设计）等全校必修环节外，还给各专业留出一定比例的学分空间以进行特色发展设计。

（六）全面开展各类教学项目建设，深化专业内涵建设

中央民族大学特别注重以各类教学立项的方式从内涵上引导各专业开展特色建设。各类教学立项主要包括校级合格课程、优秀课程、精品课程立项项目，北京市和国家级精品课程项目；校级、北京市级、国家民委教改立项项目；校级、北京市级、国家级教材建设项目；国家级人才培养模式创新实验区项目；北京市实验教学示范中心项目；本科生科学研究训练计划等创新教育活动等。

学校制定了一系列规章制度，形成了项目培育、项目申报、项目建设和经费管理的规范流程，为各级各类教学项目建设提供了良好的保障。同时，在学院、学科、学校三个层面广泛展开各类教学项目成效的调研、总结与交流工作，充分发挥了各类建设项目的示范与辐射作用。实践表明，通过教学项目的组织建设，各院系、专业普遍强化了以学生为主体、以能力培养为中心的教学理念，积极探索与开展培养方式、教学方法、考核方式的改革，课程建设向课群建设推进，奠定了课程体系进一步改革的基础，形成了教学研究和教学交流的氛围，有力巩固了教学的中心地位。如目前在建的民族社会学人才培养模式创新实验区项目，立足民族社会学人才的培养，通过组织本科生开展以社会学领域的民族问题研究，创新了人才培养模式，形成了鲜明的专业建设与发展特色。

三、特色专业与专业特色建设成效明显

（一）人才培养模式改革与创新成果突出

经过特色专业建设，各专业普遍从人才培养方案修订、课程体系改革、课程建设、教材建设、实践教学与创新教育改革、教学研究、教学团队建设等几方面扎扎实实开展系统建设，推进了教育教学理念的更新、教学内容与方法的改革、实践教学与创新教育体系的优化、优秀教学团队的建设，提高了人才培养质量。

特别是各级特色专业建设点项目经过系统的整体建设，有效地实现了人才培养模式的改革与创新。如民族学专业以民族学调查方法、中国民族志等专业基础课程为载体，推进课程体系改革，探索形成了参与式研究型人才培养模式，2007年获北京市优秀教学成果一等奖。截至2009年，以特色专业建设为基础，民族社会学人

才培养模式创新实验区、民族音乐人才培养模式创新实验区、中国少数民族语言文学人才培养模式创新实验区、历史学研究型人才培养模式创新实验区先后获批为国家级人才培养模式创新实验区。

（二）课程体系内涵建设不断深化

中央民族大学始终重视以课程建设为核心载体，扎实推进专业基础内涵建设。通过开展教师全员的课程建设工作，促使教师深入思考单门课程对实现本校特定人才培养目标的支撑作用，进行教学内容与方法、考核方式的改革，开展教学研究，激发教师自觉思考相关课程在实现人才培养目标上的作用，以不断推进课程体系改革。部分学院和专业通过不断扩大课程建设成效，推进课程体系改革和人才培养模式创新，形成了整体专业优势和人才培养特色。如民族学专业着重以民族学调查方法、中国民族志等专业基础课程为基础，不断加强课程内涵建设，有力推进了课程体系改革，探索形成了参与式研究型人才培养模式，培育了优秀教学团队，初步形成了整体专业建设优势与特色。目前该专业是国家级和北京市级特色专业建设点，具有1支国家级教学团队，1位国家级教学名师，2门北京市级精品课程，1项北京市优秀教学成果一等奖等。

（三）教学内容与方法改革成效明显

特色建设的另一重要基础建设环节即是教学内容与教学方法改革。经过几年来对教学改革与研究理念的引导、过程质量的跟踪、建设成果、成效与经验的推广分享，有效地促进了特色专业与专业特色的建设。根据2009年度本科教学质量与教学改革工程建设调研、总结与交流中获得的信息与数据，各院系、专业结合自身建设实际和发展需要，秉持“以学生为中心，注重能力培养”的教育教学理念，从教学内容与方法改革、考核方式、研究性学习与教学等方面扎实推进了教学改革的内涵建设，取得了初步成效。理工、经济、管理、法学、广告传媒类等应用型专业，特别注重从实验与实践教学体系、实践型与创新型人才培养模式角度进行探索，培养学生主动发现问题、分析问题和解决问题的能力，锻炼学生的创新精神和实践能力。历史学、哲学、宗教学、民族学、语言文学类等基础性的长线发展专业，特别注重通过教学内容体系、教学方法、考核方式改革等角度切入，调动、激发学生专业学习的热情和积极性，培养学生的研究意识和实践能力。音乐、舞蹈、美术等艺术类专业在不断强化学生主体性的基础上，形成了集教学、表演、创作与实践一体的人才培养模式，不断提高了对学生综合素质、创新精神和实践能力的培养。

（四）实践教学体系不断优化

实践教学环节与创新教育活动是特色专业建设与专业特色建设非常重要的一环。中央民族大学以学校本科人才培养目标为指导，确定实践教学环节和创新教育活动的目标是，不仅在一般意义上促进学生实践能力、创新精神的发展，促进学生综合素养的提升，更要拓展宽阔的民族文化视野，培养学生的民族文化素养。因此，学校一方面通过开展调研、总结经验等不断优化实践教学体系；另一方面有计划、有目的地使实践教学体系与特色专业和专业特色建设相一致。如同样是开展本科生科学研究训练计划项目建设，我校本科生的研究选题更多是体现为对少数民族及少数民族地区发展中相关现实问题的研究，使相应的实践教学活动具备更丰富的育人意义和价值。

（五）建设了一批教学与学术水平高的优秀教学团队

教师是开展专业建设的关键因素。学校采取各种措施，努力培育优秀教学团队，提高整体师资队伍水平，以推进特色专业和专业特色建设。学校通过实施全员参与的课程建设计划，依托特色专业建设项目和精品课程项目建设了一批教学经验丰富、学术水平高、责任感强的优秀教学团队。其中，7 个团队被评为北京市优秀教学团队，2 个团队被评为国家级优秀教学团队。自 2008 年开始，学校持续开展精品课程师资培训工作，共资助了 7 批百余人次参加了教育部网络师资培训中心的精品课程师资培训，学习先进教育教学理念与经验。学校以《本科教学研究》为基础，构建本科教学研究交流平台，引导与组织教师在教学改革实践中深入思考，围绕教学改革的重点问题，开展专题研究。

（六）学生受益程度大

因特色专业与专业建设整体性项目，涉及人才培养体系各环节，面向专业全体学生，因而学生受益面广，当学生的发展受到人才培养体系综合改革与建设后形成的高水平的培养合力的推动时，受益程度更大，更有利于综合素质的形成。特别是我校的特色专业建设点项目在建设过程中，创新了建设模式，与学校的本科学生研究训练计划项目（URTP）、跨专业选修课程体系建设相结合，使特色专业建设的成效和成果向更大范围推广，促进了优质教育资源共享，进一步扩大了学生受益面。

（七）教学改革与研究逐渐成为常态化工作

随着专业特色与特色专业建设工作的不断推进，学校各学院开始从整体上思考、探索、规划本单位的教育教学改革与研究工作，探索建立并不断完善教育教学改革与建设的长效机制，切实从创新人才培养模式、改革课程体系、完善教学质量保障机制等方面踏踏实实地开展工作，使学院的教学改革与研究工作成为常态化。而对于教师而言，以特色专业建设点等整体项目的形式进行推进，从必要性上保证了教师参与的广度和深度，使得教师参与教学改革与研究工作常态化。根据目前学校已有的特色专业建设点的建设情况看，各专业所属全体教师基本都不同程度、不同层面地参与了建设过程。

四、进一步推进特色专业与专业特色建设的思考

（一）从政策、时间上保障特色专业与专业特色建设的实效性

专业建设属于整体性、系统性的工作，实施周期较长，尤其在人才培养质量等方面的隐性成果在短期内也不易显现和测量。因此，应积极、稳妥地开展特色专业与专业特色建设工作，不能急于求成和流于形式。同时，因专业建设需全体教师的积极参与，制订相应的科研、教学研究激励政策和制度，更能有利于专业建设工作的有效开展，如可否使特色专业建设类项目与国家教育规划性类课题在职称晋升等方面享受同等待遇等。

（二）特色专业和专业特色建设的内涵还需不断深化

专业建设是一项系统工程，需要各专业有计划、有目的、分步骤地长期开展建设工作。我校在“十一五”期间，在特色专业与专业特色建设方面开展了大量的工作，取得了初步成效。但是专业建设的内涵还需不断深化，特别是随着社会经济、政治、文化的发展，专业内涵建设还需不断做出调适。如依托于特色专业建设而形成的创新性人才培养模式怎样更好地贯彻和推广，项目建设过程中形成的教育教学资源怎样整合、集成、信息化、充分共享等。

（三）进一步改革和创新专业建设的管理工作

专业建设涉及各专业所属全体教师和学生，因此，建立一种科学、合理、规范的专业建设和教学管理机制至关重要。根据在建特色专业建设项目的经验，采用怎样的激励措施来调动教师参与项目建设的积极性，怎样使学生更多地参与项目建设，怎样使学生受益面不断扩大、受益程度加深等，都需要从教学管理创新的角度进行探索。另外，专业建设过程也是教育教学资源不断积累的过程，因此，还应积极探索信息化的教学管理手段和工具，以充分汇总、整合、集成、共享特色专业与专业特色建设的成果和经验。

突出女校特色，培养具有女校特质的优秀女性人才

李明舜 中华女子学院

【摘 要】女子高等学校具有自身的特点，突出女校特色，培养具有“自尊、自信、自立、自强”精神和创新精神、具有实践能力和公益意识、德智体美劳全面发展的应用型女性人才是其根本任务。女校应发挥自身优势，积极培育特色专业和专业特色，强化学生的能力特别是就业能力的培养。

【关键词】中华女子学院 特色 女性人才

中华女子学院是全国妇联所属、新中国成立的第一所女子普通高等本科院校。其前身是1949年由宋庆龄、何香凝、蔡畅、邓颖超、康克清等革命前辈亲手创建的新中国妇女职业学校。为满足各界妇女不断增长的学习需求，先后更名为全国妇联妇女干部学校、全国妇联管理干部学院、中国妇女管理干部学院，1995年更名为中华女子学院，2002年经教育部批准，正式转制为普通本科高等学校。转制以后，学校认真执行党的教育方针，适应社会主义现代化建设的需要，明确了质量优良、特色鲜明的教学型女子高校的发展定位；坚持“学科立校、人才兴校、科研强校、环境美校”的治校方略，在发展妇女教育，宣传男女平等基本国策，引领先进性别文化等方面发挥了积极作用①，在专业建设、人才培养方面也形成了自身的特点。

一、突出女校特色，培养具有“四自”精神的高素质女性人才

特色发展，是我校长期坚持的工作方针。我校党委明确提出要把坚持特色发展、提升学校核心竞争力作为学校的重大战略任务来抓。按照特色提升整体，整体促进特色的总要求，以提高人才培养质量为着力点，以培养具有女校特质的优秀女性人才为目标，不断加大改革力度，培育、凝练办学特色。

作为一所女子高校，中华女子学院不断研究女性成长、成才的特点，不断探索既符合高等教育发展规律又体现女性高等教育特点的办学思路。确定了为经济社会发展服务、为妇女发展服务、为妇女国际交流和国家总体外交服务的办学方向；确立了培养具有“自尊、自信、自立、自强”精神和创新精神、具有实践能力和公益意

① 参见张李玺院长在中华女子学院60周年校庆上的讲话.

识、德智体美劳全面发展的应用型女性人才的培养目标。

由于性别的不同，女性成才具有不同于男性的特殊规律和特点。性别角色是社会学习的结果，性别对高等教育的影响主要来自传统的性别角色认知，特别是历史、文化等造成的女性自信心不足。“女性在更多的情况下不是生为女性，而是成长为女性的”。如何增强自尊心、自信心，就成为女性成才的特殊需要，成为女子高等教育需要解决的特殊矛盾。因此，女子高校必须根除陈旧的妇女发展观和教育观，按照女性高等教育的规律和特点，实施教育、教学和管理。

我校在教育教学过程中，特别注意分析性别差异对教育教学的影响，通过各种途径克服不利于女大学生成才的诸种因素，积极探索培养具有“四自”精神的女性人才的教学模式，并将之贯穿于人才培养过程的始终。

“四自”精神即自尊、自信、自立、自强的精神，是全国妇联对中国妇女长期形成的自强不息、奋发向上、以作为求地位、以贡献求平等的精神风貌的高度概括，是中国妇女实现维权和发展的强大精神动力。

“自尊”，就是尊重女性自己的人格，维护自己的尊严，正视自身的价值，反对自轻自贱；“自信”，就是相信女性自己的力量，坚定自己的信念，反对妄自菲薄。广大女性应增强自己的自信心，克服自卑依赖心理，注重发挥自身优势，勇于表现和施展才干，在社会进步与发展中更好地发挥积极作用；“自立”，就是树立独立的意识，体现女性自己的社会价值，反对依附和顺从。女性要不断提高自身素质，争取发展的主动权，保持经济和精神上的独立，培育自强不息的坚强意志；“自强”，就是顽强拼搏，奋发进取，反对自卑自弱。女性自强品格的培养，就是要提高文化素养，强化创新意识，树立世界眼光，积极参与社会竞争，敢于应对各种挑战，塑造新世纪新女性奋发图强、开拓创新、建功成才的崭新形象。

“四自”精神以“四有”为前提，与伟大的中华民族精神相融合，成为中国特色新女性文化的精髓，成为广大妇女求解放、求发展、求平等的强大思想武器。毋庸置疑，“四自”精神是新时代女性人才必备的基本素质，培养具有“四自”精神的女性人才应当成为女子学院的重要使命。因此，突出女院特色，秉承“四自”精神，着力培养具有“四自”精神的高素质女性人才，成为我校办学指导思想和人才培养目标的重要内容。

着眼于培养具有“四自”精神的女性人才，我校除设置同类专业开设的公共课、学科和专业基础课、专业课外，还特别增设了女性学导论、妇女法、性别与发展、女性心理学、弱势群体的法律保护等一系列特色课程。其中，女性学导论是我校各专业学生的公共必修课。这在全国高校中尚无先例。女性学导论等课程的教学，拓宽了学生的知识视野，培养了先进的性别意识，为构建“四自”精神的养成提供了理论支撑。与此同时，我校教师注意在各类课程教学中，引入男女平等的观念和社会性别分析的方法，把社会性别概念当作思考、认识、分析问题的关键范畴，把树立马克思主义妇女观、落实男女平等基本国策渗透到各类课程教学之中，形成了独有的课程教学特色。比如，法律系的教师授课时，经常运用社会性别分析方法审视现行法律制度，特别注意从保护妇女权益、促进男女平等的角度阐释法律规定，以此培养学生的人权意识、平等意识和性别意识①。

独具特色的教育模式，培养了一大批具有女院特质的优秀女性人才，她们取得了一系列骄人的成绩。例如，我校 301 名奥运志愿者，圆满完成了奥运会主会场的颁奖礼仪、媒体村服务等任务，以高质量、高水平的服务实现了"零失误、创完美"的工作目标；参加国庆 60 周年阅兵女民兵方队的同学们，特别是女民兵方队的 2 名领队，展示了中华女子学院学生的精神风貌。如今，一大批优秀毕业生在祖国各条战线上发挥了积极的作用，在平凡的岗位上创造了一个个不平凡的业绩，她们以"政治素质好，爱岗敬业，责任心强"，"任劳任怨，乐于助人，团结协作"，"有爱心、踏实、有韧性"，"少几分羞涩、娇气、怯懦，多几分大方、爽快、自信"等特质，得到用人单位的普遍欢迎，我校毕业生就业率连续多年都在 90%以上②。

二、发挥女校优势，积极培育特色专业和专业特色

学校坚持走特色发展道路，打造办学特色，关键是要抓好学科专业特色建设。学科专业是人才培养的载体，学科专业特色是大学办学特色最显著的标志。我校按照前瞻性、先进性和示范性的要求，加强特色专业和专业特色建设，引导和鼓励各专业结合自身实际，科学准确定位，改革人才培养模式，加强师资队伍建设和实践教学条件建设，全面提高人才培养的质量，提升我校的核心竞争力。在专业建设上，我们按照"注重社会需求、突出办学特色"的要求，优化专业结构和布局。各专业采取差异化策略，进行差异性分析，确定不同的专业发展方向；同时，要求各专业结合自身面对的行业与职业领域进行调研分析，根据需求和自身条件科学确定人才培养目标和规格，明晰各专业人才的知识、能力、素质要求③。经过长期的建设和积累，我校的专业建设取得了新的成绩，女性学、社会工作、学前教育三个专业因其特色突出，成果显著而被教育部列为全国的特色专业建设点。

我校的女性学专业，是中华女子学院的一个特色专业，在全国高校中处于独一无二的地位，它直接为女性人才培养目标服务，在构建中华女子学院特色中具有不可替代的作用。女性学专业依托于社会学、法学、历史学、管理学等诸多学科，由于

① 参见《中华女子学院本科教学工作水平评估自评报告》.

② 参见张李玺院长在中华女子学院 60 周年校庆上的讲话.

③ 参见中共中华女子学院委员会《关于坚持特色发展，提升学校核心竞争力的意见》.

女性学需要借助多学科的知识基础，尤其是要吸收和利用其他学科中关于女性研究的成果，从综合的角度认识女性，因此女性学具有鲜明的跨学科特点。但是它绝不是将各学科中女性研究成果简单机械地“集合”而成，而是在各学科女性研究的基础上，经过缜密思考，把分解在各个学科意义上的女性——政治学、经济学、社会学、心理学、历史学、法律学、人口学、教育学中的女性群体进行跨学科研究，从而整合成以女性整体特质及其变化规律为研究对象的科学体系。因此，女性学专业一方面为学院其他专业提供了提升性别平等意识的必要的知识基础和思维视角；另一方面也有别于其他专业在渗透性别平等理念过程中的相对分散性和缺乏系统性，具有不可替代的高度综合性。其专业人才的培养突破了既有的学科专业壁垒，使学科之间、专业之间以及学科与专业之间得以沟通和融合，其专业优势具有独特性①。

我校的社会工作专业，在其特色专业建设中，以社会需求为导向、能力培养为目标，不断提高社会工作专业水平，培养服务经济和社会发展、适应和谐社会建设的应用型人才。高度重视理论教学、实践教学体系建设，加强社会工作实验室建设和实习基地的建设和改革，把实验室建设与课程建设密切结合在一起，积极探索多种形式的课堂教学与实践教学相融合的教学模式，强化能力培养，拓宽人才培养渠道。注重提高办学效益，走专业内涵发展的道路，做好资源储备，努力创造条件，在妇女社会工作、学校社会工作和医务社会工作方面多出成果、出优质成果。今后的建设思路则确定为：本着“重基础理论、重实务能力”的原则，以师资队伍建设为基础，以市级和院级精品课程建设为核心，以重点实验室和实习基地建设为支撑，以教风、学风建设为保障，加强与国内外名校的交流合作，深化人才培养模式改革，拓宽人才培养渠道，推进素质教育，培养“理论功底扎实、实务技术全面、适应能力灵活”的社会工作专业人才，以适应社会对社会工作专业人才的需求②。

我校的学前教育专业，在特色专业建设中，坚持以立足学前教育，服务教育实践为宗旨，以培养文化素质、专业素质协调发展，实践能力强，具有创新精神的应用型幼教人才为特色，发挥专业优势，突出专业特色，增强竞争能力，全面提高学前教育专业人才培养质量。把今后的建设目标确定为：以社会需求为导向，建成国内本科应用型幼教人才培养的重要基地；以课程建设为核心，完善高学历幼儿教师培养方案，形成包含不同特色模块的课程体系，以满足学前教育实践对不同特长幼教人才的需求③。

① 参见罗慧兰：女性学专业《高等学校特色专业建设点任务书》.

② 参见刘梦：社会工作专业《高等学校特色专业建设点任务书》.

③ 参见王练：学前教育专业《高等学校特色专业建设点任务书》.

再如我校的法学专业，坚持以培养具有较高人文素质、扎实专业基础和较强实践能力，具有社会性别意识的应用型女性法律人才为目标，在确保法学核心课程体系完整的前提下，重点开设了妇女法、未成年人保护法、性法学、弱势群体权益法律保护、国际妇女人权公约、性别与法律、公益诉讼等课程，以此培养学生依法维护妇女儿童合法权益的意识和能力；在保持法学专业特制的前提下，积极与学校的女性学、社会工作等优势专业相嫁接，以此培养面向社区工作服务妇女儿童的法律人才；在培养学生法律意识和法学素养的同时，强调培养学生的社会性别意识和公益意识。

三、优化人才培养模式，强化学生的能力培养

《国家中长期教育改革和发展规划纲要（2010—2020 年）》对人才培养明确提出："要坚持能力为重。优化知识结构，丰富社会实践，强化能力培养。着力提高学生的学习能力、实践能力、创新能力，教育学生学会知识技能，学会动手动脑，学会生存生活，学会做事做人，促进学生主动适应社会，开创美好未来。"

为了培养学生的能力，我校十分重视构建凸显专业特色的课程体系，优化人才培养模式。各专业根据其人才培养目标定位，构建具有专业自身特色的课程体系。强调要打破原有的以学科体系构建的课程体系，以能力为核心设计课程体系。围绕应用能力培养设置学科专业基础课程；专业课程要强调从事工作的实际技术活动能力和综合应用能力的培养；要把科研方向与专业课程的设置有机结合起来；要以培养学生分析问题和解决问题的能力为重点改革教学方法和评价方式。

由于知识来源于实践，能力更需要在实践中养成，因此，为了保障各专业人才培养目标的实现，学校高度重视实践教学。认为实践教学是培养学生动手能力、实践能力和创新能力最有效的途径；学生的创新精神的培养也要通过实践教学来实现。实践是学生了解理论和知识的社会意义和人生意义的重要条件，是激励和引导学生学习和掌握知识的动力源泉，是学生获得完全的知识的必要条件，是将知识转化为学生的能力、智慧、精神、品格的必要途径。同时，我们还必须从完善的实践性教学体系的高度来思考实践教学。我们现在讲的要构建和完善有特色的实践性教学体系，实践性教学体系，这是一个系统的、贯穿于整个培养方案的概念，它不同一般意义上实践教学，而是要求我们必须从培养应用型人才出发，把实践性教学贯穿在人才培养过程的始终，把实践性教学体现在人才培养过程中的各个方面。在人才培养方案中，实践教育的理念在制定人才培养方案的过程中居于主导地位。学校不仅要求增大实践教学的比重，把实践教学课程列入专业核心课程中，而且不断加大投入，加强实践教学条件建设，改善各专业实验教学条件和环境，提高实验室整体建设水平；不断拓宽实践教学渠道，积极与社会、行业以及企事业单位共建实践教

学基地，推进学生赴企事业单位参与实习，增加学生接触社会的机会，探索产学研结合的办学模式；同时，建立一支相对稳定的实验技术和管理队伍。

关于学生能力的培养，我们还特别强调了以下两点：一是与我们教学型高校的定位相适应，注重培养学生创造性地执行力。我们作为以文科为主的本科学校，我们不可能像职业学院的实践教学那样去重点培养学生的某项技能，也不可能像工科大学的实践教学那样去培养学生的科学技术，同时我们也不可能像研究型大学那样更多地去培养学生的创造性的思维力，我们要努力培养的是学生的创造性地执行力，也就是要培养学生具有“把想干的事干成功的能力”，具有创造性地完成预定目标的操作能力；二是与女子高校的特点相适应，特别强调培养学生的就业能力。大学生就业难，女大学生就业更难，是我们女子高校必须面对的一个严酷现实。为此，我校建立了女大学生创业与就业实验教学中心，并以此为基地着重培养女大学生创业与就业能力。在培养女大学生创业与就业能力的过程中，我们注重了以“四自”精神为核心，培养提升女大学生创业精神和就业信心；以提升女大学生创业就业能力为核心，构建女大学生创业、就业综合实践教学培养体系；以妇女组织为依托，拓展促进女大学生创业就业社会平台；以教改、科研成果为支撑，提升女大学生创业就业实验实践教学水平。并且注重从源头关注女大学生创业就业，为出台有利于女大学生创业就业的法律政策提供智力支持。

交流论文

电子信息工程特色专业建设的研究与实践
——以北京电子科技学院为例

李　莉　路而红　北京电子科技学院

【摘　要】特色专业建设是一项系统工程，是质量工程建设的项目之一。本文以北京电子科技学院电子信息工程特色专业的建设为例，阐述了从确定特色专业的目标定位出发打造特色专业品牌，通过优化教学内容和课程体系，构建特色人才的培养体系；鼓励特色科研，培育教师队伍特色；促进科研转化教学，加强特色课程建设等多个方面论述了特色专业的建设思路，及其在建设特色专业，培养特色人才方面所作的探索与实践。

【关键词】特色专业　人才培养　质量工程

目前高校专业普遍存在趋同性，面对生源数量下降的趋势，就高校各个专业的建设和发展而言，如何在众多的高校中，如何在众多高校相同的专业中脱颖而出，是其存在和发展必须要面对的问题，“特色”即是众多高校专业的解决方案之一，各高校需要走分类发展的道路，做到有所为有所不为。而高等学校特色专业是教育部为推进高等学校专业结构优化，提高人才培养质量，办出专业水平和特色，适时采取的重要措施，是质量工程建设的重要环节。特色专业的建设可以强化学校形成自己的特色与品牌，切实推进专业建设与人才培养。

北京电子科技学院属于行业特色型院校，隶属于中共中央办公厅，是专门为全国党政系统培养信息安全技术与管理人才的普通高等学校。学院电子信息工程专业于 2008 年批准为教育部特色专业建设点，如何使这样一个在目前众多工科院校中开设的专业办出特色，是需要认真思考、定位，并逐步推进实施的。以下的论述是我们在特色专业建设中的思考、采取的措施和实践。

一、统一思想认识，找准专业特色的目标定位

周远清说“思想观念的改革是先导”，只有思想观念统一了，大家才能统一起来向一个方向努力。专业建设观念是特色专业建设的指导思想，影响着特色专业建设的方向、进程和绩效。要做到概念统一，首先必须明确专业要做优做特，必须建立在学院人才培养总体定位的基础上，结合既有优势及潜在优势进行建设，不能背离学校的定位。在此前提下，通过广泛研讨、交流，依据我院以密码为核心的信息安全学

科体系建设的指导思想和办学定位，确定学院电子信息工程专业的特色为嵌入式系统与芯片安全技术的研究；其次，通过调整专业结构，明确特色专业建设方向，建立特色的人才培养方案，从制度上为特色人才的培养建立一个合理的教学进度，使专业特色体现在人才培养方案上；再次，必须明确特色专业建设是一项涉及专业建设多方面创新和变革的教学改革活动，教学方法、教学活动模式的改革是大势所趋。必须首先在专业建设和教学理念上实现变革，更新传统的专业教学观念，以适应这种教学改革的需要。过去那种一本教材、一个教案几年不变的教学状态必须改变，做到教材、教案的与时俱进。

二、建立特色的人才培养体系，加强实践环节

培养计划的制订将最终影响学生培养的模式、适应性以及质量，目前学院坚持做到了每四年修改一轮培养计划，根据特色目标，通过优化教学内容和课程体系，构建多层次立体化的学生创新能力与现代工程能力的培养体系。电子信息工程特色专业的人才培养体系，如图 1 所示。

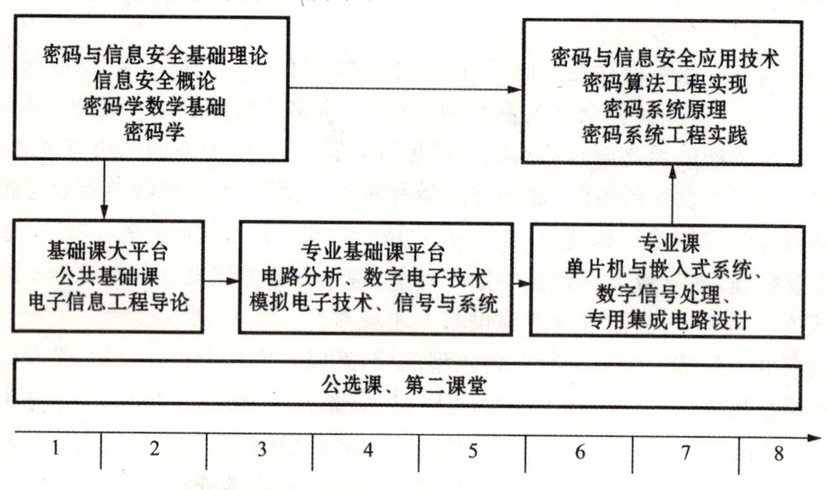

图 1 电子信息工程专业特色人才培养体系

其中，公共基础课、公选课和第二课堂主要是一些通识类和跨学科类的课程，为适应目前高校“厚基础、宽口径”的素质教育需要设置。同时，又加入了一些与服务领域和专业相关的课程，诸如信息安全法律基础、公务员素质竞赛、当代科技概论、电子信息工程导论等的课程，其中电子信息工程导论介绍本校在本专业内取得的成果以及研究方向，使学生能较早的对本专业及其特色有所了解。基础课阶段的目的主要是夯实基础，保证培养的电子信息工程人才具有自我学习不断吸收新知识的能力。教学改革的一个方向是少课时、重实践，主要的专业基础课根据电子信

息工程专业教学指导委员会的建议基本都已固定，只是在各专业基础课讲授的过程中，注重将教师在研究领域的个人体会渗入到教学中。相对来说，专业课的灵活性相对大些，在此我们设置了多门具有鲜明特色的专业课程，将本专业在相应领域的研究成果引入培养计划中。另外在培养体系中，加大实践教学环节，形成课程验证实验、课程设计性与综合性实验、课程设计、专业实习、毕业设计、学生自主科研立项、学生参与教师科研项目、学生科技竞赛、专业技能认证相结合的培养模式。

三、开设特色课程，引入特色内容，深化课程改革

从人才培养体系中可以看出，在基础课阶段，就涉及了一些与学院特色相关的课程，诸如《密码学数学基础》、《密码学》，以及《信息安全概论》，培养学生的逻辑思维能力，使学生对密码学、信息安全有一个系统的、全面的了解，掌握相应的基础理论和基本技能。在专业课阶段，开设有《密码系统原理》、《密码算法工程实现》、《密码系统工程实践》课程，这些课程都是在教师多年特色科学研究的基础上，科研转化教学，开设出来的课程。例如，在《密码算法工程实现》课程中，介绍各种商用公开密码算法的 FPGA 设计实现，符合专业以嵌入式系统与芯片安全技术为特色的建设要求，起到了科研促教学的作用。除此之外，我们还鼓励教师在课程讲解的过程中，尽量与自己的研究课题结合，引入特色内容，提高了学生学习的针对性和学习兴趣，加深学生对专业特色的理解及掌握。例如，序列密码是密码和信息安全中最基本的加解密方法，而移位寄存器正是产生序列密码中的密钥序列的一种主要工具，因此我们对专业基础课数字逻辑电路课程的实验环节进行了延伸，在传统实验项目“时序逻辑电路设计”中增加了一个序列密钥发生器的实验。首先在实验原理部分让学生建立序列密码加解密的概念，以及移位寄存器产生密钥序列的工作原理，然后要求学生用五级线性反馈移位寄存器 LFSR 设计一个序列密钥发生器，此实验项目的设计可以达到三个目的：第一，掌握课程本身的知识点：移位寄存器的扩展；第二，加深学生对基础课重要性的认识，建立课程间的联系；第三，与专业特色结合，为后续的特色专业课打基础，建立初步的密码设计概念。

四、重点扶持特色科研，培育教师队伍特色

师资队伍是特色专业建设的根本保障，没有高水平的师资队伍就无法建设特色专业。构建梯队结构合理，教学与科研综合水平高的教学团队则是特色专业建设的重点之一。如果能够抓住特色科研，发挥特色学科的优势，通过相应的措施政策，积极吸引团队教师参与特色科研工作，研究特色学科前沿问题，不断提高科学研究水平，及时把有关研究成果及学科前沿知识融入教学活动中，强调科研在教学中的渗透和以科研为背景的教学，必将提高教学的深度和广度，从而提高教学的针对

性,激发学生的兴趣点,提高教学质量;同时,如果能从教学中启发思路,提出问题,又可以促进科学研究,做到教学和科研相长。为了培养有特色的教师队伍,电子信息工程专业抓住了学院近几年大力推动特色科研建设的契机,积极进行特色科研硬件和软件环境的建设,积极投入到以信息安全为龙头的学科建设中,通过学院制定的相应的科研立项指南,统筹协调本专业的教师,进行嵌入式系统与芯片安全方面的科学研究。近几年来,教学团队承担或参与多项国家863课题、国家重大专项项目、"十一五"国家密码发展基金密码理论课题等高水平特色科研项目的研究工作,在国内外重要刊物、学术会议上发表多篇科研、学术论文,团队教师主持完成的科研项目多次获得部级一、二、三等奖,在一定程度上树立起了教师队伍的特色。

五、大力推进质量工程,建设特色专业品牌

从教育部施行质量工程建设评比以来,学院积极响应,先后出台并完善了"课程建设管理办法"、"教研基金项目管理办法"、"教学质量同行评议制度"、"学生教学信息反馈办法"、"北京电子科技学院本科教学质量工程建设方案与奖励计划"等,在学院的大力推动下,电子信息工程教学团队积极参与质量工程建设项目,在多个质量工程项目上都有所斩获。截至目前,电子信息工程专业为教育部高等学校特色专业建设点;《EDA技术》课程为北京市高等学校精品课程;电子信息工程教学团队为北京市首届优秀教学团队;电子与信息安全实验教学中心为北京高等学校实验教学示范中心,并出版有多本精品教材。这些项目的建设提升了本专业在学院中的地位,推动了教师自身的发展,也在一定程度上扩大了学院的声望。

经过近两年的建设,通过对特色专业总体建设方案的把握,面向服务行业需求,围绕学院总体的人才培养定位,确定专业特色目标,科学制定专业人才培养体系、合理构建课程体系、从课程设置和课程教学内容本身进行特色建设的改革,通过特色科研培育教师队伍,取得了一定的成效。同时,必须注意到特色专业的建设是一个系统的、长期的过程,任重而道远,需要全体教学团队成员的通力合作。

参考文献

[1] 王平祥,陈晓琳.试论品牌特色专业建设[J].黑龙江高教研究,2008(10):142-144.

[2] 李俊龙,林江辉,胡锋.对高校如何开展特色专业建设的认识和思考[J],中国大学教学,2008(4):59-61.

[3] 朱江,张炜,雷菁,等.加强通信工程特色专业建设 进一步提高人才培养质量[J].高等教育研究学报,2009(2):66-68.

[4] 韩明勇.加强高等院校本科教学团队建设之初探[J].才智,2010(8):206.

国家部委院校特色人才培养方案研究

马晓阳　周　宇　北京电子科技学院

【摘　要】通过对国家部委行业院校人才培养特点的分析，确定国家部委行业院校制定培养方案的基本原则，研究在确定培养目标、培养要求、课程体系过程中应关注的重点问题及采取的策略，探讨落实培养方案、保证培养方案有效运行的具体措施。

【关键词】特色人才　培养方案　培养目标　课程体系

一、国家部委行业院校人才培养的特点

国家部委行业院校，主要指除教育部直属院校以外的、隶属于国家部委的行业特色院校。经过近年来的改革与调整，国家部委行业院校的数量已大为减少。目前得以保留的国家部委行业院校在办学和人才培养方面都具有自身的显著特点和优势。第一，人才培养目标明确。国家部委对人才的需求具有明显的行业特点，决定了行业院校的专业设置具有较强的针对性，培养目标明确。第二，人才培养规格具有明显的不可替代性。行业对人才的素质、能力往往有特殊的要求，而这些素质、能力对不经过特殊培养的毕业生来说是不易具备的。第三，办学特色鲜明。在多年的行业办学过程中，逐渐形成了自己独特的培养方式和学科优势。第四，就业情况较好。毕业生直接面向行业，双向选择，不少院校还可以面向党政部门或国有大型企业，就业率较高，就业去向较好。第五，生源相对较好。由于部委行业院校办学特色鲜明，就业情况良好，所以在招生过程中具有较大吸引力。

另一方面，国家部委行业院校在人才培养方面也存在着自身的缺陷和不足。第一，规模相对较小，学科专业相对单一。这一点对高等学校的学科建设、办学效益、学生综合素质培养等具有不利的影响。第二，教学内容跟不上行业发展的需要。目前，行业对人才的要求越来越高，而教学内容的调整相对较慢，加上由于管理原因学生不能过早、过多、过深接触行业工作实际，行业院校不同程度地存在教学内容与工作实际脱节问题。第三，传统教学方式不利于学生综合能力与素质的培养。教师讲、学生听、满堂灌、重考试、轻过程的传统教学方式普遍存在，这种教学方式不利于学生自学能力、分析能力、表达能力、归纳总结能力、实际动手能力、创新精神、协作精神等综合能力与素质的培养。第四，教师的行业实际工作能力不能满足教学的要求。由于行业实际工作有着自身鲜明的特点，所以行业院校中的教师，起码是

部分教师，应该具有行业实际工作经验或能力，熟悉行业实际工作状况。

二、国家部委行业院校制定培养方案的基本原则

培养计划是实现专业人才培养目标的具体方案，是组织教学过程、安排教学任务、确定教学编制的基本依据，同时也是学生了解专业课程体系结构，了解专业学习中各个环节及其主要内容的指导性文件。确定明确、科学的人才培养方案指导原则，对于制定培养方案至关重要。

（一）加强基础，构筑基础教育大平台

培养方案要体现本科教育的基础性，教给学生基本知识、基本理论和基本技能，保证毕业生达到统一的学业标准。要根据学科发展的内在规律和教育规律，设计基础教育课程体系，构建基础教育大平台。一、二年级按学科或专业大类设置课程体系，三年级以后，按专业或专业方向设置课程体系。

（二）突出特色，设置体现行业特点的课程体系

培养方案要体现学校的定位，突出办学特色。参照教育部普通高等学校专业规范的要求，认真审视专业培养目标和知识、能力及素质的要求，在充分调研、论证的基础上，反映行业实际需要与特殊需求，突出办学特色，设置具有行业特点的课程体系，体现人才培养的不可替代性。各专业人才培养既要体现自身特色，又要与学校总体办学定位相一致。

（三）强化实践教学，注重实践能力培养

实践教学是推动理论教学、能力和素质培养的重要教学环节，是培养学生创新精神和创新能力的必要手段。加强实践教学，必须紧密与行业实际应用相结合，着力开发设计性、综合性实验以及综合性课程设计，深化毕业设计（论文）和各类实习的改革。建立符合培养创新精神与创新能力要求的，与课程设置、专业特色相适应的实验课程体系。积极引导学生参加科学研究、课外科技活动、社会实践、各类竞赛，培养学生的创新意识和创新能力，提高学生分析问题、解决问题的能力。

（四）注重素质，坚持知识、能力、素质协调发展和综合提高

培养方案的设计要注意处理好主干学科与相关学科、基础教育与专业教育、必修课程与选修课程、理论教学与实践教学、第一课堂与第二课堂、课内与课外、高等教育一般规律与行业特殊需求等方面的关系。要在重视知识传授的同时，在课内与课外整个教育教学过程中，充分重视能力的提高和素质的培养。要采取多种形式加强文化素质、思想道德素质、专业素质和身体心理素质教育，尤其是要加强行业特殊素质的培养。

（五）因材施教，注重学生个性发展

培养方案在人才培养上要体现共性与个性、统一性与灵活性相结合的原则。强化“以学生为主体，以教师为主导”的教育观念，贯彻因材施教思想，注重个性发展。要考虑学生的基础和兴趣、特长、能力、志向等方面的差异，以及行业对人才的多样化需求，开设足够数量的选修课，保证学生在掌握必要的基础知识后，建立起富有个性的知识结构，促进学生个性发展和知识结构多样化。

（六）控制课内学时，营造自主学习的环境

培养方案要为学生的自主学习和发展提供充足的时间和空间，为学生自主学习和独立思考提供条件。要采取积极措施减少课内学时，比如优化课程体系，加强课程间逻辑和结构上的联系，精简课程，避免重复；精简课程讲授内容，加强学生课外自主学习；改进教学方法和手段，提高教学效率和效果。

三、培养目标与培养要求

（一）确定人才培养目标

确定人才培养目标是制定培养方案的关键。确定培养目标分两个层面：学校要根据自身发展目标定位提出培养目标总体框架，包括人才培养定位、层次定位、类型定位、服务面向定位、人才特色等；各专业再根据学校培养目标总体框架、专业学科背景、知识能力素质要求、行业特殊要求等确定专业人才培养目标。

因此，要制定好专业人才培养方案，学校必须确定明确的目标定位。学校目标定位指什么？主要指根据经济和社会发展的需要，自身条件和发展潜力，找准学校在人才培养中的位置，确定学校在一定时期内的总体目标，培养人才的层次，类型和人才的主要服务面向。要厘清学校的办学层次定位、学科领域定位、人才培养定位、服务面向定位、学校类型定位。

各专业在确定培养目标时，既要遵循高等教育一般规律，符合教育部各教学指导委员会制定的专业规范，又要充分体现行业特点和学校的人才特色，做到局部与整体的辩证统一。

（二）明确人才培养要求

在确定专业人才培养目标之后，培养方案要明确规定出本专业的人才培养要求。明确提出本专业应学习的基本理论、基本知识，应具备的基本技能、专业能力和综合素质。

四、课程体系

课程体系是培养方案的核心内容，是实现培养目标的主要载体。在培养方案

中，课程体系的各个单元可根据其不同特性呈现不同的类别划分方式：第一课堂教育与第二课堂教育，公共基础教育与专业教育，理论教学与实践教学，必修课程与选修课程等。

根据“加强基础、突出特色、强化实践、注重素质”的原则，体现“重视学生实践能力、创新精神与综合素质培养”的教育理念，在设计课程体系时应充分研究、考虑以下几个方面的问题。

（一）控制课内学时总量及各类课程之间的比例

应严格控制、尽量减少课内总学时，加强实践环节，增加选课程，给学生留有更多的自主学习时间和空间。应将课内总学时控制在2300学时左右，总学分控制在170学分左右，实践教学学时占全部教学学时的比例控制在30%以上，选修课总学时占课内总学时的比例控制在30%以上，第二课堂教育在14学分以上。

（二）突出主干课程与特色课程

依据专业规范的要求，结合自身特点，确定专业主干课程，科学、合理地设计主干课程的教学内容。对行业需求进行调研和分析，吸收多年的专业建设和课程建设成果，精心设计与行业需求紧密联系的特色课程和特色实践环节，突出办学特色。

（三）加强实践能力与创新精神的培养

要着力提高学生的自主学习能力、实践能力、创新能力。认真研究学科专业对实践教学的要求，调整实践教学方案，完善实践教学环节，切实改革实践教学内容，改进实践教学方法；在培养方案中设计创新教育环节和创新学分；鼓励学生积极参加校内外的自主科研立项、学科竞赛、自主实验、撰写论文、社会实践等课外科技文化活动，营造积极参与实践创新的校园氛围。

（四）重视大学生综合素质的培养

全面推进素质教育，各门课程、各个教学环节都要贯彻素质教育的思想。切实加强大学生思想政治教育，提高大学生的思想政治素质。大力加强文化素质教育，面向理工科学生开设文学、历史、哲学、艺术以及社会科学的课程，面向文科学生开设自然科学等方面的课程。构建人文素质与科学素质类课程设置，优化公共基础选修课设置。

（五）处理好第一课堂和第二课堂的关系

第二课堂是拓展学生思想品德素质、科学文化素质、身体心理素质，培养创新精神，强化实践动手能力训练的重要教育环节，是培养方案的一部分，同样要服务于人才培养目标和要求。第二课堂要贴近学生的学习和生活，避免与第一课堂重复，注重可操作性，增强实效性。形式可以多样化，包括专题讲座、系列讲座、研讨会、课外科技竞赛创新活动、文化艺术活动、体育竞赛、社会实践与社会调查等形式。

五、培养方案的落实

培养方案对人才培养质量至关重要，而培养方案的有效落实具有同样重要的地位。培养方案一般由教务处负责组织执行，各教学部门负责落实具体教学任务和教育活动。培养方案所规定的教学任务和教育活动安排具有法定性质，各实施部门、单位和教学人员都应严格执行。培养方案在落实执行过程中要解决好几个方面的问题。

（一）培养方案执行中的调整与变更

培养方案一经批准生效，具有相对稳定性，一般不允许随意更改。如果确因条件变化需要临时、局部调整培养方案的实施，比如课程的增开、减开、更换、课时变更、学期变更等，必须经过认真的研究和严格的审批程序。教学计划的具体运行有教务处组织、协调和监督，各教学部门负责具体落实。

（二）通过制定教学大纲落实培养方案

培养方案中所设计的课程体系要通过教学大纲来落实。无论是第一课堂还是第二课堂、必修课还是选修课、理论教学还是实践教学，都必须通过教学大纲将教育教学目标、教学要求、教学内容、学时分配等进行规范。在制定教学大纲过程中，应组织教学院系（部）、教研室、课程组进行深入的教学研讨，保证教学内容合理、课程衔接有序、课程体系科学完善。

（三）通过教学方式改革提高教学质量

培养方案、课程体系、教学大纲一经确定，对于特定学生来说是静态的、相对不变的，但这些课程和教学活动由谁来教、如何教，则是动态的、可变的。现代教育的研究与实践证明，教学方式对教学质量的影响至关重要。传统教学方式已不能满足现代人才培养的需要，必须重视教学方式的探索和创新，注重通过生动、有效的教学环节激发学生的学习兴趣。

要全面更新教学观念，积极探索行业特色人才培养的教学模式和教学手段，鼓励教师进行教学内容与教学方式改革。要充分调动学生的积极性，通过第二课堂、课外科技活动、学生社团、校园体育文化活动等环节培养学生的实践能力、创新能力和综合素质。

面向技术的信息安全人才培养模式初探

王　雄　李子臣　北京电子科技学院

【摘　要】通过调研，准确把握用人单位对毕业生的需求，进而在培养方案的制订过程中，在课程体系设计、创新实践能力培养等方面进行有益探索，给出一条面向技术的信息安全人才培养的途径。

【关键词】特色专业　信息安全专业　培养模式　专业建设

21世纪是信息的时代，一方面，信息技术和信息产业高速发展，呈现出空前繁荣的景象；另一方面，危害信息安全的事件不断发生，并且形势严峻。考虑到信息安全事关国家安全和社会稳定，必须采取措施确保我国的信息安全[1]。

作为具有信息安全专业的高等院校来说，培养社会尤其是就业单位需要的信息安全合格人才是当然之重任。教育部在《关于深化教学改革意见》中明确指出："必须考虑社会经济发展需求，反映科学技术发展趋势，从整体优化角度开展课程体系及教学内容改革"。随着学院新一轮培养计划修改工作的开展，为了更好地为党政系统培养信息安全专业人才，我们重新审视信息安全专业在培养模式、课程体系设置、创新能力训练等内容，讨论、分析专业基础课程以及专业课程在贯通学生知识结构，训练创新能力等方面的作用，根据新的就业需求和新的人才培养目标，重组、整合、优化资源，构建新的专业培养体系。本文以信息安全专业培养模式为研究对象，服务就业需求，面向技术，对课程体系、实践创新等相关问题进行探讨。

一、就业需求调研

学生是否合格，首先要看是否能够满足就业单位的需求。所以，在培养方案的制订过程中，我们采用问卷调查和实地考察的方式，掌握就业需求的第一手资料。

一方面，我们对各省地、市级党政系统进行问卷调查，并收回150份有效问卷。调查统计表明，最近几年，各省市党政系统对信息安全人才的需求比较大，很多用人单位已经设立与信息安全相关的工作岗位，其中对网络安全维护与管理类信息安全岗位人才需求最为迫切。并且，用人单位最看重毕业生的组织管理能力以及解决实际问题的能力，更愿意录用参加过各类创新实践活动且有一定创新实践能力的学生。在专业技能方面，用人单位最希望信息安全专业学生具有网络安全维护与管理能力、网络攻击与防御能力、密码产品的管理与维护能力以及信息网络安全方案的设计等方面的能力。

另一方面，我们到山西大同和河北井陉，与就业单位进行面对面交流，并实地考察学生工作环境。从中了解到，就业单位当前工作内容已经与传统内容有很大差别，他们更肩负着政务信息化、政务网络建设与维护等任务，传统内容只占现在工作的一小部分。就业单位更看重学生在通信网络方面、计算机方面的能力，这也是学生在单位能够发挥更大作用的前提条件。

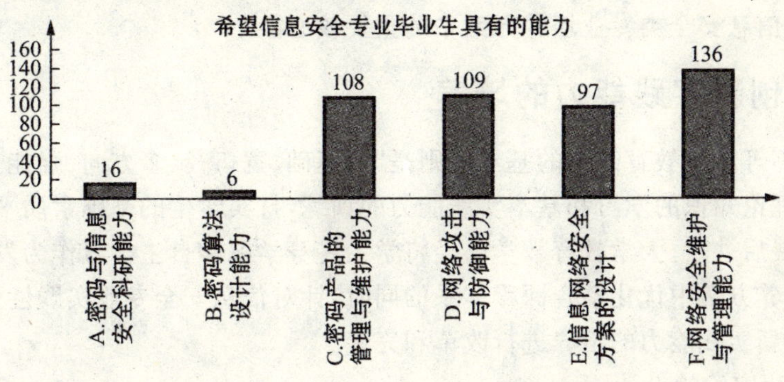

从调研的结果可以看出，随着业务的发展和国际国内形式的变化，就业单位对学生在网络、计算机通信，以及网络安全方面提出很高的要求。

二、课程体系设计

专业课程体系是体现学生专业知识和能力的核心，为了更好地满足就业需求，必须从专业课程体系入手。原有专业课程体系只是将计算机类、网络类、密码与信息安全类课程作简单的罗列，过分强调单门课程的完整性，弱化专业课程体系的内在联系以及课程内容之间的关联与衔接。虽然原有方案对创新能力的培养有一定体现，但是在能力培养方式、手段、目标等方面不是很明确。所以，在新的专业课程体系设计中，以就业需求为方向，满足教育部对本专业培养中相关教学内容的要求，突出创新，完善与优化原有课程体系中专业基础课程和专业课程。

通过分析发现，信息安全中以网络安全最为突出，而网络安全最终又以操作系统和协议为基础。结合专业特点，针对网络基础之上的安全技术进行课程体系的设计，将教学中具有相互影响、互动、有序的课程融合，并结合实践环节进行统一优化。

在新的网络安全课程体系以操作系统和协议栈为基础、以代码分析与程序设计为手段，掌握常用网络安全工具之上，让学生深入理解网络安全的内涵与实质。该课程体系中核心课程包括操作系统、数据结构、计算机网络、信息安全导论、网络安全编程基础、Internet 安全协议、网络对抗技术等课程，是信息安全类专业课程的主体和核心。

这样，在网络安全体系结构中将相关课程形成一个有机的、有序的整体。既有网络安全的基础内容，又有网络攻击与防御方面理论与技术；既有必要理论方面的内容，又有代码级别的实践体现。当然，网络安全理论与技术发展迅速，尤其是新技术不断涌现。工具可能过时，其最根本的基础不会脱离网络、协议栈的支撑。所以，在新的课程体系中，既能使学生掌握网络安全的基本理论和技术，又注意适应新技术发展，是信息安全类专业培养方案中的重要核心。

三、创新实践能力的培养

当前高等学校教育改革的基本原则是“厚基础、宽口径、多方向、强能力”，加强学生基础理论知识的学习和基本实践能力的训练，打实学生的基础素质平台，提升学生的发展后劲[2]。大学教育教学已经将学生终身学习和自主学习作为发展方向，所以，在培养方案中优化整合课程体系的同时，针对信息安全专业实践性强的基本特征，对创新实践能力的培养进行改革和完善。

1. 课程实验的设计

从课程实践体系中，一方面每门理论课程设置有一定量的课程实验；另一方面考虑到学生综合能力的培养，专门设置综合实验课程。从内容上，课程实验主要针对课程本身的技术点进行训练，使学生熟悉漏洞检测技术、网络防御技术、并能够对相关安全产品熟练掌握和使用。同时，针对信息安全的“短板理论”和从系统设计出发的特点，学生掌握基本技术的同时，应该能够合理地将各种技术融合，形成一个安全的系统。综合性实验就考虑靠课程体系中涉及的各种技术，在一个大题目下考查学生综合运用技术的能力，对学生系统掌握网络安全技术和应用搭建了平台。

2. 创新科研的支持

信息安全系鼓励学生积极参加创新活动，并给予很大的引导和支持。一方面设置系级创新基金，提供一定经费的支持来保障学生在创新研究上的起步，并为学生申请学院的本科生科学研究与创新基金打好基础；另一方面对学生社团“信息安全技术协会”加大支持和指导力度，一次性提供四台计算机和一台服务器，并指定技术实力很强的教师担任协会指导老师，定期为学生开设技术讲座和辅导。同时，在一些政策上激励教师设计创新题目，指导学生组成团队，并开展团队与题目双向选择的创新氛围。实际上，信息安全专业学生已经从 2007 年(2006 年第一届本科招生)开始获得学院创新基金的支持，到目前为止，已经获得十多项的支持。

3. 专业大赛的组织

一方面，为了普及信息安全知识，并让低年级学生了解信息安全的相关内容，系学生团支部和信息安全技术协会每年组织举行一次全院范围的信息安全知识大赛，并在决赛中由学院信息安全专家对决赛的题目及相关知识进行点评与讲座。知识大赛的开展既普及了专业知识，也锻炼了学生的组织能力。

另一方面，为了迎接教育部高等学校信息安全类专业教学指导委员会每年一届的“全国大学生信息安全大赛”，由信息安全系每年组织一次学院选拔赛。信息安全系组织学院信息安全专家对参赛进行审查，从选题、演示、报告等方面严格筛选、层层把关，为全国比赛提供最高水平的作品。目前已经参加的两届全国比赛已经取得一个二等奖和两个三等奖。

4. 创新实验区的建设

创新环境是创新能力培养的必要土壤。在分析课程实践内容的基础上，我们逐步构建密码算法实验环境、密码系统设计实验环境、协议分析实验环境、防火墙与入侵检测实验环境、网络对抗实验环境、网络安全管理实验环境等实验环境，满足学院信息安全人才在网络安全、密码系统等方面的需要。并在实验环境基础之上整合，形成三个大的平台：信息安全综合模拟实验平台、网络攻防实验平台、密码系统综合模拟实验平台，并最终建成信息安全类创新人才实验区。

信息安全综合模拟实验平台[3]，基于实际网络模型，由一定软硬件基础设施构成，能够模拟仿真现实网络系统安全。学生可以通过交互手段进行实验规划、实施、分析和报告，也可以进行安全理论技术拓展研究。

网络攻防实验平台[3]，利用信息安全产品建立真实的网络攻防实验环境，可以支撑信息安全专业课程的实践教学任务，为教师与学生开展信息安全专业相关的科学研究活动提供帮助。

密码系统综合模拟实验平台，以密码系统作为平台，建立多种算法和加密模式的调试、演示环境，支撑信息安全专业密码类课程的实验，以及密码类相关内容的竞赛、创新等开发环境。

四、培养方式改革与创新

1. 理论教学

根据信息安全实践性强、发展快的特点，将讲授、讨论和实践相结合，增加学生在理论教学中解决实际问题的机会。

教学内容方面。从理论教学出发，增加实际问题相关的讨论，增加学生参与的程度，转变被动接受知识的角色为主动进取；以典型案例为引导，分析现象、挖掘本质的基础上重点讲授原理；并在此基础上，增设个人研究（专题报告），学生根据自己的兴趣选择相关安全内容，从某一个点展开，掌握信息安全基本理论和基本技术的同时，培养学生学习的兴趣。

教学方法和手段方面。在不同的教学进程中采用不同的教学方法和教学手段，在基础理论教学中，以课堂教学、动画演示和学生自学相结合。课堂上引入实际案例，提高学习兴趣的同时，也使学生在分析中掌握基本概念和基本原理。利用综合性、创新性题目培养学生分析问题和解决问题的方法，并深化基本理论。授课方式以课堂板书、多媒体教学和网络教学相结合，运用多媒体教学手段进行互动教学。

教学环境方面。依托网络技术，搭建网上教学辅助平台。教师建立课程教学辅导站，提供课程相关的共享资源和网络课件。学生可根据兴趣对课程内容进行扩展，在讨论的氛围中完成自学能力的提高。

2. 实践教学

由于信息安全专业实践性非常强的特点，实践环节是信息安全专业建设的一个重点和难点。在培养方案中，实践教学从三个方面体现：作业实验、课程实验和综合实验。将部分作业以实践的形式进行布置，并以代码检查的方式来验收；固定安排一定学时的课程实验，涵盖相对容易实现的技术供学生实现，在巩固理论教学的同时也让学生真正体验到技术的本质和内涵。此外，设置综合实验，将相关技术进行综合设计，提出具有创新设计要求的题目等，检验学生对技术的掌握以及综合使用的能力，并引导学生分析问题、解决问题，培养具体创新精神的综合素质。三种实践教学层次上分级递进，内容上步步深入，在掌握基本技术的同时，为将来的研究和实际工作奠定必要的基础。

3. 成绩评定

摒弃卷面分数定天下的局面，根据课程特点设置不同的考核方式。

对本身实践性很强的理论课程，采用试卷、实验、方案设计三者结合的方式。试卷考查学生基本理论的掌握情况，实验考查学生基本技术的实践情况，方案设计考查学生理论与技术相结合并扩展创新的情况。试卷与实验保证一个基本成绩，方案设计成绩体现一个提高的过程。

对综合性和创新性的实验题目设定难度系数（或成绩等级），学生根据自己精力与能力选择相应等级题目进行实验，并最终根据实验结果和难度系数给出一个比较客观的成绩。

五、结束语

信息安全专业是一门新的专业，从课程体系、专业建设到课程建设还需要经历漫长的实践过程。推进改革，优化教学资源，改善教学效果是必经之路。人才培养模式探索是在培养目标和学科规划的指导下、适应就业需求、满足技术的发展而不断发展和完善的尝试。

参考文献

[1] 沈昌祥,等. 信息安全综述[J]. 中国科学E辑:信息科学, 2007, 37(2): 129-150.

[2] 范守信. 试析高校课程群建设[J]. 扬州大学学报(高教研究版),2003,(3):25-27.

[3] 蒋文保, 李忱. 高校信息安全专业应用型人才培养模式探讨[J]. 信息安全与通信保密, 2007,(9):172-175.

民族传统体育专业本科“复合型应用”人才培养模式的理论与实践研究

李士英　朱瑞琪　李俊峰　蔡　斌　薛　欣　北京体育大学

【摘　要】我国民族传统体育专业教育在快速发展的同时，存在着总体投入不足，区域结构还存在一定的差异，发展空间不够的问题。北京体育大学民族传统体育专业通过确立复合型应用人才培养模式，加强基础课程，突出专业主干课程，拓宽选修课程，加强实践教学环节，从而培养既掌握基本理论和技能，又能从事教学、训练、科研工作的复合型应用人才。

【关键词】复合型　应用　人才培养模式

民族传统体育专业作为传承民族传统体育、弘扬民族文化的新设专业已经走过了八年的发展历程。只有所培养出的人才能够很好地满足社会的需要，这个专业才有生命力，民族传统体育能否依托高等体育专业院校得以普及、弘扬，师资队伍和课程设置起着至关重要的作用。对民族传统体育专业本科人才培养模式进行深入研究，具体在培养目标、培养规格、课程设置、毕业生流向等方面的现状进行探讨，对于加强民族传统体育的学科建设和专业建设是十分必要的。

一、我国体育院校民族传统体育专业教育发展概述

（一）民族传统体育专业教育发展历程

按照招生的形式和规模，民族传统体育专业形成了鲜明的时间分布特征：第一阶段：创办阶段（1986～1994年），有6所直属体育院校实行单独招生的办法开始进行单招；第二阶段：过渡阶段（1995～2001年），民族传统体育专业的招生规模发展到16所各类院校，其中发展了8所省属体育院校；第三阶段：膨胀阶段（2002年～至今）民族传统体育专业布点的增长速度加快，由2002年的16所，增加到2007年的36所。

（二）我国民族传统体育专业教育发展的现状

1. 民族传统体育专业教育的投入现状

目前，我国高等教育经费来源渠道已呈多元化发展的趋势，政府仍是教育投资的主体，但随着我国经济和教育制度改革，经费投入结构发生了变化，政府投入均

大幅下降,社会经费和个人投入均大幅增加。目前,民族传统体育专业教育的投入严重不足。同时,由于各民族传统体育专业所属高校分别归于部属、省属、地方所属院校,因此人均政府拨款标准不同;经济发达地区和边远地区院校人均政府拨款标准不同,从而造成投入的不均衡,也影响了质量发展的不均衡。

2. 民族传统体育专业教育的结构现状

1998 年 7 月国家教育部正式将民族传统体育专业列入新修订的高校专业目录,并设有三个教育方向:即武术、传统体育养生和民族民间体育。专业方向设置具有动态性和易变性等特点,受社会劳动市场供需规律支配。至今,全国各地的民族传统体育专业方向设置基本还是沿用过去的武术专业设置,分为套路、散打两个专业方向,吉林体育学院等学校设置了如摔跤、跆拳道方向,这样也极大丰富了民族传统体育的内涵。现阶段民族传统体育专业教育各层次的规模都保持着增长态势,尤其是研究生需求更明显一些。在过去的民族传统体育专业教育发展中,单一层次的本科教育独领风骚。在高等教育发展需要的内在动力推动下,民族传统体育专业教育的本科层次发生了分化,硕士和博士研究生的发展尤其迅速。民族传统体育学位授予点的地域分布全国范围内呈现不均衡性,东西地区差距大,在地区内部也呈现不均衡特点。

3. 民族传统体育专业教育的规模现状

民族传统体育专业教育自“单独招生”以来,截至 2007 年,本科招生学校由最初的 6 所体育院校,发展到现今的 36 所院校,20 所学校具有民族传统体育硕士学位授予权,另外还有 26 所学校挂靠到体育教育训练学专业来培养武术或民族传统体育方向的研究生;全国范围内有 2 所高校设有民族传统体育学博士点(北京体育大学、上海体育学院)。专业招生人数由最初的不到百人,发展到现在的每年招生 2000 余人。本科招生学校中,体育院校占 38%,师范院校占 31%,综合院校占 31%,与 2005 年全国 33 个民族传统体育专业各类招生院校的比例相比有显著的变化。

4. 民族传统体育专业教育的质量现状

质量在民族传统体育专业教育发展中处于核心地位,但由于目前生源二级水平的认证的可靠性难以得到保障,加之有资格招生的学校数量的急剧增加,且招生规模飞速扩大,种种原因造成生源质量急剧下滑。

目前,民族传统体育专业毕业生综合实践能力不理想,且社会对民族传统体育专业人才的需求不容乐观,社会需求与培养就业趋向、学生意愿之间存在着一定的矛盾。

表1 2001年录取学生(运动训练和民族传统体育)来源情况

	专业队	体校	中学	其他
人数	659	2232	4546	527
百分比(%)	6.26	28.03	57.03	8.27

资料来源:国家体育总局科教司。

通过对我国民族传统体育专业教育课程体系现状的调查和培养方案的具体分析,本科生和研究生专业方向课具有很大的内在一致性,本科民间体育理论开设较为薄弱,专业课也以竞技武术为主。理论与技术课程学时比例是100:0.16。

学历学位是师资队伍的基础性结构。现任教师的年龄结构,40岁以下的青年教师人数最多,比例达到69%,40～50岁占20%,50岁以上占11%①。民族传统体育专业教师中教授:副教授:讲师:助教的比例为1:2.3:3.3:2.7,与正常比例1:3:4:2相比,虽然形成了梯形,但副教授和讲师偏少,助教偏多②。

5.民族传统体育专业教育的效益现状

民族传统体育学科子系统的确立,丰富了体育学科大系统的内涵,使体育学的范围扩大,也反映了国家对民族传统体育、民族传统文化的重视。通过统计表明,民族传统体育的学术研究逐年增多,这是在体育理论上的一个巨大贡献。

民族传统体育专业单招制度的建立,是为了解决竞技武术"体教结合"的问题,对群众民族传统体育的发展也取得了很好的效益。另外,培养大批的管理人才、经营人才,开启了跟民族传统体育相关的产业,取得了良好的社会效益和经济效益。

师生比是反映教育投资经济效益的重要指标。师生比不均衡既增加了教师的负担,也降低了学生的学习效果,导致人才培养质量滑坡,也导致办学效益下降。

二、我国体育院校民族传统体育本科专业培养模式现状分析

对我国10所体育院校民族传统体育本科专业培养方案统计分析可以看出:在培养目标的设定上有5所体育院校提出了"复合型人才";有3所体育院校提出了"应用型人才";有6所院校提出了"专门人才";在最近的(2006年)全国普通高校民族传统体育专业发展论坛中已明确提出"复合型应用人才"。而值得关注的是:有5所体育院校更是与时俱进地提出了"培养从事社会体育指导员(健身指导或俱乐部教练员)的专门人才";有2所体育院校提出"培养从事安全保卫工作的专门人才";在2006年的全国普通高校民族传统体育专业发展论坛中也有"健身指导"及

① 蔡仲林,等.我国高校民族传统体育(本科)专业办学现状调研[J].体育学刊,2007(1).

② 孔军峰,王翔.高校民族传统体育专业师资现状分析与对策研究[J].军事体育进修学院学报,2007(1),74.

“参加文书安保等工作”的字眼;在课程结构的设置上必修课所占需修总学分的30%,其中约是3节学科课,2节术科课;毕业实习上一般安排在第四学年,北京体育大学分两批进行毕业实习,这对保证实习的量和质都有好处,值得各体育院校借鉴学习。

(一)我国体育院校民族传统体育本科专业培养模式的专家调查分析

对我国10所体育院校民族传统体育本科专业培养方案的专家进行问卷调查,通过统计得出:74.19%的专家认为民族传统体育专业本科的培养目标和社会需求存在矛盾,83.34%的专家认为社会对民族传统体育本科专业的需求上主要集中在学校教师和社会健康指导员、高级保安等工作上;在课程机构的改革上,有75.00%的专家认为民族传统体育专业课程结构应更重视与社会的联系和自身的整合上;对选修课的设置上,73.53%的专家强调了突出实践环节核对学科术科的平均分配;而在外语、计算机课程的学习上,有94.12%的专家都认为比较重要和非常重要。

(二)北京体育大学民族传统体育专业本科培养模式的个案分析

通过对北京体育大学武术学院的专家和毕业生的走访调查,经过统计分析可以总结出:05、06、07届毕业生有近30%进了教育系统,有近25%进了公司企业;在学生希望成为的人才中,76.36%的学生选择了“复合型”和“应用型”人才;45.45%的学生希望从事“公安警察”的工作,25.45%的学生希望从事“学校教师”的工作,20.91%的学生希望从事其他(社会健康指导员、高级保安等)工作,而只有8.18%的学生愿意在专业队里任教;而在课程设置上旧的培养方案突出表现为以下几方面:① 基础知识的学习较为完整;② 在选修课种考虑到毕业后的方向性学习的课程;③ 对于外语和计算机课程设置合理。在相关问卷中对课程的整合突出表现在使其更适应于社会需要和突出实践环节上;对北京体育大学2007年培养方案中增设了两门安保类课程,有88.00%和78.57%的专家和学生的支持率。

(三)民族传统体育本科人才培养模式的构建与实践

1. 培养目标应符合社会发展要求,确立复合型应用人才培养模式

专业培养目标的定位专业是确定人才培养规格的关键,国家制定的相关政策是各院校制定的重要依据。在考虑宏观指导的基础上,由于各院校实际水平不尽相同,各区域经济发展等不同,在制定培养方案,本科专业培养方案要充分结合本地区的经济发展水平和学校的办学优势等条件而确定。各院校在制定培养目标时要充分考虑目前社会的发展和就业需求状况,能随着社会发展而及时有所调整,以适应不断发展变化的多样化的市场需求,同时,依民族传统体育发展水平,具体目标应面向社会培养“复合型应用人才”,即培养“本专业培养德、智、体全面发展的,较

系统地掌握民族传统体育的基本理论、技术与技能，能在运动训练、学校体育教育、社会体育健康指导等领域中从事武术、传统体育养生及民族民间体育教学、训练、科研等工作的复合型应用人才”。

2. 面向市场，构建合理的课程体系

在市场经济条件下，社会发展对人才提出了新的要求，我们培养的人才也必须面向市场，具体应从以下几方面加以改革：

第一，加强基础课程，注重学生基本知识的学习，培养学生良好的品格、人文素养和现代科学知识等基础素质。

第二，突出专业主干课程和专业特色课程，围绕教育部有关的专业规范设置相关的课程，在此基础上可根据学校自身的办学优势和市场需求开设专业相关课程及专业方向课等，真正达到本专业的“复合型应用人才”的要求。

第三，拓宽选修课程。为培养宽口径和适应能力强的人才，应加大选修课程的比例，开设综合课、跨专业选修课及边缘交叉课等，学生可以跨专业选修，甚至跨校选修，如学生可以选修教学、训练、科研、健康指导和安保等领域的课程，从而给学生提供更大的选修空间，切实拓宽学生视野。

第四，强化实践课程。实践课是培养学生实践能力的重要环节，应贯穿于教学的全过程，体现在培养方案的每一门课中，并将实践课纳入专业课程的建设之中。

3. 加强实践教学环节，突出实践能力培养

实践教学是提高学生实践能力的重要环节，是本科教学计划地重要组成，实践教学应具体包括入学教育、军训、劳动教育、社会调查（实践）、教育实习、毕业论文写作、学术活动等内容。目前，在课程方案中应根据学生的实际水平，要进一步加大改革力度，强化实践课教学等环节，在实践教学的内容、形式和考核方式等方面都应突出体现实践能力的培养。

4. 民族传统体育本科人才培养模式的实践

首先，2003年民族传统体育专业教学计划实施后，2005年在系统分析了的优缺点的基础上，进行了针对性部分调整；其次，在教学评估中，评估专家对民族传统体育专业的复合型应用人才培养模式给予了充分肯定；第三，在修改后的03计划，以及在此基础上进行的2007年民族传统体育专业（本科）培养方案的制订和实施中，受到了积极的效果；第四，通过新的课程体系的学习，强化了专业，拓宽了学生视野，切实拓宽学生视野，基本形成了从单一型复合向多层面复合的转变（如增设民族传统体育专业方向不同副项内容等）；最后，通过强化实践课等教学环节，在实践教学的内容、形式和考核方式等方面都突出了学生实践能力的培养，实践体系初步取得成效。

三、结论与建议

（一）结论

(1) 我国民族传统体育专业教育发展快速，其规模进一步扩大，布局得到调整，层次有所提高。民族传统体育专业教育总体投入不足，教育投资主体多元化与经费严重短缺，各级各类民族传统体育专业教育投入不均衡；民族传统体育专业教育各层次的规模都保持着增长态势，但区域结构还存在一定的差异；在质量和效益上稳步提高，但发展空间不够。

(2) 培养目标应符合社会发展要求，确立复合型应用人才培养模式，具体目标应面向社会培养“复合型应用人才”，即培养“本专业培养德、智、体全面发展的，较系统地掌握民族传统体育的基本理论、技术与技能，能在运动训练、学校体育教育、社会体育健康指导等领域中从事武术、传统体育养生及民族民间体育教学、训练、科研等工作的复合型应用人才”。

(3) 民族传统体育专业的人才培养也必须面向市场，构建合理的课程体系。具体应从以下几方面加以改革：第一，加强基础课程，注重学生基本知识的学习；第二，突出专业主干课程和专业特色课程，在此基础上可根据学校自身的办学优势和市场需求开设专业相关课程、及专业方向课等，真正达到本专业的“复合型应用人才”的要求；第三，拓宽选修课程，应加大选修课程的比例，开设综合课、跨专业选修课及边缘交叉课等，从而给学生提供更大的选修空间，切实拓宽学生视野，形成从单一型复合向多层面复合的转变。

(4) 加强实践教学环节，突出实践能力培养，具体包括入学教育、军训、劳动教育、社会调查（实践）、教育实习、毕业论文写作、学术活动等内容。

(5) 民族传统体育本科人才培养模式的在实践中初步取得成效。

（二）建议

(1) 对民族传统体育本科专业培养方向制定出具体的，与社会市场相适应的各方向培养目标，区分不同方向的培养特色。

(2) 民族传统体育专业课的课程设置仍有进一步扩展的空间。

(3) 加强职业培训和就业指导，依托社会，开放办学。

弘扬科学精神，恪守质量理念：体育科学研究方法课程的分层教学与内容更新

张力为 毛志雄 张 凯 姚 蕾 高 峰 北京体育大学

【摘 要】体育科学研究方法是体育科学发展的生命线。北京体育大学体育科学研究方法课程改革小组在17年的教学中，设计并实施了科学哲学、研究方式和操作手段三个层面的分层教学体系，对本科生、研究生和研究员三类不同教学对象进行分类指导。课程改革小组致力于体育科学研究方法的规范，并不断引入新的研究方法和研究理念，对体育科学研究的质量提高起到了一定的推动作用。

【关键词】体育科学 研究方法 分层教学

一、课程改革主要内容

体育科学研究方法的应用水平是制约体育科学发展的瓶颈和生命线，也是体育科学发展的薄弱环节。17年来，《体育科学研究方法》课程改革小组致力于体育科学研究方法的规范、更新和提高，在全国体育科学界形成了重要的学术影响，对体育科学科研质量的提高起到了一定的推动作用。成果主要包括两个方面：

（一）设计新的教学体系，体现分层教学理念

《体育科学研究方法》的教学关系着学生科学素养的熏陶、科学视角的扩展以及毕业论文的设计。我们在教学体系和教学理念上不断探索，尝试新的行之有效的方式，取得了可喜的进展。课程改革小组从两个方面构建了新的分层教学体系，成为了体育科学研究方法教学领域的重要创新。

第一方面是教学内容的分层。课程改革小组从三个层面系统探索了体育科学研究方法的改进与提高，即① 科学哲学的宏观层面，如科学方法的基本特征和理论假说与实证检验问题；② 研究方式的中观层面，如选题规划、抽样方法、变量关系与变量控制以及信度与效度问题；③ 操作手段的微观层面，如研究课题的规划设计、实验设计、调查涉及、资料数据的统计分析以及不同研究的相互比较。

第二方面是教学对象的分层。课程改革小组从本科生、研究生和研究员三个层面有针对性地搭建了体育科学研究方法教学体系，从易到难，逐渐提高。在本科生层面，注重科学基本素质的培养，例如，对科学的基本特征进行深入浅出地分析，对操作性定义等难点进行启发式类比，对研究选题多举例证加以说明。在研究生层面，注重从研究课题与统计方法的结合上引导学生认识以课题为先导以方法做支

撑的道理，并对行为科学多元统计进行系统的讲授和上机实践。在研究员侧面，注重高级方法的介绍，特别是注重研究评价、研究比较等方法的介绍。

表1简要描述了课程改革小组构建的新教学体系，其核心设想和教学实践充分体现在张力为于2002年通过高等教育出版社出版的教材《体育科学研究方法》(获2005年北京高等教育精品教材)中。该教材共96万字，出版后受到体育科学领域许多学者和学生的高度重视。张力为，毛志雄(主编，2004)还通过北京体育大学出版社出版了方法手册《体育科学常用心理量表评定手册》，受到读者欢迎。

表1 《体育科学研究方法》简要目录及教学计划

内　容	初级水平 (本科生)	中级水平 (研究生)	高级水平 (研究员)
第一编　科学研究与科学方法			
第一章　科学方法的基本特征	推荐讲授与阅读		
第二章　理论假说与实证检验	推荐讲授与阅读		
第二编　研究课题的规划设计			
第三章　选题规划	推荐讲授与阅读		
第四章　抽样方法	推荐讲授与阅读		
第五章　变量关系与变量控制	推荐讲授与阅读		
第六章　信度与效度	推荐讲授与阅读		
第七章　真实验研究设计	推荐讲授与阅读		
第八章　准实验研究设计	推荐讲授与阅读		
第九章　非实验研究设计	推荐讲授与阅读		
第十章　现场调查研究设计	推荐讲授与阅读		
第十一章　访谈调查研究设计	推荐讲授与阅读		
第十二章　纸笔测验研制方法		推荐讲授与阅读	
第十三章　问卷调查研究设计	推荐讲授与阅读		
第十四章　个案研究设计	推荐讲授与阅读		
第十五章　跨文化研究设计		推荐讲授与阅读	推荐讲授与阅读
第十六章　运动员选材研究设计		推荐讲授与阅读	
第十七章　比赛技术统计研究设计	推荐讲授与阅读		
第三编　资料数据的统计分析			
第十八章　多元回归与研究课题		推荐讲授与阅读	
第十九章　典型相关与研究课题		推荐讲授与阅读	
第二十章　多维频数分析与研究课题		推荐讲授与阅读	

（续表）

内　容	初级水平（本科生）	中级水平（研究生）	高级水平（研究员）
第二十一章　分层线性模型与研究课题			推荐讲授与阅读
第二十二章　协方差分析与研究课题		推荐讲授与阅读	
第二十三章　多元方差分析和多元协方差分析与研究课题		推荐讲授与阅读	
第二十四章　重复测量的剖面图分析与研究课题		推荐讲授与阅读	
第二十五章　判别函数分析与研究课题		推荐讲授与阅读	
第二十六章　逻辑斯蒂克回归与研究课题		推荐讲授与阅读	
第二十七章　主成分分析和因素分析与研究课题		推荐讲授与阅读	
第二十八章　结构公式模型与研究课题			推荐讲授与阅读
第二十九章　第三变量分析与研究课题			推荐讲授与阅读
第三十章　显著性、效果量、原因量			推荐讲授与阅读
第四编　不同研究的相互比较			
第三十一章　元分析		推荐讲授与阅读	推荐讲授与阅读
第三十二章　不同研究的比较与整合			推荐讲授与阅读
第五编　研究结果的相互交流			
第三十三章　科技信息的检索与查询	推荐讲授与阅读		
第三十四章　研究结果的报告与交流	推荐讲授与阅读		
附录			
附录 1　体育科学常见统计误用		推荐讲授与阅读	推荐讲授与阅读
附录 2　体育科学专用心理学纸笔测验名称及来源			
附录 3　体育科学常用心理学纸笔测验名称及来源			
附录 4　体育科学常用生理学测验名称及来源			
附录 5　社会科学研究计划示例			
附录 6　自然科学研究计划示例			
附录 7　社会科学研究论文示例			
附录 8　自然科学研究论文示例			
附录 9　随机数表			
教学规划	16 章 36 学时	14 章 36 学时	8 章 18 学时

课程改革小组近年来还在本科生、硕士生和博士生三个层面搭建了体育科学研究方法的不同课程，包括：

1. 本科生层次

本科生层次的核心方法学课程是：

张凯（2006～2009年）：各专业本科必修课：体育科学研究方法；

姚蕾（2001～2009年）：各专业本科必修课：体育科学研究方法。

本科生层次的其他方法学课程是：

毛志雄（2007～2009年）：应用心理学专业本科必修课：运动员心理特征评定（32学时）。

2. 硕士生层次

硕士生层次的核心方法学课程是：

张力为（2005～2009年）：硕士研究生专业基础课程：行为科学多元统计（32学时，2008年改为48学时）；

张凯（2007～2008年）：硕士研究生选修课程：体育科学研究方法（32学时）。

硕士生层次的其他方法学课程是：

张力为，毛志雄（2004～2009年）：硕士研究生专业必修课程：心理科学测量与评价（16学时）；

张力为（2005～2009年）：硕士研究生专业必修课程：武术科研方法（8学时）。

3. 博士生层次

博士生层次的核心方法学课程是：

张力为（2006～2009年）：博士研究生专业选修课程：体育科学研究方法进展（16学时，2008年改为32学时）。

（二）不断更新研究思路，及时引入新的方法

以研究促进教学，是《体育科学研究方法》课程改革的重要特点之一。课程改革小组成员张力为自1991年10月在《体育科学》11卷5期85～88页撰文"运动心理学研究方法若干问题的探讨"，开始了对体育科学研究方法的关注与思考。此后17年中，课程改革小组在《心理学报》、《体育科学》等重要杂志上共发表36篇方法学论文。课程改革小组成员张力为最近于2008年10月在《北京体育大学学报》31卷5期647～649页撰文"研究生论文30忌"，并在全校进行公开讲座，其影响力在不断扩大。

在探索和提高体育科学方法的过程中，课题小组成员密切追踪国际行为科学领域的方法学进展，不断更新研究思路，及时提供新的方法。例如，我们在中国心理科学和体育科学领域首次引进优势分析（dominance analysis）的统计方法计算多个自变量对因变量的相对贡献，该方法克服了多元回归分析中简单利用回归系数进

行自变量重要性比较的不稳定、不直观两大缺点，具有模型稳定和更加直观的长处。我们首次在中国体育科学界介绍和评价元分析(统计)方法，帮助许多本科生和研究生阅读行为科学领域中的元分析论文，了解相关学科实证研究的最新进展，也为研究者对前人研究进行量化文献综述提供了新视角。我们还首次应用“第三变量”的概念总结和评价调节变量和中介变量的作用，并首次在体育科学领域系统介绍其计算方式。这一概念的引入，引起了学生、教师和研究者对研究课题复杂性的认识，帮助他们在研究设计过程中通过调节变量和中介变量探索更加深入和更加复杂的课题。

二、课程改革主要成效

第一，所发表的 36 篇方法学论文和 2 本教材受到同行的普遍重视，成为许多本科生、研究生和科研人员方法学应用的参考。例如，“张力为(2002)：信度的正用与误用[J]. 北京体育大学学报，25(3)，348-350.”被引频次 18 次，下载频次 530 次(2009 年 5 月 24 日知网查询)；又如，“张力为，陈荔(2005)：优点与不足：六种身体自我测量方法的比较[J]. 体育科学，25(1)，74-79.”被引频次 17 次，下载频次 463 次(2009 年 5 月 24 日知网查询)；再如，2002 年出版的《体育科学研究方法》已由高等教育出版社重印 3 次。

第二，为本科生、硕士生、博士生开设了 7 门方法学课程，受到学生普遍欢迎和好评。这些课程对学生体育科学研究能力的培养和提高起到了重要的推动作用。

第三，以体育科学研究方法为主题，在全国各体育院校举办公开讲座，弘扬科学精神，普及科学方法(例如，2006 年 10～12 月在北京体育大学讲座：“体育科学研究方法的误区”；2008 年 4 月在西安体育学院讲座：“如何写好本科论文”；2008 年 5 月在上海体育学院、2008 年 10 月在华中师范大学体育学院和郑州大学体育学院讲座：“社会科学的主流方法范式及其对应用心理学研究的启示”；2008 年 11 月在北京体育大学讲座：“研究生论文 30 忌”；等等)。

第四，课程改革小组成员进行了大量的体育科学研究方法问题咨询，以一对一的方式帮助本科生、研究生解决了大量研究方法的问题和难题。

第五，所做工作缩小了体育科学和其他学科在研究方法应用水平方面的差距。

北京体育大学人文奥运课程改革与建设

钟秉枢　邱招义　左　琼　孙葆丽　黄亚玲　北京体育大学

【摘　要】高校体育承担着宣传体育文化,提倡体育道德的责任和义务。人文奥运课程是实现高校体育传承和创造人类文明特殊使命的重要举措之一。北京体育大学人文奥运课程通过内容的选择、先进的科学思维方法的训练,强调知识与能力,过程与方法,情感、态度与价值观三维目标,建立起人文奥运素质教育培养的新模式,树立起"以服务北京08奥运为导向,以学生人文素养提高为根本"教育新模式,对我国高校人文奥运教育、学生培养具有导向和示范作用。

【关键词】人文奥运　课程　改革

一、主要内容

教育观念的变革,教育改革的潮流,不可遏止地冲击着体育的发展。它呼唤着体育组织要承担起更大的教育责任和社会责任。人文奥运更是突出以人为本的观念,倡导体育与文化、教育有机结合。宣传体育文化,提倡体育道德,是高校体育义不容辞的责任和任务,是高校体育在传承和创造人类文明中承担着的特殊使命。

"北京体育大学人文奥运课程"正是实现这一使命的重要举措之一。本项目采用系统培养模式,搭建和完善体育人文社会学本科、硕士生、博士生培养的课程体系,是进行课程体系创新的体育人文社会学教改成果。同时,也为我国高校教学改革更好服务社会建立了一个实验基地,在北京举办奥运会的社会背景下,搭建了一个全面服务社会的奥林匹克教育平台。本项目2003年7月正式启动,已经有七批学生顺利地完成了全部课程的学习。同时,展开的社会活动也把人文奥运课程改革的成果直接转化为服务北京奥运会的显著性社会成果。

成果的主要内容包括以下几个方面:

(1) 奥林匹克运动与大学不仅享有共同的教育目的、享有共同的目标群体,而且它们还具有同样的社会辐射力,有着相辅相成的互动关系。奥运会使学校的课程与学生的生活直接联系起来,帮助学生深刻地理解他们自己,并且更为重要的是理解人类自身。高等院校应当强调人类共有的经验、关系和伦理道德,通过学习建立在全人类共同享有的传统经验基础之上的共同核心知识,这一课程将能帮助所有学生了解奥林匹克运动的人文遗产,他们所生活的、相互依存的世界。

(2) 人文奥运课程的性质是为缓解现行竞技体育的结构性缺失,直接发挥奥林匹克的教育功能，为学生“精神成人”提供优质思想资源而设置的。人文奥运课程改革强调知识与能力，过程与方法，情感、态度与价值观三维目标。人文奥运课程强调培养“有全球意识的人”和“有国际眼光的人”，培养学生科学锻炼，公平竞争的素养；关注北京奥运会的社会影响，实现课程内容与生活和时代的密切联系；关注学校的整体发展，体现课程结构的均衡性、综合性和选择性。

(3) 在课程内容的选择上把握主体性原则、时代性原则、探究性原则、理论联系实际原则和创新性原则。由于奥林匹克涉及的范围广泛，奥林匹克研究的内容也日趋丰富。目前奥林匹克研究主要集中在以下几个方面：奥林匹克运动对现代社会的贡献；奥林匹克的组织结构；奥运会的未来发展计划；运动员在社会中的位置、作用及其培养；奥林匹克运动与政治、经济及国家间的相互影响；奥林匹克的市场开发实践；体育运动与传播媒介；志愿者培训等。

(4) 人文奥运课程的组织方式具体表现为以概念为中心的组织方式、以主题为中心的组织方式、以问题为中心的组织方式。围绕学生各方面及其潜能的发展这一核心，正确处理学生、知识和社会三者间的关系，合理统合课程各方面的因素。北京奥运会志愿者实践活动就是大学人文奥运课程，它通过一系列活动过程，锻炼了人的社会实践能力。人文奥运课程是实践性很强的课程，需要有充分的社会实践条件。

(5) 人文奥运课程的内容。主要包括整合的或未分化的关于奥林匹克运动、社会和人的知识及相关的直接经验，整合的或未分化的活动及相应的活动内容、方式和规范，旨在培养和提高综合能力的经验或素材，在整体背景和视野中形成的态度与情感等。由于人文奥运课程的性质，决定了它在内容选择上具有许多优势和方便之处。它可以跳出学科的固有框架，比较自由；它可以超脱学科课程需要而形成的系统化、完整性等，不受学科固有模式的制约。人文奥运课程在选择内容时，更容易吸收新知识，吸取先进的科学思维方法。北京奥运，意味着奥林匹克精神更加全面地进入中国人的生活，中国的人文环境更加开放地吸纳世界优秀文明的成果。在本科教育阶段，课程内容的综合程度较高，而到研究生阶段，专题课程将占据主导地位。

(6) 奥林匹克运动是一个持续发展的历史过程，在不同的历史阶段有不同的表现。主要内容有：奥林匹克运动的渊源；奥林匹克运动的兴起；奥林匹克运动的艰难探索；奥林匹克运动初具形态；奥林匹克运动发展与危机；奥林匹克运动改革和创新；奥林匹克运动的思想体系；奥林匹克运动的组织体系；奥林匹克运动的活动体系。目前，奥林匹克研究范围日益扩大。由于奥林匹克运动涉及的范围涉及广泛，奥林匹克研究的内容也日趋丰富。目前奥林匹克研究主要集中在四个方面：① 奥林匹克运动对现代社会的贡献。主要开展奥林匹克运动的结构，奥运会的未来及其计划等问题的研究；② 当代运动员。主要研究运动员在社会中的位置、作用及其培养，体育科学与现代运动训练等问题；③ 社会环境中的体育运动。主要研究体育运动与政治、经济，发展中国家的体育运动等问题；④ 体育运动与传播媒介。开展大众传播媒介与奥林匹克运动发展之间的相互影响。人文奥运课程不仅仅是知识和学生两者，而是学生、知识、社会三者。教师必须树立教学目标的统整观，具有强烈的合作精神，既要实现知识的对内转化，使学生掌握知识，又要实现知识的对外转移，使学生能够运用知识和方法学会解决社会问题。

(7) 依托北京体育大学这一平台，能够对所有与奥林匹克主义有关的问题进行深入的研究，以便为中国奥林匹克运动的发展和奥林匹克理想传播提供坚实的理论基础。中国奥林匹克教育及奥林匹克精神的普及需要一个像北京体育大学这样的权威机构。

二、应用情况

(1) 在大学课程资源上，教师与学生都是课程资源，每个人独特的人格特征、知识背景、思维方式，以至教师的教学方式、学生的学习方式，都是课程资源。这些课程资源既与个人的生活密切联系，又往往体现出超越学科界限的独特内容，因而比教科书的内容更能培养富有个性和创造性的人。北京体育大学从1994年起就成立了奥林匹克研究中心，1995年成立了奥林匹克运动与体育社会学科教研室，聚集了一批有志奥林匹克研究的人才，在与国外相关学校和机构长期合作、交流的基础上，不断推动人文奥运课程的改革和建设。课题成员将最新、最前沿的科研成果转化为教学资源。

为了进行奥林匹克教育，普及奥林匹克知识，介绍国际体育发展的动态，以适应中国体育走向世界的需求，我国响应国际奥委会关于在各自成员国高等院校开设"奥林匹克运动"课程的建议，在全国高等体育院校开设"奥林匹克运动"课程，于是由北京体育大学主持编写了"奥林匹克运动"教材，这是我国首部用于高等体育教育的奥林匹克运动教材。时任国际奥委会主席的萨马兰奇先生给以热情支持，并亲自为全书及书中各篇作序。这项与本课题结合最紧密的"奥林匹克运动"已经被教育部列为2008年国家级精品课程。另外，一些结合本课题出版的著作如《奥林匹克品牌》、《奥林匹克营销》、《2008年奥运会提升中国国际地位和声望的研究》、《竞技体育与奥运备战重要问题的研究》；结合本课题的编写培训教材如《奥林匹克知识读本》、《新北京、新奥运知识讲座》、《奥林匹克知识读本》、《奥林匹克大词典》、《北京奥运会市民工读本》、《奥运传奇》等收到了很好的社会影响，为2008年北京奥运会提供更多的理论支持。

体育人文社会学课题

国家社会科学基金重点课题	《2008年奥运会对提升中国国际地位和声望的研究》
国家体育总局软科学课题	《奥林匹克品牌——中、美、澳三国的比较研究》
国家社会科学基金重点课题	《我国竞技体育发展模式的形成、演变与重构研究》
国家社会科学基金重点课题	《体育可持续发展研究》
国家社会科学基金课题	《北京2008年奥运会人文奥运内涵和实践研究》
国家社会科学基金课题	《奥林匹克改革对国际体育格局的影响》
国家社会科学基金课题	《中国体育社团主体地位的研究》
国家社会科学基金课题	《2008奥运后效应对北京经济社会发展影响》
国家社会科学基金课题	《奥林匹克教育"北京模式"研究》
国家教育部博士点课题	《中国与国际奥委会关系史》
国家教育部课题	《四国体育体制比较研究》
国家科技部奥运专项课题	《奥运科技需求研究》
北京市哲学社会科学规划课题	《奥林匹克文化研究》
国家体育总局软科学课题	《奥林匹克营销》
北京体育大学校管课题	《北京市社区人文奥运文化建设研究》

(2) 为满足2008年北京奥运会服务和教育改革发展的需要，培养各类新型体育人才，北京体育大学对2007版培养方案进行了调整。从2006年开始北京体育大学结合学校的特点，修订了新的培养方案，增加人文奥运的课程。突出表现：① 增加课程类别：2007版培养方案将课程分为必修课和选修课2类，增加了科类必修课。② 增设通识课程：2007版培养方案在非体育类专业增设了《体育人文社会学概论》等课程，以增加学生的通用知识，特别是人文知识。③ 增设通选课程：2007版培养方案中，在原有任意选修课的基础上，增设了面向全校学生开设的通选课程，聘请学校教授一级的老师为学生上课，课程集中在人文类、科普类。例如，有关人文奥运的课程，包括：奥林匹克运动、奥林匹克文化、奥林匹克精神与现代人格塑造、特殊奥林匹克运动、残疾人奥林匹克运动、奥林匹克营销、体育文化学、世界体育史、反兴奋剂教育、西方体育文化等。建立起人文奥运素质教育培养的新模式，树立起"以服务北京08奥运为导向，以学生人文素养提高为根本"教育新模式，对我国高校人文奥运教育、学生培养具有导向和示范作用。北京体育大学体育人文社会学学科具有博士、硕士授予点，在此基础上，逐步制订和完善体育人文社会学博士、硕士生培养的课程体系，将人文奥运课程向纵深推进。

(3) 2008 年北京奥运会，北京体育大学在其筹办过程中扮演着十分活跃的角色，在奥运会与大学之间形成了良好的互动关系，研究成果获得了广泛推广。北京体育大学人文奥运研究取得了丰硕的成果，在国际奥林匹克科学大会、国际妇女体育大会、国际奥林匹克教育大会、国际奥林匹克研究生研讨会、世界大学生运动会体育研讨会、第三届亚洲体育科学研讨会、亚运会科学大会、东亚运动会科学报告会、日本奥林匹克学院成立 25 周年研讨会、韩国第八届顾拜旦国际研讨会、白俄罗斯国际教育科学大会、亚太地区群体大会、中美学校体育研讨会、东北亚体育史学术大会等国际学术会议上发表了大量论文。课题研究人员参加了全国体育科学大会，北京奥组委奥林匹克教育论坛、顾拜旦研讨会、中国文化产业研讨会、奥运会组织管理与商业运作研讨会、北京市人文奥运研讨会、东方文化研讨会、民运会科学报告会等国内学术会议，并在会议上作重要发言。

近几年来，北京体育大学聘请了国际奥林匹克学院、德国、日本，瑞典、挪威、比利时、法国、美国、韩国、巴西、印度等国家的知名学者和专家来校(室)进行讲座和交流。奥林匹克教研室也派教师去澳大利亚、美国、希腊、日本、韩国、台湾、香港等国家和地区短期学习和学术交流，极大地提高了人文奥运研究在国内外的声誉。任海作为国际奥林匹克运动和比较体育的著名专家，积极而成功地建立了奥林匹克研究中心与国外进行学术交流的网络和平台，每年被邀请到我校及教研室进行学术交流的世界著名学者平均在 10 人左右，使研究中心的学术交流始终处于国内和校内的最前沿。本科学生在这些国际交流中获益匪浅，一方面了解了世界体育的发展动态和研究成果，同时开阔了学生的视野，增长了见识，提高了学生的外语水平。例如，2006 年、2007 年奥林匹克教研室聘请的英国拉夫堡大学和德国科隆体育学院的学者与本科生之间建立了良好的联系，已经有数位本科学生通过接触，准备赴这两所大学深造。

课题组成员积极承担北京高校奥运教育工作。作为北京奥运会组委会宣讲团、北京市教工委宣讲团的主讲教师。至今，已经为北京的大、中、小学校，机关，企业，志愿者，首都图书馆，社区，以“奥林匹克发展史”、“奥林匹克与中国”、“奥林匹克与东方文化和谐发展”、“奥运与科技”、“北京奥运会”、“志愿者精神”为主题做了近 50 场讲座。为中央电视台、中央广播电台、北京电视台、北京广播电台以及各种报刊，策划普及和宣传奥林匹克运动和北京奥运会的节目、专栏，撰写文章。这些社会活动形成了良好的社会影响，也把人文奥运课程改革的成果直接转化为服务北京奥运会的显著性社会成果。

(4) 结合本课题，北京体育大学奥林匹克文献信息中心成立于 2005 年 12 月 28 日，是一个集中外文奥林匹克图书、期刊、声像资料于一体的文献信息中心，目前已初步完成了奥林匹克图书资料数字化建设与资源共享平台建设，建立了奥林匹克文献资料体系，设立了国内奥林匹克文献信息方面的唯一专业网站——奥林匹克文献信息专业网站(www. olic. cn)。“中心”网站设置了“新闻动态”、“奥林匹克资源库”、“奥林匹克百科”、“体育资源库”、“在线咨询”、“下载服务”、“学术论坛”、“关于我们”等栏目板块，提供国内外奥林匹克优秀期刊、图书、多媒体资料的在线浏览和下载服务。“中心”的目标是建成全国奥林匹克资源信息量较大、专业性较强、检索信息较全的奥林匹克数字化资源数据库，为从事奥林匹克研究的学生和社会各界用户提供一个全面、完善、权威的数字化信息支撑系统。

传播学专业建设与人才培养模式的改革探索

高红玲　国际关系学院

【摘　要】国际关系学院文化与传播系传播学专业在办学模式上努力打造自己的特色，以“文化与传播”与国家安全特色为方向，配合我国“和平崛起”的战略任务，培养符合社会需要的新型人才。在落实培养目标的过程中，从影响和制约特色专业建设和发展的节点入手，以点带面推动特色专业建设的发展，并以教学改革为突破口，加速提升特色专业教学质量，同时，创立新的管理运行体制，处理好特色专业建设中的各种关系。

【关键词】特色专业　建设　人才培养　改革

国际关系学院文化与传播系传播学本科专业2005年获教育部批准设置，短短三年之后，该专业于2008年被批准为“北京市特色专业”和“教育部特色专业”建设点。这充分体现了国家对优化高等学校专业结构、促进人才培养质量的提高所给予的大力支持以及对新型人才培养的迫切要求，同时也体现了教育部门对我院传播学专业培养模式的肯定和期望。对我们来说，这既是教育改革发展和开创办学新局面的重大机遇，也是对我们教学能力和办学水平的重大挑战。

一、走宏观国家安全特色与教学相结合的发展途径建设我系传播学专业

传播学在我国尚属新兴学科，十分年轻，有传播学本科专业的高等院校到目前为止不过20余所。因此，传播学专业的高等教育和本科培养正处于不断创新和探索阶段。如何在办学模式上走出自己的特色，使教学和人才培养具备独特的竞争优势，是我们在办学开始就面临的重大问题。经过反复调研和认真研究，学院最终确定以我系传播学专业以“文化与传播”与国家安全特色为方向，在上级教育部门和我主管部的指导下，配合我国“和平崛起”的战略任务，尽快提升我国文化软实力，培养这方面的专门人才。

随着我国改革开放事业飞速发展，国际地位不断提升，如何有效地提高文化软实力成为我国“和平崛起”战略方针中的一项重要内容。

“当今时代，文化越来越成为民族凝聚力和创造力的重要源泉、越来越成为综合国力竞争的重要因素。”党的十七大报告突出强调了加强文化建设、提高国家文

化软实力的极大重要性，这充分反映了我们党对当今时代发展趋势和我国文化发展方位的科学把握，体现了我们党在新的历史条件下的高度文化自觉。

2004 年 3 月 15 日，中央政治局常委李长春同志召开关于加强和改进对外宣传工作座谈会，特邀我院参加。会上强调加强和改进对外宣传是宣传思想战线的一项战略性任务，目前在舆论宣传和文化影响方面“西强我弱”的局面与中国日益崛起的国际地位不相称，要求充分利用现有良好客观条件，创造有利于我国的国际文化舆论环境，以争取更好地把握本世纪前二十年的战略机遇期。之后随着我国对外开放和融入全球化进程步伐的加快，特别是举办北京奥运会、上海世博会这样的世界盛会的机缘，我国文化传播对外的影响力明显增强。但从世界范围看，我国的文化国际影响力还远远不够，西方的反对势力正凭借强大的经济、技术优势，通过各种形势对我国进行舆论打压，正如胡锦涛总书记在 2008 年 6 月 26 日考察《人民日报》时所说：“特别值得注意的是，当前，世界范围内各种思想文化交流、交融、交锋更加频繁，‘西强我弱’的国际舆论格局还没有根本改变，新闻舆论领域的斗争更趋激烈、更趋复杂。”可见，如何维护文化安全和促进我国文化软实力的增长已经成为影响全局性的紧迫和重大问题，也是培养新型人才的新课题。

根据上述形势变化和中央领导同志的意见精神，我们在坚持原有专业教育规律的基础上，寻求与宏观国家安全研究与教学相结合的发展途径，积极建设特色专业培养新型人才。我系传播学的专业建设置于国与国关系，以及国家安全的基础上，有明确的针对性；在学术研究特色上，主要是侧重于国与国之间文化软实力的相互影响、消长、特点、深层次成因及建设性对策等。毫无疑问，这样的研究方向和人才培养，不仅适应我国历史性崛起的紧迫战略要求，在我国的“传播学”领域中，也必然带来中国眼光和中国特色，同时也就必然使我院传播学专业具有自己明显的“特色”。

二、从影响和制约特色专业建设和发展的节点入手，以点带面推动特色专业建设的发展

我系传播学特色专业的建设规划和任务涉及学术研究、教材建设、精品课建设、教育教学改革等多个项目内容。每一个项目的展开都需要切合实际，倾力投入，但多头齐下，必然难以取得突破。经过分析研究，我们认为学术导向的先行非常必要，于是确立了以学术研究项目为基点，以点带面推动特色专业各项建设发展的思路。

我特色专业的学术范畴和专业内容，涵盖国与国关系框架之下的国家安全和文化与传播问题，它涉及交叉性学术研究，也涉及不同领域理论相互融合后所指导的专业学习，因此需要首先研究不同领域之间的共鸣特征和共振现象，这样的研究

过程有很大的难度，需要教师作为研究者和教育者发挥高度综合的学术能力，能将不同的学科知识结合成为一个创造性的综合体。

依托共建项目，我系启动了“国家安全·文化·传播”系列专题研究，包括有《文化软实力研究》《中国传统文化与国家安全》《网络传播安全研究》《舆论安全研究》《宗教传播与国家安全》《汉语传播与国家安全》《非传统安全与软力量的舆论支点》《词义信息处理与国家安全》等十余个子项目科研工作。整个科研项目由系里统一领导，参加这十余个科研子项目的人员均为我系教学与科研的骨干力量。两年多来，已发表相关论文十多篇；重点研究的成果《网络舆情与社会稳定》、《文化建设与传播安全》等论著也即将出版。整个科研项目进展顺利。

与此同时，在理论与实践相结合的探索过程中，我们还注意将学术研究贴近现实，并及时应用于教学，服务于社会。在奥运会召开前夕，根据所发生的拉萨“3·14”骚乱、奥运火炬海外传递风波等事件背景，我系文化与传播安全研究所举办了“当前涉华国际舆论形势及应对策略分析”研讨会，并在院领导的直接指导下，把对国内外形势所作的分析判断形成报告，提交给主管部。报告受到重视和采纳。为北京市奥运做出了贡献，我系于 2008 年获院奥运先进集体奖。

学术研究项目作为起引领作用的龙头项目，进而带动起其他项目，共同推动特色专业建设的发展，初见成效。但我们也清醒地看到，与其他著名高校相比，在特色专业的基础条件和建设经验上还存在差距，有很多不足。缺少有重大影响的项目和成果，在一些重大理论问题和现实问题上还缺乏发言权，影响力有待提高。

造成这种情况既有历史原因，也有现实的原因，虽然经过一定的努力来推进学术研究取向纳入国家安全和国与国关系的框架之下，但进展相对较慢，相应的激励机制也没有完全跟上，因此，要赶超上去必须下足功夫。

面对目前现状，我们认识到必须把学习实践科学发展观与促进特色专业建设发展结合起来，脚踏实地，找准影响和制约特色专业建设和发展的突出问题，把握优劣势，务求实践成果。

三、以教学改革为突破口，加速提升特色专业教学质量

建设特色专业的最终目的之一是为了有效的提高教学质量，更好地服务于学生，因此结合培养目标，我们以坚持专业特色为前提，努力探索培养学生能力和提高学生素质的教学途径。

围绕特色专业培养目标，我系设计了以能力培养为主线，分层次、多模块、相互衔接的科学系统的实践教学模式。该模式以坚持专业特色为前提，以培养学生能力、提高学生素质为核心，并通过在教学活动中运用，接受实践的检验并根据实践效果不断进行调整和完善。该模式包括以下几方面内容：

(1) 在传授知识环节中引入"任务导向"教学法。将教学流程改造为"知识讲授→任务设计→知识整合→完成任务→任务评价"。经检验,新的教学方法能有效地激发学生学习兴趣,实现从"以用促学"到"学以致用"的升华。

(2) 在专业能力的培养方面,采用仿真情境+角色扮演的实训模式,提供反映真实活动的复杂学习环境和情境模拟,同时帮助学生深刻理解和把握所要扮演的角色,并针对传播理论知识与实践对接所产生的问题,进行灵活教学,让他们在"实战"环境中掌握相关专业能力和职业技能。

(3) 在科研实践能力的培养方面,采用"工作坊式"实践模式,帮助学生将抽象的理论知识转化为实际工作的方法和处理具体问题的思路。工作坊式科研实践模式是由师生共同完成一项具体的科研项目,由多位教师参与并形成科研指导核心,师生共同负责工作坊"科研产品"的全程生产。通过教师与学生的零距离接触,手把手带领操作,形成产、学、研的完整链条,使学生既掌握科研的一般方法,又通过实际操作让学生领会如何开展科研的认知活动。

(4) 在跨课程知识整合能力的培养方面,实行相关课程的相互配合和联动,由不同课程内容指导学生分别扮演不同的实践角色,教师以传播领域中的"程序性知识"与"情境知识"为施教核心,提供问题导向与信息处理的知识,训练学生了解社会实际,并在仿真经验中学习自我反省。

传播学专业在我国是一个年轻的本科专业,对比国际性的传播学教育体系,我国的传播学专业大多脱胎于新闻专业,教学方式和指导思想基本恪守传统的思路,只是增加了适量的,并大多来自于域外的传播学理论课程。显然,这并不能满足培养新型的复合型传播人才的要求。那么,如何建立起既符合社会需求又符合教育规律的培养方式,并没有现成的经验和模式,而是需要我们教育工作者以创新的精神,在借鉴国外教育经验的基础上,结合本国情况在实践中摸索。本研究成果为传播学本科教育从适用性到适变性的转变方面,提供了可行有效的实践方式和科学的理论借鉴。

我系传播学专业"以学生理论应用和实践能力培养为核心,创新传播学人才培养模式"的教学改革项目,已形成较为成型和稳定的成果。经过新培养方案训练的学生,在毕业实习阶段,从实习单位对他们的实习鉴定来看,大多数单位对他们的创新精神和解决实际问题的能力给予了充分的肯定。这方面的好评与往届毕业生相比,有明显的提高。2010 年为了给我系的特色专业建设在教学和实践方面提供更有针对性的反馈和启发,我系又派出调研组分别到我主管部的部分单位对毕业生情况进行调研,与毕业生和人事部门人员进行深入访谈,调查过程中通过与其他高校毕业生进行比较,获得了对我系毕业生有哪些特点,有哪些优势与不足的清晰了解,更坚信了我们在建设特色专业的过程中继续推进教学改革的信心,更坚决地要应用以多种途径开展多种形式实践教学活动，还将继续探索充分适应特色专业实际的教学方法，真正把培养学生实际能力、提高学生素质摆在中心位置。

上述的教育改革是我们结合特色专业建设运用传播学和教育学理论进行的实验性研究，同时我们也将此作为学术研究的一部分，即通过一边实践一边追踪观察、记录实验的整个过程，进而分析和研究实验对象的状态和变化，探索规律并作出理论性说明和归纳，提出具有学术创新和实践意义的观点。通过对此系列的教育改革实践的研究，我系也产生了一批具有独创性、理论性、学术性的教改论文，在《人民网》、《中国教育报》以及学术刊物上公开发表了《传播业的发展及高校教育的应对 》、《传播学专业教育的特殊性和教学方法创新之探讨》、《中美传播影响力研究》、《任务导向教学法的改革与探索——案例分析》等论文，其中教改项目《以学生理论应用和实践能力培养为核心，创新传播学人才培养模式》获我院教改优秀奖、《新专业的探索与创新——关于在传播学专业本科阶段开展科研实践的研究》获北京市教改立项。

四、创立新的管理运行体制，处理好特色专业建设中的各种关系

为了确保我系传播学专业办学新模式质量稳定提升，为了确保传播学专业特色今后的持续竞争优势，必须建立健全符合我系实际情况的管理制度，做好前进有方向，管理有章法，奖惩有措施，执行有保障。

首先，提出了特色专业建设的协调发展需要注重处理好三个关系。一是处理好规模与质量的关系。保持规模与质量的协调发展，既是科学发展观的重要内涵，也是专业建设自身发展的基本要求；二是处理好教学与科研的关系，充分调动教学、科研两方面的积极性，实现两者的有机结合，相互促进，协调发展，真正使科研为教学工作提供动力和支持；三是处理好短期发展与长期发展的关系。规划特色专业的发展，应当立足当前，放眼长远，不能只注重眼前利益，急功近利，而应当高屋建瓴，深谋远虑，按照科学发展观的要求，既适当考虑近期利益，又重点考虑长远利益。注重实现短期发展与长期发展的有机结合，从而保证发展的连续性、递进性与可持续性。

其次，制定了传播学特色专业建设管理办法。我系传播学专业获批准成为北京市和教育部特色专业建设点之后，我们迅速参照《北京市与中央在京高校共建项目管理办法(暂行)》和《国际关系学院关于北京市与中央在京高校共建项目的管理办法》，特别成立了文传系特色专业建设领导小组，制定了《国际关系学院文化与传播系特色专业建设管理办法》。该办法进一步明确了我系特色专业建设的总原则、管理组织机构、项目构成、子项目的申报与立项、建设建设与管理等规定，并有 11 个

附件，包括各子项目管理规定、责任书、表格等等。特色专业建设项目实行立项管理制度，让每位参与者清楚自己所承担的任务和责任，建设时间和具体要求等等问题。在制度保障的基础上，全面有序地进行特色专业的建设。

第三，建立符合特色专业教学管理与监控体系。我系充分发挥系学术委员会和教研室的作用，分层设立责任机制，建立起了一整套具有特色专业自身特点的教学管理和质量监控体系及激励机制，既有效协调和整合科研与教学的力量，又保证每一个项目得以落实和良好的执行，进而此基础上组织大团队、攻坚大项目、产出大成果。与此同时，重视处理好特色专业建设中的各种关系，统筹兼顾处理好实现速度与结构、质量与效益的有机统一，促进发展的良性循环。

坚持特色办学，打造专业品牌
——以外交学院英语专业建设为例

衡孝军 外交学院

【摘 要】随着国家对专门人才质量和数量要求的不断提高，培养高质量、国际化、复合型的专门人才已成为专业性院校和院系在激烈的竞争中脱颖而出的重要手段。外交学院英语专业依托学院办学优势，经过多年的探索和实践，在学科布局、教学团队、课程体系、教学方法、教学资源、实践教学等方面不断进行调整和改革，逐渐形成了以外交外事为特色的专业建设和发展模式，并在多方面取得了良好的建设效果。

【关键词】国际化 复合型专门人才 外交外事特色

高校建设和运行的根本在于对人才的培养，随着高等教育的逐渐普及，通用型人才数量增多，相比之下，国家对专门人才的需求量不断增加，对专门人才的质量要求也越来越高。对于特色行业院校来说，不断深入挖掘自身的特色，充分利用自身的资源和优势，培养高质量的专门人才无疑是一条很好的发展途径。

经过不断的探索和建设，2008年，外交学院英语专业终于荣膺国家级和北京市级特色专业之列。该专业依托学院办学优势，一直以突出外交外事特色为努力方向，以培养复合型外交外事英语人才为目标，以锐意进取、改革创新的优秀团队为成功保障，取得了多方面的特色建设效果。

一、专业介绍

外交学院是外交部所属的培养外交外事复合型人才的文科外语院校，多年来学校一直把培养思想好、专业基础扎实、精通外语、知识面宽、实际工作能力和研究创新能力强的高素质、高层次的复合型外交外事人才作为办学目标。

学院旨在培养具有五种基本功（政治基本功、专业基本功、语言基本功、交流基本功、信息技术基本功）和五种能力（调研能力、办案能力、礼宾能力、谈判能力、创新能力）的高级外交外事人才。经过多年的摸索与实践，学院形成了以外交为主导学科，以外语为优势学科，国际法、国际经济、国际关系等多学科相互支撑、优势互补、外交特色鲜明的学科布局。

根据学院的办学特色，英语专业把为国家外交、外事、经贸、金融、法律、公安、教育等部门培养复合型英语专门人才为目标,不但要为学生打下扎实的英语语言功底,还要使他们具备从事外交外事和其他实务的工作能力,如外交外事翻译、国际问题调研等,为将来更好地服务于我国的外交事业和其他涉外行业打下坚实基础。多年来,英语专业共为外交部翻译室输送了几十名翻译,占外交部英语翻译的近 2/3,多名已成为党和国家领导人的高级翻译。此外,该专业也为国家外交、外事、经贸、金融、法律、教育等部门输送了大量高素质的复合型专门英语人才。

二、建设理念及复合型国际人才的培养

围绕培养复合型外交外事英语人才的目标,我们在学科布局、教学团队、课程体系、教学方法、教学资源、实践教学等方面进行了全方位的培养模式调整。

该专业配备了复合型的师资队伍,改革了培养方案,建立了“语言基础+翻译技能+专业知识+实践能力”的复合型课程体系,设置了四大课程模块。英语语言与文化基础课程模块旨在培养学生扎实的外语功底,同时学习与英语国家相关的文化背景知识;翻译理论与实践课程模块主要训练、强化学生笔译、口译方面的实践技能,了解相关的基础理论,同时突出外交外事翻译特色,增设了特色翻译课程如国际时文翻译、外交文本翻译、外交口译(政治、经济、文化)等;国际问题研究专业拓展课程模块突出翻译人才培养模式的外交外事特色,开设用英语讲授的相关专业课程,使学生在使用和巩固外语的同时扩大专业知识面,具备宽厚的国际政治、经济、法律和文化等专业知识背景。外交外事实践课程模块通过参与外交外事实践活动使学生将所学知识和技能应用于实践,以实现课堂教学和实践教学的双向增值。

三、国际视野开阔、复合型的教学团队建设

该专业把培养一支国际视野开阔、高学历的复合型师资队伍作为一个长期建设目标,目前我们已组建了一支年龄、职称、学术背景、学缘结构合理的高度复合型教师队伍,其成员英语语言功底扎实、国际问题研究专业背景深厚、国际视野开阔,在教学、科研、培训及实践方面经验丰富。教师中享受国务院特殊津贴专家 5 人,荣获北京市教学名师奖 2 人,北京市优秀教师 2 人,北京市优秀青年教师 1 人,北京市师德先进个人 1 人。该专业的“外交外事翻译教学团队”2010 年被评为国家级优秀教学团队。

该专业在师资队伍建设方面一直把引进与自行培养相结合。为了使课程体系、学科构成更加合理,我们有计划、有步骤地从国内外引进了语言学、英美文学、传播学、历史、人类学等学科的教授、博士、博士后等高级人才。同时,我们还长期选派骨干教师到国外或到国内一流的大学进行访学或进修,鼓励和支持青年教师进一步

深造，考取并完成博士项目的学习（多学科选择），选派教师到驻外使馆工作。

四、创新型、特色化的教学改革

我们一直重视教学理念、教学内容和教学方法的改革与创新，坚持以启发式教学和研究性学习为核心的教学理念，通过精品课和优秀课程建设使教学精益求精。

我们以基础课教学改革为突破口，逐步将改革及成果扩展到其他课程。

“英语精读”课程采用了多元智能视角下的任务型教学模式，并将其与传统的精读教学进行了对比。该项目获北京市教学改革立项，并获得结项优秀证书。“英语泛读”为北京市级精品课程，该课程采用双轨式教学法，将课堂教学活动与课外阅读的教学活动密切结合，并让学生定期在网上测试，实现了课内和课外教学的有机结合。“英语听力”课程突破传统教学模式，使听力课由机械技能训练向思维习惯训练转化，使学生由被动听众转变为主动听众，建立起具有浓厚外交外事特色的创新性教学模式。在“笔译”课程引入“语篇”和“话语分析”原理来加深原文理解，提高译文表达的质量。

在深入的理论研究和广泛的教学实践基础上，我们的教学和科研都取得了优异成绩。2008年“任务型精读教学模式的探索与实践”获北京市教育教学成果一等奖；“外交外事特色英语听力教学的探索与实践”获北京市教育教学成果二等奖；“英语泛读”为北京市精品课程，其配套教材被评为北京市精品教材，目前正在积极准备申报国家级精品课。

高质量的特色教学保证了学生高质量的学习效果。该专业学生的英语专业四级和英语专业八级一直保持高分数、高通过率。自2004年以来，专业四级通过率100%（2009年除外，通过率为96.6%），平均分为77.14分，高于全国外语院校类平均分10分以上，专业八级的通过率也近100%（只有2006年为96.4%），平均分为72.41分，高出外语院校类平均分8分以上。

在教学手段方面，我们成功摸索出集传统课堂教学模式和科技为先导的现代课堂教学模式相结合的授课方式。多媒体教学与网络学堂在本专业已基本普及。

在教学管理方面，我们逐渐健全了教学管理体系和质量监控体系。通过听课制度、教学检查制度、教学督导组制度、学生课堂教学网上评估制度等一系列严格的制度，使本专业教学环节的质量标准得以切实贯彻落实。

五、立体化的教学资源建设

本专业结合学院优势，建立起了特色鲜明的教学资源网络。

学院有丰富的国际问题研究资源：中国国际关系学会、中国国际法学会、北京市哲学社会科学“对外交流与外事管理研究基地”、联合国研究中心、欧洲研究中心、联合国资料中心、欧盟资料中心、亚太研究中心等多个学术研究机构。受外交部的委托,东亚思想库网络也设在外交学院。

经过近几年努力,该专业正在建成特色鲜明的教材体系,包括《翻译研究:另类视野》、《英语口译实务》(2级)、《英语笔译实务》(2级)、《翻译的要素》(北京市精品教材)、《英汉视译》(被纳入"翻译硕士学位"教材系列,北京市精品教材)、《外交口译》(获北京市精品教材立项)、《英汉语篇翻译教程》(国家级"十一五"规划教材)、《外交文献与文书教程》、《外交学概论》、《什么是外交》、《美国合同法》、《英语时文阅读》等。

此外,本专业依托于"外交外事特色视听影音数据库"、"翻译语料库"、"全国翻译资料中心"、"翻译研究中心"以及"美国社会文化研究中心",增强与国内外一流大学的科研交流,并不断拓展教学资源。

另外,我们还充分利用学院的其他资源,外交学院图书馆、外交学院数字图书馆、语言实验室、计算机开放教室、校园网等,为教学和科研提供坚实的后盾和保障。

六、多元化的实践教学建设

英语是一种实践性强的专业,我们一直在探索方法、努力寻求机会、用灵活的方式积极建设学生的实习基地。

目前,英语特色专业已经有步骤、分阶段与多家单位建立了实习基地,每年都可选派学生到以下的一些单位实习。主要包括:① 国家各部委的外事部门,如外交部、全国政协外事局、团中央、商务部等;② 中央、地方各企事业单位,如国家外文局等;③ 国内重要新闻机构,如新华社对外部、外语教学与研究出版社等;④ 人民团体:中国人民对外友好协会等;⑤ 高校及研究机构,如中国社会科学院等;⑥ 其他单位,如中国国际旅行社总社、中国驻丹麦大使馆等。

同时,本专业将在前期建设的基础上与外交学院法语专业共同创建以"中英法三语互译"为主的外交外事复语翻译人才培养模式创新试验区,该实验区的建设将与专业建设相互补充、相互促进。

学生在全国性英语技能比赛中取得的成绩,也是实践教学成果最好的检验。长期以来,我校学生在全国性辩论、演讲比赛中,国内、国际的模拟联合国活动中捷报频传,名列前茅。即使非英语专业的学生,他们的英语优势也非常突出。例如,日语专业的学生在2008年全国性英语辩论赛中获得最佳辩手奖。国际法系的学生以优异的成绩考入外交部翻译室。在连续几年的全国大学生英语竞赛中,外交学院非英语专业的学生也是佳绩不断。

在多年的探索与建设过程中,我们以充分认识到只有坚持自身的优势并结合国家的人才发展战略和人才需求，专业型院校才能在激烈的竞争中立于不败之地。我院的英语专业将继续发挥学院的资源优势，坚持专业特色，在专业结构、培养模式、教学团队、教学改革、教学资源、实践教学和管理保障等方面改革创新、锐意进取，为党和国家培养更多复合型英语专门人才，以适应当前改革开放和大外交的需要。

特色专业建设案例分析
——以外交学院外交学特色专业为例

夏莉萍 外交学院

【摘 要】本文以外交学院外交学特色专业为例，阐述了项目实施的基本情况，总结分析了建设过程中所取得的成效与经验以及所建设中仍然存在的问题，并对如何进一步做好专业建设提出了建议。

【关键词】特色专业 成效 经验

以教育部和北京市教委的“质量工程”建设为契机，我院外交学专业于2007年底被批准为教育部第二批高等学校特色专业建设点，后又被批准为2008年北京市级特色专业建设点。基于两年多来这一特色专业的建设作一些必要的总结，以期增进同行间的交流，下文将从项目实施的基本情况、建设过程中所取得的成效与经验、存在的问题及原因分析以等方面进行阐述。

一、项目实施基本情况

通过建设外交学特色专业我们要达到的总体目标是：继续保持本学科在全国同类学科中的优势地位。加强学科梯队建设，培养一批中青年学术骨干。紧密结合目前的形势，依托外交部丰富的外交实践资源，加强对中国外交、外交学基本理论、外事管理、外交制度、多边外交、国别外交、外交谈判、公共外交等外交外事理论和实践的研究，出一批有分量的研究成果，扩大本学科在国内和国际的影响。发挥教师的科研优势，将理论研究与外交外事实践紧密结合起来，根据社会对人才知识机构的具体需求，优化学科课程设置，引进先进的教育理念，建立外交外事人才模式培养示范中心，培养出更多工作能力和研究创新能力强的高素质、复合型外交外事人才。

围绕着总体目标，我们主要进行了以下几方面的建设工作：

（一）进一步明确培养目标，凝练特色

为加强外交学专业建设，我系通过各种方式进行了大量的调查研究。我系专门研究了北京大学、人民大学、中国政法大学以及国外同类学科的课程设置情况，吸取各家之长。2008年4月，系主任和负责教学的副主任前往北京大学考察学习元培班的实施情况，为我系课程改革和特色专业建设取经。为了探讨新形势下社会对

外交外事人才的需求情况和创新型外交外事人才的培养模式，11月，我系组织召开了“创新型外交外事人才培养模式研讨会”。参加此次会议有外交部、中联部、新华社、对外友协、北京市外办等部门的有关负责人和外交学院教务处、学生处及各系所负责人。与会代表围绕着创新型外交外事人才应具备的素质和如何培养创新型外交外事人才两个议题进行了深入讨论。2009年10月，主办了“地方政府和企业外事管理实践”研讨会，与地方政府代表和来自各企事业机关外事管理部门的代表一起研讨了新形势下社会对外事管理人才的需求情况及培养方法。12月，我系召开了关于加强外交学特色专业建设的工作会议，与会代表就加强特色专业点的建设问题踊跃发言，提出了不少有价值的意见和建议。通过与外界的交流和内部的讨论，老师们开阔了眼界，进一步明确了我们的培养目标和特色。

(二) 从专业建设长远发展角度搞好师资队伍建设

师资队伍建设是专业建设的基础和关键，我们从专业建设长远发展的角度出发，十分重视教师队伍建设工作。第一，录用新教员。2009年，经过层层筛选，我系录用了两名博士毕业生担任新教员，充实到外交学专业教师队伍中，分别作为外交学方向和当代中国外交方向课程组的梯队成员。其中，一位毕业于本院外交学专业，研究方向为公共外交、军事外交，现已承担《外交学概论》课程的教学工作，并正在准备新的双语课程《外交学经典文献选读》。另一位毕业于伦敦政治经济学院，研究方向为中国与东欧国家的关系，现也已承担两门双语课程，即《媒体与外交》与《外交政策分析》的教学工作；第二，为加强对外交学新领域的研究，我系于2010年1月成立“公共外交教研室”；第三，明确教师的研究方向。为了统筹安排本专业教师的科研和教学工作，全系和各教研室多次召开会议，就专业研究方向的分工和教学梯队建设进行讨论，基本明确了每位教师的研究方向；第四，鼓励教师进行高质量的科研活动和各项学术交流活动，并注重将科研成果应用于教学。在学院每年给予教师科研奖励的同时，系里也给予本系教师一定的科研奖励。我们还利用专业建设的经费资助教师从事相关的学术交流活动；第五，支持教师到外交一线工作，广泛接触外交实践。2009年8月，系里一名教师被派驻到中国驻德国使馆工作。

(三) 积极进行教学改革

系里先后召开四次全系教师会议，专门讨论教学改革问题，包括教学内容的更新，教学方式方法的改革。2009年7月，我系组织各高校相关专业的代表召开了“案例教学法”研讨会，就如何运用案例教学法搞好外交学教学工作进行了探讨。

在教学改革项目申报方面，2008年5月，我系教师申报了院级教改立项，题目为《关于外交技能课程模拟教学的课程管理研究》。5月，该教改项目被定为学院重点教改项目，并推荐参加北京市教改项目评选，成功获得立项。

在教学实践中，鼓励教师进行教学方法和教学手段的改革。继续引入多媒体、网络课堂等先进的教育手段，贯彻落实互动式教学、启发式教学等先进的教学理念，引导学生进行自主学习、创造性学习，提高学生的参与、研究和创新能力。《中国近现代外交史》任课教师在课堂讲授之外，积极开辟第二课堂，通过网络课堂、组织学生外出参观历史事件事发地点，当场给学生们讲授有关的中国近现代外交史知识等，受到学生好评。《外交谈判》课程的模拟谈判活动已举办了数次，任课教师总结经验，编写了模拟活动指导手册。《当代中国领事》课程组织学生对领事案件进行案例分析，鼓励同学们编写案例分析报告，以期提高学生的综合概括和分析能力。

（四）进一步完善课程体系

课程体系建设是特色专业建设的核心。我们积极进行课程改革工作，以建立体系完整、特色鲜明的外交学学科体系和课程体系。在经过一年多的调查，倾听了学生、教师和主要用人单位代表的意见后，我们于2009年3月向教务处提交了本科培养方案修改方案。与老的培养方案相比，此次培养方案调整的主要内容包括以下几点：① 减少必修课学分；② 删减内容重复的选修课程，增加设置新的选修课程，突出外交学专业特色；③ 调整毕业班选修课程开设时间；④ 完成了其他专业学生攻读外交学第二学位的课程设置。

在学院的统一安排下，开始于2009—2010学年第一学期在2008级学生中实施双学位培养方案，这有利于部分优秀学生充分利用学校学习的机会，学到更多有用的知识，增强他们在就业市场上的竞争力。

（五）教材建设和课程建设

继续做好教材建设工作，根据外交领域的新形势、新特点修订、完善教材内容。由上海人民出版社约稿，我系教师撰写的《简明中国外交史》于2009年初出版。由我系教师承担的普通高等教育“十一五”国家级规划教材《当代中国外交(1949—2009)》也于2009年8月出版，另一本“十一五”国家级规划教材《外交学》也于2009年年底出版。我系两位教授主编的《中国近现代外交史》获2009年北京市精品教材立项。在2010年3月教育部第二批高等学校哲学社会科学重点编写教材申报工作中，外交学专业教师积极参与，两位教授分别被选为重点教材《国际组织概论》和《外交学导论》编写组的首席专家。

继续完善国家级精品课程《当代中国外交》、北京市市级精品课程《中国近现代外交史》的建设，同时积极做好各级精品课程的申报工作。2008年底，《外交学概论》课程被评为北京市精品课程。此外，在我院举办的优秀教学成果奖和青年骨干教师奖评选活动中，我系教师也屡次获奖。

(六) 加强科研和学术交流

利用专业建设的经费资助教师从事相关的学术交流活动并积极主办各项学术交流活动,就学术前沿问题进行积极探讨,同时紧密结合外交实践,不断提高科研成果的数量和质量。2008 年 3 月,我系组织召开了"纪念周恩来诞辰 110 周年暨全国第二届周恩来外交学学术研讨会"。2008 年 5 月,我系两位教师在副院长的带领下,参加了由西安外国语大学举办的第七届中国外交学学科建设年会; 8 月,筹办了"新中国外交 60 年暨第八届外交学学科建设年会",就外交学专业的教学和科研问题进行了探讨。2009 年 1 月,主办了"东亚地区安全合作研讨会"。2010 年 8 月,我系三位教师参加了由复旦大学举办的第九届外交学学科建设年会。

(七) 举办系列讲座

为扩展学生的专业知识面,让他们了解专业发展的前沿问题及外交学专业与将来就业的关系,从 2008 年 3 月至 2008 年 5 月,我系举办了外交学学术训练与职业设计系列讲座,分别请我系老教授、青年教师代表、学院其他职能部门负责人、毕业生代表等为学生就阅读学术著作、撰写学术书评、查找专业文献、撰写学术论文、政治学研究方法、历史学研究方法、外交学专业与政府工作、外交学专业与媒体工作、外交学专业与媒体工作等问题与学生进行座谈和交流。此外,我们还邀请来自国家气象中心、北京大学、美国对外关系委员会、新加坡国立大学等国内外专家分别就"气候变化科学认知现状及其对气候谈判立场的影响"、"科学发展观与政府创新"、"易经与国际关系研究"、"美国对华政策新趋势"、"金融危机与中国外交"、"问题与争鸣:中国国际关系学界的三次辩论"等主题为同学们作讲座。

(八) 加强实践教学

结合课程学习,加强实践教学,结合本专业的相关课程,使实践教学体系化,培养学生的五种基本功和五种能力。通过举办"模拟联合国"、"外交外事礼仪大赛"、"模拟新闻发言人"、"模拟外交谈判"等活动,不仅使学生的专业学习与社会实践联系更加紧密,而且使学生的交流能力、礼宾能力、谈判能力得到锻炼,使我院的创新型人才培养模式具有更加鲜明的外交特色。此外,我们还积极搞好实习点的建设,已与中国对外友协、北京市外办等单位达成了实习协议,对方定期地接受学生实习。

(九) 扩大中外学生交流

为了扩大学生的视野,提高学生的外语交流能力和学术水平,在学院有关部门的配合下,我系在建立学生国际交流渠道方面进行了初步的探索。2008 年 1 月,我系与美国创价大学(Soka University of America)进行了一次合作办学的尝试。创价大学将其东亚研究的一门课程放在学院讲授,我系教师和学生借此机会进行了交流。2008年10月,美国华盛顿和杰斐逊学院校长哈利史密斯博士一行来我院座谈,并与院领导签署了两院学术交流与合作协议。经选拔,我系一名同学于2009年2月至5月赴美国华盛顿和杰斐逊学院学习。2009年4月,我系领导会见了前来寻求交流合作的法国里尔政治研究学院(Institute of Political Studies Lille, IEP)国际关系系主任Patrick Mardellat教授,就两系互换学生交流进行了初步接触,并于2010年4月签订了合作协议。2009年8月,我系选派3名同学参加哥伦比亚大学女子学院与外交学院的互换生交流活动。2010年9月,我系又选派了4名学生再次参加此项交流活动。

(十) 实行本科生导师制

为了加强师生交流,增强学生们对专业特点的理解,提高学生进行专业研究的水平,自2008年10月开始,正式在2006111班中实行本科生导师制。系里制订了《导师制协议书》,在学生志愿选择的基础上,统筹安排,确定了每位导师所指导的学生名单。我系与国关所教师共同担任导师。所有指导教师每月至少与学生面谈一次,进行指导。导师制实施半年后,我系在师生中就导师制的实施效果进行了调查。半数以上同学明确表示,导师制很好,他们从导师那儿受益匪浅。导师在学术和为人方面给予学生指导。学生的学习兴趣增强了,学习目标明确了,并对学术论文的规范有所了解。后来,我们又对导师的指导提出了更为具体的要求,要求导师必须指导学生读书并撰写读书报告。学生在学期结束时上交本学期的读书报告,由系里汇编成册。

二、成效与基本经验

两年多来,广大师生积极参与我院外交学特色专业点的建设,取得了显著成效,主要体现在以下几方面:

(一) 师资队伍结构日趋合理

我们围绕特色专业建设需要,建设了一支以学术带头人为骨干,教学和科研综合水平高、结构合理的教师队伍。目前,外交学特色专业共有教授8人,副教授9人,讲师7人。其中年龄在50岁以上的6人,年龄在40～50岁之间的5人;年龄在30～40岁之间的12人,年龄在20～30岁之间的1人。所有教师都积极进行科研,发表相当数量的学术论文。本专业的主干课程主要包括《当代国际政治》、《当代中国外交》、《外交学概论》、《中国近现代外交史》等,各门课程都有年龄、学缘结构合理的梯队。各门主干课程组成员基本上都由教授、副教授、讲师或助教组成。各位教师也都在认真从事与主干课程教学相关的研究工作,并取得了丰硕成果。近些年来,我系非常注重年青教师的引进和培养工作,年青教师都毕业于国内外名校,他们专业基本功扎实，在学术研究方面有很大潜力。为了让新教师在外交学的相关研究和教学方面更好地做到理论联系实际，丰富教学资源，我系积极为各位教师从事外交外事实践创造机会。

此外，我们还利用学院为外交部部署院校的优势，聘请外交部退休大使担任兼职授课，形成了交流培训、合作讲学、兼职任教等形式多样的教师成长机制。

（二）科研工作取得成效

特色专业的建设及学院和系里的相关措施极大地调动了教师进行科研的积极性，系里科研工作数量不断增加，质量稳步提高。两年来，我专业教师撰写或参编著作（含专著、编著、译著）共 31 部次，在《世界经济与政治》、《外交评论》、《世界历史》、《国际论坛》等期刊发表论文 75 篇。我专业教师获得的国家社科基金项目 1 项，省部级社科项目 6 项，院级课题 4 项。在外交学院第九届优秀科研成果奖评选中，我专业教师共获得一项著作二等奖（一等奖空缺），一项著作三等奖，两项论文三等奖。通过科研项目的申报和合作，一批中青年学术骨干迅速成长起来，为科研工作上档次、上水平打下了一个良好的人才基础。

（三）课程体系较为完备

经过多次调查研究和反复调整，目前的课程体系较为完备，特色较为突出。在 165 个学分中，必修课程占 117 个学分。其中，英语课程占了整个必修课程学分的 38.7%。这个比例在同类外交学专业课程设置中是比较有特色的，这样的课程设置保证了我专业毕业生的"外语优势"。我们曾经召集有关用人单位的负责人一起讨论当前外交外事工作对人才的素质要求，几乎所有的用人单位都把外语水平放在第一位来考虑。没有较高的外语水平是很难成为高素质的外交外事人才的。另外，在 2008～2009 年的课程体系改革中，我们删减了一些必修课程，增加设置了一些学生比较感兴趣的选修课程，再加上选题广泛的课外讲座，我们希望以此来拓宽学生的视野，培养学生更为宏观的思维。

（四）学生交流机会增加，研究和实践能力得到锻炼

在特色专业点的建设过程中，我们抓住机会，为学生创造更多的交流和实践机会，学生的研究和实践能力得到了很好的锻炼。我系 2006111 班一名同学在香港大学学生会社会科学学会和政治及公共行政学会主办的《POLITIKA ANNUAL JOURNAL》杂志上发表了一篇文章《写在改革开放三十年的随想》，这是我系学生第一次在境外杂志上发表文章。还又一位学生随导师去澳门参加了第二届东方外交史国际学术研讨会，并撰写了学术论文《浅析日本"皇民"思想对两岸统一进程的影响》，受到与会学者的好评，这是我系学生第一次参加境外学术研讨会。此外，我系教师还指导辅修外交学专业的国际法系学生在 2009 年第 11 期《文史知识》上发

表了《晚清政府对西沙群岛主权维护的积极尝试——谈筹办西沙岛事务处的活动》。

我系两位教师率领学生组成的两个课题小组于2008年底获得“北京市教委大学生科学研究与创业行动计划”立项，课题名称分别为《联合国在华招募制度研究》和《中国政府在台湾问题上的政策宣示与效果分析——以两次台海危机为例》，这两个项目已于2009年年底结项，项目成果收到好评。2009年，两位教师指导的另外两个小组再次获得了此项立项，题目分别为《日本加入安理会常任理事国问题研究 ——从中国的立场角度分析》和《孔子学院对中国文化传播和推广作用研究——以欧美地区为例》。

我们通过特色专业点建设获得的基本经验是：第一，学生是主体，课程体系是核心，社会需求是指挥棒，师资队伍是关键，科研是重要支撑。要不断鼓励教师加强科研和学术交流，进行教学方式改革和教学内容的更新；以培养学生能力为目标来做好课程体系建设工作，并根据相关方面的意见和需求来调整课程体系设置。正是在这样的基本思想的指导下，我们的专业建设取得了较为显著的成效。

三、存在的问题及原因分析

按照我院外交学专业建设的基本思路，即对当前国家各个政府部门和企事业单位对外交外事人才的需求情况进行调查研究，并随时跟踪了解社会对人才需求变化的情况，及时修改培养方案，更新教学模式，建立适应人才市场需求的课程体系，不断探索有利于培养高素质复合型外交外事人才的教学方案。目前，我们在特色专业点建设中遇到的主要问题是：从教师的角度来说，如何将自己的课程内容与社会需求更好地结合，切实为培养社会需要的高素质外交外事人才服务。由于大部分教师并没有过一线的外交外事工作经验，他们的授课内容可能比较偏于理论化。从学生的角度来说，如何加强学生的实际的外交外事工作能力成为我们专业建设的一个难点。由于外交学学科的特殊性，学生参与实践的机会相对较少。我院曾经与一些外交外事部门联系实习点建设一事，但是对方考虑到外交外事工作的敏感性和保密性，都没有作出积极的回应。尽管有一些大型的国际会议可以给学生提供参与外交外事工作的机会，但是往往由于这些活动的时间安排与学校的教学活动相冲突，学生们无法全力投入。

此外，科研力量分散，科研成果的集成性较弱，由于学科的不同，教师们各自为政，科研成果关联性较差，尚未形成有影响的学术创新团队。

四、进一步推进在建项目建设的有关建议

针对以上在特色专业点建设中遇到的问题，我们拟采取以下办法来解决问题，

进一步推进专业建设工作：在课堂教学培养学生扎实的外语和专业基本功的同时，力争利用情景教学、模拟教学、案例教学，结合实践教学，为学生创造更多的锻炼能力的机会。

进一步加强师资队伍建设，力争给教师创造更多地参与外交外事实践的机会，或进一步加强与一线工作单位的联系，建立起长期的沟通交流机制，让教师及时了解外交外事实践发展的最新情况，并将这些与自己的科研和教学结合起来。

发挥科研在专业建设和教学中的基础作用，加强学校内部科研制度建设，保持与相关部门和单位的信息畅通，开展多领域的合作研究和学术活动，强化科研项目申报的宣传力度和立项组织工作，积极扶持青年教师搞好科研工作。

外交外事特色英语听力教学的探索与实践[①]

徐 然 外交学院

【摘 要】二年级英语听力教学是外交学院国家级特色专业和北京市特色专业建设中的核心基础课程。该门课程在改革和建设的过程中与学院的培养特色紧密结合，突出三大知识模块及二年级听力课承上启下的衔接作用，探索出了一条在教师指导下实现学生自主学习的有效途径。该课程的听力影音数据库和在线测试系统的建设和完善将惠及其他课程和其他院校。

【关键词】听力教学 外交外事特色 课程衔接 自主学习 听力影音数据库

外交学院英语专业为国家级特色专业和北京市特色专业，具有鲜明的外交外事特色。听力课程是该专业中的核心基础课程之一，二年级英语听力课为承上启下的衔接课程。围绕这一特点，我们的听力教学团队针对教学材料、教学内容和教学模式进行更新和改革，着力解决了听力教材的经典性和实效性相结合、学习主体由被动学习者向主动学习者转换以及听力教学与外交学院特色鲜明的高年级英语课程相衔接的问题。在英语听力全程网络化教学日渐流行的形势下，探索出了一条在教师指导下实现学生自主学习的有效途径。

一、主要成果

（一）教学材料：不断更新拓展，建立外交学院特色的听力影音数据库

在信息爆炸的时代，传统的听力教材已经远不能满足听力课的要求。在使用传统书本教材和录音磁带进行基本听力技巧训练的同时，二年级听力教学团队不断积累了大量经典的、生动的、时效性很强的音频和视频材料以及文本，为学生初步搭建了一个听力影音数据库，作为更广泛的教学资源。我们充分利用外电广播、电视、电影、互联网等各种媒体，搜集、录制、筛选和更新学习资源，并对这些材料进行系统的整理、分类和筛选，并设计了有针对性、有指导意义的习题。任课教师可以方便快捷地根据文体、话题、难易程度、听力技巧的侧重和资料的更新时间检索所需

① 该项目获得2008年度北京市优秀教学成果二等奖.

的教学材料。这一成果应用于教学，为培养外交外事专业人才服务。

(二) 教学内容：紧扣英语系培养目标，内容包括三大板块

二年级英语听力课在帮助学生掌握听懂不同语料所必需的听力技巧的同时，也为学生提供一种思维的训练。我们将听力课教学内容分为时事新闻、学术讲座和原声电影三大板块。时事新闻板块旨在扩大学生对外交外事、政治、金融时事的敏感度；学术讲座板块旨在提高学生严谨的治学态度和科研、调研意识；原声电影板块旨在引导学生了解世界不同地区的文化，提高跨文化交流的意识。在教学中，这三个板块相结合，灵活安排，将英语系培养高素质复合型外语人才的培养计划落到了实处。

1. 时事新闻板块

二年级听力教学中一个重点就是：训练学生听懂英语国家广播电台和电视台(如 BBC 和 CNN)时事新闻节目的主要内容，听懂有关政治、经济、文化、教育、科技的专题报道，并熟悉不同领域的基本词汇和背景知识。在课堂教学中，教师结合教材引导学生完成不同领域的经典新闻听力练习。与此同时，为了随时跟踪最新的时事影音材料，教师借助校园信息资源网络，指导学生在线收听收看 BBC 和 CNN 现场报道；或事先录制近期新闻节目，指导学生根据所听新闻做口头复述，教师就关键信息点提问，并就相关文化社会背景进行讲解。

在课堂教学内引入实时新闻，可以激发学生的学习兴趣，提高听力任务的真实感，时间紧迫感，使学生精神高度集中，最大限度地掌握新闻中的信息。教师还通过要求学生轮流做每周新闻简报，使学生熟悉新闻背景，并模仿新闻播音员的标准语音、语调和语速。通过这些方法，将听、说、诵读训练相结合，逐步帮助学生克服听英语新闻的恐惧心理。

2. 学术讲座板块

学会听学术讲座、专题演讲，掌握讲座结构，听讲座记笔记的技巧是本阶段教学的另一重点。这一部分的训练为三年级开设口译课以及学生高年级听英语学术讲座打下基础。在课堂教学中，教师主要采用北京语言文化大学出版社出版的《朗文英语讲座听力》作为教材。书中提供的学术讲座音频材料均为对英语为母语的学生提供的真实讲座，教师还不断录制近期的专题报告作为补充。根据教学计划，教师选取适当的讲座，在听力实践中教会学生如何听讲座、记笔记：怎样辨别讲座的结构，怎样使用暗示结构、线索和惯例，怎样识别多余的信息以及预测信息，怎样捕捉关键词、使用符号、运用页面空间记笔记。

3. 原声电影板块

看英语原声电影，通过听、记、模仿学习原汁原味的英文也是听力教学必不可少的一个环节。经典电影欣赏可以提高学生的学习兴趣，陶冶情操。在听力课堂中，

教师加以指导，锻炼学生听懂电影中的对白和真实场合中各种英语会话，能大体辨别各种英语变体（如美国英语、英国英语、澳大利亚英语）。以下为本年级教师探索的几种教学方法：

（1）教师通过播放电影段落，就情节提问，检查学生的听力理解情况；要求学生就已有信息，预测下面的情节，增加学习的趣味性和学生的想象力，将听力同口语训练适当结合。

（2）教师要求学生边欣赏电影，边记录下生词、表达及惯用法。电影结束后，组织学生讨论各自搜集的词汇和表达法。教师结合社会文化背景，更加深入地讲解。

（3）教师要求学生自选原声电影，选取其中部分对白，进行配音。此练习要求学生精听电影中的对白，必要时听写原文中的台词，反复模仿原声发音，提高语速。

（4）教师还可以在确认学生对电影台词理解无误的基础上，引导学生关注该电影字幕翻译是否得体。潜移默化地培养学生对翻译学科的兴趣，提高鉴别能力，为高年级翻译课程打下基础。

（三）教学模式：课内教学和课外自主学习相结合，学生从被动学习转变为主动学习

我们的听力教学团队充分认识到培养学生自主学习能力的重要性。为此，我们创造环境和条件，给予学生控制和管理自己学习的机会，使学生从依赖角色向更为独立自主的角色转换。

1. 自主学习理论在课内的应用

我们的听力教学团队首先充分利用课堂时间，为学生精心讲解本课程的知识点和相应的学习技能，使他们在整体上把握好学习的重点和难点。在这里我们将传统听力教学同自主学习理论指导的听力教学做一个对比。

传统的听力教学中，学生是被动听众，“听”是他们的主要任务，听力教学是以完成课本练习为目标的，往往以机械性技巧训练为主。而在自主学习理论指导的听力教学中，学生是主动听众，他们的任务扩展成为“视、听、说”，学生从语篇的角度出发，边听边回顾上文，把握整体结构，分析说话者意图并预测下文。在训练中也培养学生边听边记忆、边听边分析的习惯。

在自主型听力教学课堂，教师引导学生从语篇分析的角度出发，关注话题标记(discourse markers[1])，识别重要线索词(clues[2])，以帮助学生把握话题的转换和语句之间的关系，跟上说话人的思路，预测信息，把握话语脉络。教师强调听的过程中的话语分析意识，引导学生在听的过程中区分主要信息和次要信息，有助于学生注意力的有效分配和对信息进行筛选，提高学习效率，达到事半功倍的效果。

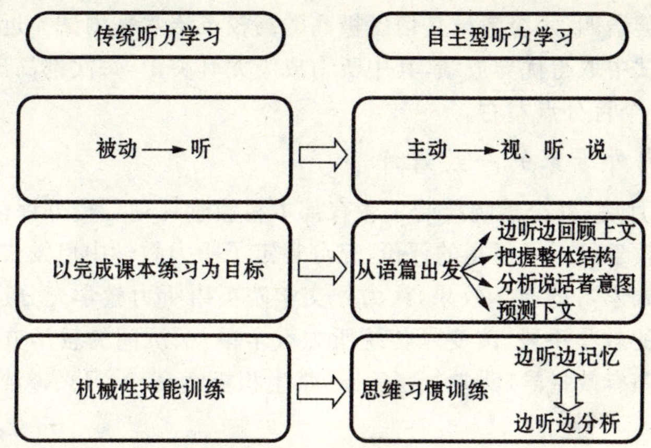

2. 自主学习理论在课外的应用

在课外时间,学生可以针对各自的特点,有选择性地进行大量的练习以巩固所学的知识。本听力教学团队根据听力教学的特点,正在集中力量建设适应本院教学特色的听力影音数据库、配套试题库和在线测试系统,为学生提供自主训练听力、检验学习效果和开阔视野的综合教学平台,同时教师也可以及时掌握学生的学习情况。建立听力影音数据库、配套习题库,为学生提供更广阔的空间和资源,增加学生在课外的自主学习时间。教师在学生自主学习中加以引导,在这一过程中教师由"传授学生知识"向"指导学生学会学习"的角色转变,学生由"被动接受机械的听力训练"向"掌握听力学习方法,主动学习"的角色转变。

(四) 课程衔接:使听力教学为高年级英语口译、英语政论等具有外交学院特色的课程打下基础

我们在二年级听力教学中强化口头复述、做笔记等技能训练,为高年级开设口译课程打下扎实的基础。我们通过广泛地运用各种各样的影音材料,让学生熟悉和掌握政治、经济、文化等领域的词汇与基本知识,也有助于他们口译水平的整体提高。此外,还可以激发学生的学习兴趣,使他们养成关心时事,收听收看英语国家新闻和文化节目的习惯,积累在各方面的语言与专业知识,为难度更大的高年级政论课的学习打下良好的基础。

二、应用情况

二年级英语听力教学改革自实施以来,取得了显著的教学效果,主要有以下几个方面:

(一) 学生在国家级英语考试中的听力部分考试成绩优异

学生成绩是教学改革成果的重要衡量标准之一。全国高等学校英语专业四、八

级考试和大学英语四、六级考试是信度极高的高校英语水平测试。近四年，我院学生在这四项考试中取得优异成绩，其中听力成绩尤其突出，每次都高出全国听力部分平均成绩 20 个百分点左右。

（二）校内外专家的一致好评

2007 年 5 月底，外交学院接受了教育部本科教学评估。校外评估专家对外交学院英语听力教学给予了很高的评价，充分肯定了听力教学中启发式、参与式教学和学生的自主式学习的教学效果，认为外交学院英语听力教学充分运用最新的教学理论和先进的教学手段，改变了传统听力教学单一、沉闷的教学方法，对学生进行充分的调动和有效指导，课堂气氛活跃，学生积极性高、学习兴趣浓厚，师生互动好。

2008 年 4 月，校内教学督导组专家对英语听力课的教学改革成果进行了评估。专家在随堂听课后，积极肯定了听力课的教学效果，认为授课教师备课充分，对授课内容非常娴熟，授课的节奏把握很好，时间安排适当，授课热情、精神饱满；语音标准、语言准确；课堂气氛活跃、互动较好；学生了解授课内容并能给予积极回应；教师熟练运用多媒体设备、上课游刃有余；学生在课外运用影音数据库巩固和提高学习效果。教学方法灵活多样，针对性强，教学效果显著。

（三）学生的充分肯定

英语听力教学改革的直接对象是学生，因此学生的反馈意见是对教学改革质量的直接反映。从外交学院教务处提供的近四年的学生对英语听力课的评价结果来看，学生对听力课的教学改革效果给予了充分的肯定。他们普遍表现出极高的学习兴趣，喜欢形式多样、富有启发性和感染力的教学方式，认为教学内容丰富实用。新闻类的各种听力材料以及英语学术讲座、专题演讲的听力技巧训练尤其受到学生欢迎。在教师的指导下，学生还充分利用影音数据库和在线测试系统提供的灵活、方便的学习空间练习听力，并举办各类听说比赛，如电影配音比赛等以活跃学习气氛。

三、结论

总之，本课程的调整与创新符合国内外同类课程发展的趋势，符合外交学院的办学特色和人才培养目标，从教学内容、教学方法和教学效果上，也是同类课程建设中的一次有益探索。当然，我们在教学改革过程中还存在许多的问题与不足，还需要我们进行不断的努力和探索。

参考文献

[1] 陈晓. 大学英语新闻听力的教学策略 [J]. 北京第二外国语学院学报，

2003(6).

［2］Lebauber，R.S. *Learn to Listen*；*Listen to Learn* . Pearson Education Asia Limited and Beijing Language and Culture University Press，Beijing. 2006：8.

探索高校科研与教学的相长之路
——以外交学院国关所为例

王 帆 外交学院

【摘 要】在高等教育发展史上,教育与科研的关系问题的存在与相关的学术纷争已持续了一个漫长过程,是高等教育领域的热点问题之一。本文以外交学院国际关系研究所为例,主要从科研与教学的关系、教学对科研的促进作用以及科研对教学的促进作用和实现途径进行了探索和总结,笔者认为两者间应该形成一种互为结合、互为促进的和谐互动关系。

【关键词】高校 科研与教学 统一

众所周知,在高等教育发展史上,教育与科研的关系问题的存在与相关的学术纷争已持续了一个漫长过程,如今,“教学与科研相统一的原则,在现代研究性大学已经成为普遍接受的原则”[1],当然,对此还是需要应根据实际情况灵活运用,不同的国家、高校乃至教学单位,在实施这一原则过程中都会有所差异。

外交学院国际关系研究所(以下简称国关所)作为外交学院最重要的科研机构之一,与此同时,也承担本科和研究生的教学任务。对于集科研与教学任务于一身的单位,如何使科研与教学有效结合,并在两者间建立起一种良性互动的关系,一直是我所教师们在致力探索和研究的问题。

下文将基于国关所的实践总结,分别从科研与教学的关系、教学对科研的促进、科研对教学的促进作用三个方面对此问题作一探讨。

一、科研与教学的关系

关于科研与教学的关系问题,长久以来一直困扰着高校,从已有的研究看,更是有着多种观点,概括起来大致可以归为正相关、负相关、零相关以及综合评价其相关性(如“纳尔福观点”),这些观点事实上并不存在孰是孰非,只是看待问题时所选择的视角或侧重点存在差异而已。

在实践中,笔者深刻体会到,科研与教学应该是一种互为联系、互为依赖、互为促进的关系,而不是彼此分离对立,也不是彼此服从或辅助的关系。就互为促进的关系而言,实际上,两者在此过程中都可以发挥主动、积极的作用。倘若从两者分割的角度来看待这一问题,就容易造成对科研或教学单方面的侧重,要么强调科研而忽略教学,要么强调教学而忽略科研,产生一种非此即彼的现象,以至于从根本上制约科研和教学的协同发展。唯有将两者有机结合起来,方可使之形成互为促进的关系。事实上,从现代大学发展的需要看,这两者绝非对立关系,而是可以也必须互为结合、互为促进的关系。

从高校教师的职责要求而言,他(她)们应该承担教学与科研的双重任务。教学是科研的起点和研究来源之一,科研是提高办学水平、促进教学质量的关键内容。教师在教学实践中从事研究、在研究背景下实施教学,实现科研与教学的有机结合,这是实现教学质量和科研水平协同提高的明智之举。从学校的角度看,亦是如此。

二、教学对科研的促进

从教学促科研的角度看,其成效如何,关键在于要有问题意识。教学绝不是被动地转化科研成果,它本身能够有助于科研的发展,这也就是人们通常所说的教学相长。

事实上,一些科研的问题常常直接来自于教学、与学生互动讨论或学生参与的过程,此外,一些学生的质疑和提问也可能成为教师研究的起点。以笔者的切身体验为例,在《西方国际关系理论评析》的教学过程中,始终在思考如何有利于中国国际关系理论的构建问题,由此写下了《关于中国国际关系理论构建的几点思考》,此文经中国国际关系网站转载,在学术界产生了一些影响。值得一提的是,其中一些观点正是来自于课堂上与学生讨论过程中所激发的灵感。可见,就教学促科研而言,一方面要增强参与性教学方式的运用,形成教学相长的互动模式;另一方面也要善于在教学中不断对教学内容进行深化研究,并从中提炼出新的科研方向和研究课题。对此,关键是要有“问题意识”,即不断发现教学中存在的不足与问题,把没有搞透的问题搞透,把不太明确的概念进一步明确。有教学经验的教师或许更能体会,在教学中会发现自己对一些观点和概念也并无完全把握,或是原有内容存在不足、不妥、不全面客观之处,事实上,这里面常常蕴含着科研的新动力和新领域。

此外,教学方式的探索本身也是科研的一部分。国关所曾与美国福特基金会联合举办国际关系史“基于问题式”教学的学术活动,此类基于问题的教学法探索本身即具有较高的学术价值,并能促进教学发展。又如谭继军副教授开发的网络式教学,这一基本设计使该学科能够在师生间保持长期互动,有效推动问题意识的提升,促进科研的发展。

三、科研对教学的促进作用与实现途径

（一）科研对教学的促进作用

就科研对教学的促进作用而言，主要表现在以下几个方面：

第一，科研是提高高校教学质量的推进器，是主要的动力之源。科学研究作为学科建设的核心，开展高水平的科学研究是高校提高现有学科的水平、提升在国内外的地位、丰富现有已有学科的内涵、开拓边缘新兴学科的必由之路，也是造就高水平学术带头人、培养高质量本科生的必要条件。

第二，科研有利于丰富教学内容，提高教学质量。高校（尤其是研究型大学）的责任不仅仅在于向学生传授基础知识，还需要在教学内容上反映该领域的最新成果，引导学生接近学科前沿。高水平的科学研究作支撑，可以使教师及时、深入地把握学科发展动态，给学生以前沿的引导。教师也可以通过将科研成果带入课堂，把所发表的与课程相关的研究论文作为教学内容或作为课外阅读资料，使学生在零距离面对这些研究项目、研究内容、研究方法的过程中得到启智和解惑，加深对新知识点的理解，同时，也使得讲述更为生动而富有启发性，增强学生的学习兴趣，提高教学效果。

第三，科研有助于提高教师的综合素质。在科研活动中，教师学习能力、研究能力、创新能力以及实践能力均可得到培养、训练和提高。而这些能力又会内化为教师的知识能力，拓展教师的知识视野、认识水平以及对理论和实践问题的分析与把握，继而它们又可提高教师的教学能力，使之在教学中对学生知识的传授更具有前沿性、专业性、综合性的广度和深度。因此，科研在提高教师综合素质方面起着不可或缺的作用。

第四，科研有助于培养学生的创新思维和研究能力。教师通过科研活动，把新的理论和观点引入到教学过程之中，通过在课堂上与学生的互动，使学生的科研能力、理论联系实践的能力得到切实的锻炼、培养和提高。同时，教师从事研究活动中的创新精神、实践精神以及研究方法的示范作用，也在潜移默化地熏陶和培养学生。

（二）科研促教学的实现途径

如何更好地实现科研促教学的效能，对此，笔者认为关键在于要有主动意识，这是保持教学内容常变常新、教学充满活力的关键所在。科研成果的前沿性、创新性和普及性对于教学有着直接的促进作用。提升教学水平的一个关键环节就是科研，一流的教学几乎总是与一流的科研联系在一起。近些年来，国关所形成了以国际关系理论和国际安全研究为主要特色的研究领域，并且科研成果显著，具有重大

学术和社会影响的著作不断涌现，一些著作居国内领先地位，还申请到一系列国家级和省部级重点课题。面对这些科研上得收获，如何将这些科研成果和科研项目转化为教学内容，使学生能够从一流的科研中受益，是我们一直在不断思考的问题。

从已有经验看，科研促教学的实现途径主要可以总结为以下几个方面：

其一，科研论文和专著向教学的直接转化。国关所在实践中，结合教学专业的体系和内容，不断将科研成果转化为教学成果。例如：

笔者在战后国关史教学过程中，撰写了《冷战起缘的几种解释》，其中关于冷战的解释被视为中国学者对于冷战的定义而在冷战研究界产生了一定的影响；还通过《亚洲冷战再认识》一文，在我国最早提出了关于亚洲冷战晚于欧洲冷战结束的观点，借助此类前沿的科研成果可使学生及时了解到最新的学术观点；《中国出兵朝鲜的决策及影响》一文在同类研究中也具有一定影响，曾受到外交部相关部门的表扬；美国对华战略和美国的亚太联盟问题中关于美国冷战联盟问题的研究在国内具有突出影响。从笔者所发表的二十余篇相关论文和出版的一部专著对教学的实际影响看，这些均对学生深入了解美国冷战时期对外战略提供了坚实的基础。

笔者在 2008 年 3 期《世界经济与政治》上发表了“中美竞争性相互依存关系探析”，这为《冷战后国际关系》课程中涉及中美关系部分的教学深度提供了科研上的保障。

又如：周永生老师的专著《经济外交》为他在本科生中开设经济外交选修课和建设精品课奠定了良好的基础；赵怀普老师充分利用发表的论文进行“欧美关系”课程的教学，其教案充实，材料丰富，有些课堂教学内容就是以科研论文为基础进行展开的。

此外，在课程内容的设置上，还注意将校内外专家所写的与课程相关的一些学术论文带到讨论课上进行开放性讨论，以帮助学生增强的参与意识和批评精神，促进学生创新意识的培养。

其二，科研项目成果向教学的转化。近些年，国关所申请到的科研项目主要有：朱立群教授主持的欧盟研究项目“影响力日益上升的国际行为体——欧盟联合研究”，笔者主持的“北京市民国际意识调查项目”和谭继军老师牵头完成了“在京非政府组织调查研究”项目。还有王帆的教育部留学人员项目“美台军事关系”等。

其中，朱立群教授基于欧盟研究项目的“欧盟研究”课程深受学生喜欢。不是当中所涉及的我的项目是一个独立项目。笔者承担的当中所涉及的北京市民国际意识调查不仅直接服务于北京市国际化都市化建设，也有助于培养学生的国际视野和综合素质，同时，我们也注意对此项目的一些内容作总结归纳和提升，将它与国家形象塑造和国家软实力建设相联系，相关科研成果也被直接应用于国际关系理论的教学之中。

国关所一直以来都十分关注将科研项目的最新成果向教学的转化。这种转化也包括让学生直接参与到科研之中，如此，一方面通过让学生参与一些前期和初级的研究工作（如收集资料等）来激发其科研兴趣，使之了解科研的具体过程，这也是我们对学生学习和科研能力培养的一部分。例如，我们让学生直接参与了北京市重点课题《北京市民国际意识调查》的议题设计和部分直接调查工作；让一些学生在本科毕业论文中直接参与一些子项目的写作，如关于美台军事关系、欧盟问题、俄罗斯问题等涉及的前沿问题，这些研究可能比较初级，但能够使学生尽快接触到学术前沿问题，为他们将来从事外交外事工作打下更好的基础。

我所还承担有一些外交部和其他相关部委的科研项目，这些项目均为来自一线的最新科研成果，我们在可能的情况下，也将其中部分内容充实到教学之中。例如，在国际关系理论和国际政治思潮的教学中，将相关课题世界政治发展趋势中的一些内容充实进来，而在冷战后国际关系和欧盟研究的教学中也注意不断添加最新的关于热点问题和形势变化的内容。将这些成果充实到教学中，不仅教学内容更加丰富，而且能够更新原有的内容，更为重要的是使学生能够感受到学术内容与现实问题的相互影响和结合，增强学生的创新意识和参与意识。这对于学生学习兴趣的培养是十分重要的。

其三，科研交流活动也可以直接促进教学的发展。2008 年，国关所共开展外国专家交流项目 6 项，包括：邀请意大利学者多米尼斯就“中欧关系及欧盟一体化对亚洲的启示”讲座；我所周永生教授赴日本；李海东副教授赴美国耶鲁大学以及曲博讲师赴英国牛津大学的交流项目等。此外，还通过定期举行的科研讲座丰富学生的课堂外教学内容，开拓国关所教学生的视野，提高了教师的学术水平，同时，也在一定程度上扩大了国际关系重点学科的影响力。

其四，科研还能完善学科体系，促进新学科的产生。比如国际安全、国际组织、国际战略等学科的建设都是缘于科研，成为课题，又促进了科研，形成了一种良性循环体系。

例如，《大国兴衰》的课程设置就缘于笔者承担的该电视专题片前期策划工作。在这一课程的设计中，注重对现有电视专题片的音像成果在教学中的利用，同时，更关注对学生战略思维和创新思维能力的发掘与提升，帮助学生突破以往断代史教学的局限，深入发掘国家兴亡的历史规律，树立起广阔的全球视野和宏观分析问题的能力。通过对这一课程的讲授可以有助于贯彻胡锦涛总书记提出的加强战略思维能力和创新能力的要求，为培养和造就一批了解历史发展脉络和世界发展潮流的新型外交外事人才打下坚实的基础。同时，还能培养学生的独立思考和创新思维能力；培养学生的宏观思考能力和对国家发展趋势及规律的认识；培养学生发现问题、解决问题的能力；培养学生制定建设性政策建议的能力；培养学生运用历史分析和科学方法研究重大问题的意识和能力。目前,《大国兴衰》创新思维教学法的探索已经获得北京市级教学改革立项。

总之,为更好地促进科研成果向教学的转化,一要在管理层面上充分重视;二要具备尽可能详尽的规划设计;三要建立针对性的激励机制。

当然,在科研转向教学的工作中,也存在一些需要注意的地方,例如,科学成果教学化的问题,毕竟不是所有科研成果都可以直接转为教学内容的,有些内容并不一定直接适用于教学。此外,论文的观点要化为教学内容也存在如何更好地加以转化的问题,有些成果直接来自于前沿研究,如何缩短周期,使得科研成果在较短的时间内更多更好更为有效地呈现给学生,仍是我们面临的一个值得研究和关注的课程。

综上所述,我们应本着科研与教学相统一的原则,一方面应该重视科研对教学的促进作用,积极鼓励教师把科研与教学有机地结合起来,把科研成果带入课堂,把最新的知识和信息传递给学生,促进教学质量不断提高;同时,也要注意到教学对科研的促进作用,加以有效利用,有效兼顾两个的协同发展与相互促进。

参考文献

[1] 陈玉琨.教学与科研相统一的原则——历史与现状的比较研究[J].高等师范教育研究,2003(3):10.

教学团队建设对高校基层教学组织改革的借鉴意义①

李红卫　张丽云　中国劳动关系学院

【摘　要】教学团队建设对以教研室为主的高校基层教学组织改革，具有重要的借鉴和指导价值：教学团队带头人责权对等的特点及相对独立自主的运行机制，启示应赋予教研室一定的自主权；教学团队实体团队与虚拟团队建设相结合的做法，启示藉此可实现基层教学组织的多样化和灵活化；教学团队以项目带队伍、靠任务抓落实的建设理念，有助于把教研室改革和建设落到实处。

【关键词】教学团队建设　基层教学组织改革　教研室　高校

作为"高等学校本科教学质量与教学改革工程"（以下称质量工程）子项目的教学团队建设项目，实施四年来，其负面评价似乎超过了正面评价。除其建设存在团队带头人年龄偏大、行政化倾向明显、团队规模过大等建设虚化问题[1]外，有学者甚至基于教研室、学系等基层教学组织存在的现实，质疑教学团队存在的必要性及合法性②。目前，教育部正在对质量工程各项目的实施效果进行评估，教学团队建设项目何去何从，大家拭目以待。由于高校基层教学组织具有团队特征，是一个"学术共同体"或"学者共同体"，成员"具有共同的职业责任感和认同感"，可以"提供一种重要的组合力和凝聚力"[2]。所以，笔者认为，即使下一期质量工程建设项目中没有了教学团队建设项目，其所实践及彰显的诸多理念，如责权对等，相对独立自主的运行机制，实体团队与虚拟团队建设相结合，以项目带团队，靠任务抓落实等，对深化高校基层教学组织改革仍具借鉴和指导意义。

一、高校基层教学组织现状及存在的问题

提及高校基层教学组织，教研室首当其冲。作为一种基层教学组织形式，教研室于20世纪50年代由苏联传入我国。由于与我国高校以培养专业人才为主的职

①　本文系中国劳动关系学院2008年教育教学改革重点项目《高校基层教学组织教研室改革与教学团队建设——基于北京地区高校的调查与研究》（项目编号：JG0801）、中国劳动关系学院2010年重大教改攻关项目《普通高校教学团队建设现状与建设机制的研究与实践》（项目编号：ZD1003）的阶段性成果.

②　中国劳动关系学院吴建平博士在一次有关教学团队项目建设小组讨论时提出的观点.

能、单科性专业院校为主的办学模式、科层化的高校行政管理体制相适应，在相当长一段时间，教研室几乎成了我国高校唯一的基层教学组织形式。改革开放后，我国高校管理体制改革不断深化，特别是20世纪90年代学院制改革的兴起，基层教学组织形式有了一定程度的创新，但教研室依然是高校基层教学组织的一种重要形式。据2003年的一项问卷调查，在部属重点大学中，仍以教研室作为基层学术组织①的占46.8%，教研室、研究室并行作为基层学术组织的占42.5%；在地方大学中，仍以教研室作为基层学术组织的占54.4%，教研室、研究室并行作为基层学术组织的占17.5%[3]。需要说明的是，本文所称基层教学组织，主要指实行"校—系—教研室"三级办学管理体制高校中的专业或课程教研室，以及实行"校—院—系"三级办学管理体制高校中的专业学系。实行"校—院—系"三级办学管理体制的高校，由于院实系虚，其实所谓系，就是原来的专业教研室，所以系下就没有必要再设教研室了。

关于目前高校基层教学组织教研室存在的问题，笔者的感觉是教研室主任工作积极性不高；教研室的工作囿于排课、调课等一般教学行政事务；教研活动少，教研时间不能保证；教研室重科研、轻教学，几乎无教学研究或教学研讨等。一项基于全国231所高校的问卷调查结果表明[4]，高校基层学术组织主要存在组织结构类型缺乏多样性，部分大学分层不当；组织体制趋同，刻板呆滞；组织职能褊狭，缺乏活力；组织运行不畅；组织建设措施不力等。美国学者伯顿·克拉克认为：高校是一种低重心的组织架构[5]。高等教育中最佳的端点是基层，要管理好大学，首先要研究基层。目前高校教研室工作存在诸多问题，而作为高校重要基层教学组织的教研室，其工作水平及效果对整个高校的建设和发展举足轻重。所以，深化教研室改革、加强教研室建设的工作应该提上日程了。

二、教学团队建设对深化教研室改革的借鉴意义

（一）责权对等，保证教研室享有一定的自主权

教研室主任没有行政级别，不能享受一定的行政级别待遇，所以教研室不是一级行政组织。与此相应，教研室主任没有人、财、物方面的决策权。关于人事权，教育部1998年印发的《高等学校教学管理要点》规定，教研室有师资补充、调整的建议权。至于财和物方面的权力，文件只字未提。事实也的确如此，在当下以院（系）"一把手"、"一支笔"为特征的行政体制中，教研室主任不可能与院（系）负责人分享"财政大权"。

① 卡耐基教学促进基金会前主席博耶认为"大学教学是一种学术活动".

古典组织理论的代表人物马克思·韦伯认为，任何组织都是以某种形式的权力为基础。没有权力的作用，组织就不可能达到目标[6]。一方面，没有权力，只有责任和任务，就不可能调动起管理者的工作积极性；另一方面，没有权力，就没有权威，而权威是一个管理者开展管理工作不可或缺的无形资源。此外，人事权、财权的运用，也是管理者调动组织成员工作积极性的重要手段之一。所以，权力对于组织的存在和发展具有举足轻重的作用。但作为高校重要的基层教学组织，教研室却有责无权。一项调查结果显示：高校基层学术组织普遍缺乏自主权，尤其是缺乏学科经费和学科用人的自主权，层次越低的高校问题越突出[7]。

教学团队建设实行团队带头人负责制，所以带头人拥有一定的用人权。自2009年起，教育部要求申报国家级教学团队的规模以5至7人为宜。一般来说，教学团队的载体，教研室、研究所、教学基地等的人数会多于前者，所以，团队带头人有必要对团队成员进行一定的筛选。另外，教学团队建设不仅有建设任务，还有建设周期，即团队应于立项后的三年内，在开发教学资源、培训师资、探索团队运行机制等方面开展一系列的工作。为此，团队带头人必须要有用人权，而且必须做好选人和用人工作。

教学团队是质量工程建设项目之一，若获准立项，中央财政将为每个教学团队提供30万元的建设经费。此外，地方、学校一般都会提供一定的配套资金。所以，教学团队有相当充足的建设经费。教学团队实行带头人负责制，表明带头人拥有支配经费的权力。带头人通过分配建设经费和建设任务，亦可通过一定额度的奖励经费，充分调动团队成员工作的积极性，保证各项建设任务的圆满完成。

综上所述，教学团队建设工作的顺利推进，与团队带头人拥有相当的人事权、经费使用权是分不开的。这启示我们，如果赋予教研室主任一定的人事权、经费使用权，将有助于解决目前教研室存在的运行不畅、缺乏活力等问题。虽然教育部文件规定的教研室拥有的人事建议权较虚，但如果院（系）负责人能对这种建议权予以充分尊重，那么原本虚化的权力就有可能实化。若果真如此，教研室就可能拥有一定的人事权。关于经费使用权，笔者所在高校的做法是，自2009年起给教研室划拨一定额度的工作经费，以保障教研室主任拥有一定的经费使用权。此外，若有临时性的专项工作，如专业培养方案的修订，学校会为相关教研室提供一定额度的专项经费。

（二）实体团队与虚拟团队建设相结合，实现基层教学组织的多样化和灵活化

前已提及，教研室依然是我国高校基层教学组织的一种重要形式。一项调查结果显示，在部属大学和地方大学，完全以不同于教研室的面貌单独出现的基层学术组织只有五分之一左右；基层学术组织在人员构成上仍以所任课程为主要依据；在

基层学术组织的组合方式上,"行政命令"更具权威;地方大学、本科学院、高职、高专四类高校中约有四分之一的学校的基层学术组织成员不能自由流动[8]。教研室、学系、学院等实体组织架构及单位人观念的存在,在一定程度上阻碍了教研室与教研室、学系与学系、学院与学院之间的交流。随着科学技术的飞速发展,学科的分化与学科的综合同时存在,交叉学科、边缘学科不断出现,跨学科、跨领域的综合性研究越来越多。具体到高校的专业人才培养,在越来越强调厚基础、宽口径、复合型专业人才培养的背景下,大到专业培养方案的设计,小到一门内容庞杂、综合性强的专业课程的教学,仅靠具有单一学科专业或课程特征的教研室的教师,几乎是不可能完成的。如果不针对现行教研室形式趋同,结构单一,封闭僵化的弊端进行改革,势必影响高校人才培养任务的完成。

目前,高校教学团队大多根据本校基层教学组织的实际情况,以学系、教研室、研究所、实验室、教学基地等实体为建设单位,以系列课程或专业为建设平台,在教学改革与实践中形成相对稳定的团队。但也有高校根据资源整合的原则,充分发挥校内外及本地区的教学资源优势,积极探索建设跨学科、跨院校的优秀教学团队,取得了令人鼓舞的建设效果。这一成功尝试启示我们:可以依托现有教研室,或者说以现有教研室为载体,积极开展实体团队与虚拟团队紧密结合、相辅相成的教学基层组织改革尝试。

有学者依据成员构成及任务复杂程度将团队区分为工作团队、项目团队和虚拟团队[9]。据此,可将现有教研室定位于人员较为固定、存在时间较为长久的工作团队,教学团队则可理解为项目或任务导向的灵活性、临时性项目团队。在现有教研室的组织框架内,依据不同的教育教学改革项目或任务组建项目团队,甚至是跨教研室、跨院系、跨学校、跨国界的虚拟教学团队,做到教研室与教学团队、工作团队与项目团队、固定团队与灵活团队既有机融合、又相对独立。这种改革与尝试,显然有助于实现基层教学组织的多样化和灵活化。

(三)以项目带队伍,明确目标和任务,把教研室建设落到实处

"教研室不是一级行政组织,不应当包揽过多的行政事务……它的主要任务是教学、科研和师资培养的工作"[10]。但现实中,教研室除分配教学任务等教学行政事务外,以集体团队方式开展的教学、科研、师资培养方面的工作较少。教研室"沦落"为院系教务办公室的分支机构、教研室主任好像成了教务秘书的助手。据《高等学校教学管理要点》,教研室有落实教学计划、分配教师工作任务的职能。这也就是说,教研室有义务承担一定的教务管理工作,但这绝非教研室的主要工作。教研室,顾名思义,开展教学研究,开展科学研究,组织学术活动才是教研室的中心工作。

教研室之所以仅满足于完成排课调课、分配教学任务等一般性、简单化的事务性工作,而不重视组织开展教学研究、科学研究等特殊性、复杂化的学术性工作,一

方面,可能与教研室主任没有实权,责任权力不对等,工作积极性不高有关;另一方面,可能是因为高校教师的教学与研究工作具有一定的独立性,对教研室的依赖性不强。目前,高校教师申请教研项目或科研项目的积极性不可谓不高,教研室教师承担的研究项目并不少。但一方面,这些项目多为“单兵作战”,集体团队型的项目不多;另一方面,教研室在这些项目的申报与具体实施中,发挥的组织与协调作用有限。于是,就会给人一种教研室工作缺乏活力、教研室可有可无、甚至教研室名存实亡的感觉。

教学团队建设之所以给人耳目一新之感,一方面,其抓住了目前高校教学、科研存在的比较突出的“单打独斗”问题;另一方面,其组织形式有利于调动成员参与团队建设的积极性。教学团队建设是质量工程的一个子项目,既然是项目,就会有项目建设目标、建设任务、考核要求。共同的建设目标把大家凝聚在一起,共同的建设任务要求大家分工合作、密切配合,严格的考核要求激励大家积极参与、努力工作。为了项目,在项目中,通过项目,团队成员同心协力,共同成长,共同发展。这就是教学团队建设给我们的启示。

如果把教学团队视作一个组织,其建设工作采取项目制的突出特点是,明确了组织建设和发展的目标。现代组织理论认为组织目的或组织目标是构成组织的基本要素。[11]当两个或更多的人为一个共同的目的而协作时,组织就形成了。目的是使组织统一起来的因素,没有了组织目的,组织就不可能建立,组织也就失去了存在的必要。从长远来看,教研室的组织目标应该是把本专业、本课程建设好,不断提高教学质量,实现专业人才培养目标。如何实现这一长远目标呢?笔者认为,长远目标的实现,有赖于近期目标,或者说一个个小目标的实现。例如,不断完成一个个的教学研究、科学研究项目,产出一个个的教学或科研成果,让教学成果、科研成果成为专业建设、课程建设的有力支撑。

有项目,就会有目标;有目标,就会有任务;有任务,就会有压力;有压力,就会有动力;有动力,就会有活力。所以,教研室建设可借鉴项目制的做法:一方面,学校层面可推出旨在加强教研室整体建设的专项教研或科研项目。笔者所在学校于今年初尝试开展了这方面的工作,广大教师、特别是教研室主任反响热烈;另一方面,通过制定或完善相关制度,切实保证教研室在项目申报及实施过程中,发挥应有的组织、协调与监督作用。这样,有了团队型建设或研究项目,学校加强和改进教研室的工作就有了抓手,教研室的建设就有了载体,青年教师的成长就有了坚实的平台。

三、结语

教学团队建设体现的诸多理念,对高校基层教学组织改革具有重要的借鉴和指导价值，教学团队建设取得的初步成效，让我们对加强以教研室为主的基层教学组织建设充满了期待。但目前，无论重点大学，还是一般大学，重科研、轻教学是一个普遍现象。如果现行科研导向的绩效评价与考核、职称评聘等制度不能有革命性的变革，教学与科研并重的风气就不可能在高校蔚然成风，那么旨在加强教学、提高质量的基层教学组织改革与建设就不可能有一个良好的生态环境。所以，在目前大背景下，基层教学组织改革的研究与实践，还有许多工作要做。

参考文献

[1] 李红卫，张丽云. 高校教学团队建设的思考——以2007、2008年国家级教学团队为例[J]. 大学·研究与评价，2009(7/8)：57-61.

[2]（美）伯顿·R·克拉克. 高等教育系统——学术组织的跨国研究[M]. 王承绪，等，译. 杭州：杭州大学出版社，1994：47.

[3]、[4]、[7]、[8] 胡成功. 高等学校基层学术组织现状与问题——全国231所高等学校问卷调查报告[J]. 高等教育研究，2003(6)：38-46.

[5]（美）伯顿·R·克拉克. 高等教育新论——多学科的视角[M]. 王承绪，等，译. 杭州：浙江教育出版社，2001：124.

[6] 刘延平. 多维审视下的组织理论[M]. 北京：清华大学出版社、北京交通大学出版社，2007：155.

[9] 陈东娇，周兴. 团队绩效和团队内成员绩效的评估[J]. 绿色财会，2007(10)：39-43.

[10] 潘懋元. 高等教育学(上)[M]. 北京：人民教育出版社，1984：141.

[11]（日）饭野春树. 巴纳德组织理论研究[M]. 王利平，等，译. 北京：三联书店，2004：60.

浅论我国高校特色专业建设的基本出发点及原则

张丽云　李冰彬　李红卫　中国劳动关系学院

【摘　要】作为改进和提高高校教育质量的重要手段——特色专业建设，被誉为“质量工程”建设的核心。经过近三年的实践，其对提高高校教育质量的作用毋庸置疑，但其存在的问题也比较多。将学生利益最大化作为特色专业建设的为基本宗旨，基础与特色并重作为基本原则，将有助于特色专业建设的健康发展。

【关键词】高校　特色专业　基本出发点

作为质量工程重要组成部分的高校特色专业建设，已开展三年有余，建设成效显著，但问题也很多。由于缺乏历史借鉴，大家都是摸索着前进，无论是特色专业建设的先行者还是后来者都在不断地相互学习和借鉴中寻找解决问题的路径和方法。有些问题是个性化的，与该专业的历史背景、培养目标有较为密切的联系，这里我们暂且不论。但有些问题是共性化的，具有普遍意义，比如特色专业建设的基本出发点和基本原则。如果这些问题弄不清楚，势必影响特色专业建设的成效。

一、高校特色专业建设应以学生利益最大化为基本宗旨

一般来说，我们在考察某个专业是否具备特色专业特点时，主要参考依据是学院的办学定位、学科专业发展背景、学科理论建构的成熟程度、社会发展需要，但是却很少考虑作为培养对象的学生的需求，甚至根本不考虑学生的问题。而这恰恰是问题所在。因为无论何种特色专业建设，最后都要依赖于受众，即这些广大的学生来学习和接受，没有这些学生的配合与协助是无法完成特色专业建设任务的，甚至完成教学任务都会成为难题。从这一点来看，无论是从参与者的权利表达角度来说，还是从促进学科专业发展的角度来说，不征求学生的意见本身就是错误的，而且从公平角度来说，对作为利益相关者的学生来说也是显失公平的。

因此，我们认为在特色专业建设之初，必须首先与广大的受众群体即学生进行充分沟通，不仅要让他们深刻地理解什么是“专业”，什么是“特色”，而且要让他们充分表达自己的意见，并最终认可自己所学的专业及其“特色构成”。只有这样，才能在以后的教育教学过程中获得学生最大的认同和配合，从而取得最好的教学效果，否则，就会使特色专业建设的实际教学效果大打折扣，甚至于可能因为来自学

生的强烈反对而半途而废。如果出现这样的情况，无论对学校、学生还是所在专业系部来说都不好。所以，我们认为学生作为特色专业建设的直接利害关系人，有足够而且充分的理由在特色专业建设中表达他们自己的意见和诉求。而作为校方和特色专业建设的实际负责单位则应当建立起相应的制度允许并倾听来自他们的肺腑之言，真正树立以学生为本位的教育教学理念。缺乏学生参与的特色专业建设方案生命力不会长久，也不会经得起时间的考验。

（一）在特色专业建设中必须建立对已毕业学生的跟踪调查反馈机制

对于已有毕业生的特色专业建设点必须建立针对已毕业学生的调查机制，因为只有这些已走向工作岗位的学生才能真正了解和体会所学专业是否在社会上能够获得良好地评价，以及对自己在学校学习四年来所具有的专业知识和技能是否真正能够满足实际工作的需要。对于这些问题的回答，可以让我们更准确地了解该专业毕业的学生的工作情况，同时，通过与学生所在单位的联系，可以更客观的了解单位对学生本人的评价，特别是对其专业技能和水平的评价，这种定期的来自学生和单位的背靠背地与学校间的信息沟通与反馈可以更加客观地反映学生的情况，从而比较准确地间接反映出该学生所学专业的基本建设情况。而这一情况的好坏才是真正检验一个专业办得好或者不好的核心标准之一。特色专业建设要想建得好建得长远必须首先做好这项工作，缺乏这项制度，将会使特色专业建设成果大打折扣，由于缺乏来自社会的评价而使得某种正向评价变得苍白无力。所以，从完善和提高特色专业教育教学质量和效果出发，这种来自用人单位和已毕业学生的信息的沟通与回馈，不仅可以有效地提供样本供学院考察建设成果，而且可以促使学院对现有的特色专业建设方案进行及时有效地调整和修正，从而确保特色专业建设始终保持正确的方向。

（二）建立对在校学生的周期性调查机制

从学生开始学习某专业大约需要经过 8 个学期，每个学期的课程设置和教学目标都有所区别，学生在学习中所面临的问题也不尽相同，因此，应当针对不同学习阶段设定不同的调查内容，获取不同的调查诉求和目标。以法学专业（劳动法特色）为例，在第一至第三个学期基本上是基础课程，第四至第八个学期才会有专业课逐步开出来。鉴于此，前三个学期主要是针对学生的适应性和学习方法的一个指引，这时的调查可以指向这些问题并着手回答学生对教学计划的质疑和问题。到了第四学期开始涉及专业课，这时应当引导学生逐步深入思考和建立法学专业思维，这时的调查应当主要围绕课程设置是否合理、课程内容是否饱满以及课程结构是否适当等问题逐步展开，逐步培育和强化特色专业建设文化和基本理念。

（三）建立教学管理上的快速反应机制

基于对学生利益最大化的认识，我们认为教学管理必须建立对学生疑问的快速反应机制，以确保能在第一时间回应学生的诉求，并藉此逐步建立起相对稳定的制度依赖和制度文化。通过这样一种方式不仅能使管理者与学生之间逐步建立起互信关系，而且可以充分实践“师生为本”的大学教育理念，长期来看是十分有益于学院发展的，同时对于提高学生对学校的认同感和自豪感也是非常有利的。

上述三项制度都是围绕学生利益最大化进行的制度设计，由于充分尊重了学生在大学教育中的主体地位，最大限度地实现了其话语权，因而也可以最大限度地获得来自学生的尊重和理解。从特色专业建设来看，不仅可以使制度设计更加科学合理，具有更好的贯彻力，而且由于最大限度地减少了来自学生方面的阻力，从而使教师、管理者以及学生的利益最大限度地趋于一致，从而可以有效激发参与各方的积极性和创造力。

以学生利益最大化的原则不仅对于特色专业建设十分重要，对于当下我国普通高等教育来说也是非常有益的，特别是它可以有效激发大学生的积极性和创造力，学生可以直接参与到自己整个的学习过程中，并有机会自主决定其中的很多问题，这对于这些学生的创造性思维的培养和对自我权利的珍视以及对他人权利的尊重都是十分有益的。如果能够在初始制度建构环节能从学生的基本利益出发，探讨学生在本科教育阶段中的权利义务以及与各相关主体的内在关系，明确各自的权责范围，现代大学生的创造力完全有条件被激发和培养出来，想要办一流大学的梦想也才有可能成为现实。

二、特色专业建设必须基础与特色并重

作为特色专业必有其特色之处，这一点自不必言，问题在于如何在体现特色的同时兼顾本科教育的基础性特征，绝对不能因为要“特色”而忽视了“基础”，否则就是舍本逐末，到头来还是一场空。以法学教育为例，尽管我们细分了经济法、劳动法、行政法等专业学科，但是法学作为一门社会科学有一些普适性原则和规范，而这些规范蕴含了所有法学学科和专业的基本精神和理念，如果这些课程不学习或者没有学透，则会使任何具体的专业方向研究变得很难，甚至无法开展相应的研究。轻视甚至丢弃“基础”，过分强调所谓“特色”和所谓“专业”都是不恰当的做法，离开了基础，特色专业就成了无本之木、无源之水。因此，从学科完整性和基础性角度来说必须充分学习这些基础性课程以后才能谈得上专业研究和发展。那些像法学、经济学、管理学等发展历史较长，学科积淀比较深厚的专业由于基础课程多而广，占用课时较多，因此在“基础”和“特色”课程的选择上往往会面临艰难选择，同时也会对学生的继续深造造成一定的影响。因此，对待这个问题，绝对不能掉以轻

心，相反应当加以重视，因为特色专业建设的课程设置关系着一个大学生四年的专业素养的建构，如果仅仅强调了“特色”而不重视“基础”，学生的可持续发展就会受到影响，继续深造也会面临一系列问题。因此，在注重特色的同时必须注重基础，只有两者兼备且不偏废时，专业发展和学生自身的发展才能双赢，否则，在未来专业建设的可持续发展上会面临更多的问题，严重的可能导致制度失败，造成资源的巨大浪费。

阅读元典与培植创新
——文化传播学院“元典”教学的理念及实践

吕明涛 中国劳动关系学院

【摘 要】元典概念是哲学“元点”思维与文献“原典”史料的完美结合，强调人类精神文化的源头意义、超越时空的典范意义和民族精神的建构意义。现代高等教育在元典教育方面存在很多缺失。建设创新型社会，亟须培养创新型人才，而元典教学在培养创新型人才方面应该有所建树，这一理念并没有引起高等教育界的足够重视。中国劳动关系学院文化传播学院多年来尝试推行元典教学，取得了一些经验，在这里与大家一起分享。

【关键词】元典 元典教学 创新意识

一、什么是“元典”

最早提出“元典”这个概念的是武汉大学的冯天瑜教授，他在1994年出版了《中华元典精神》一书，这部书用一章的篇幅来探讨界定“元典”这一概念。他认为，纪元前六世纪前后的几百年间，欧亚大陆的几个文明民族不约而同地编纂出孕育着原创性的精神典籍，例如印度的《吠陀》、《佛经》；中国的《诗》、《书》、《礼》、《易》、《春秋》；希伯来的《旧约全书》、《新约全书》；古希腊的《理想国》、《形而上学》等。冯先生将这类典籍称之为“元典”，这一概念含有“始典”、“首典”、“原典”、“美典”、“宝典”等意蕴。

“元典”与“原典”、“元点”尽管有着密切联系，却又是不同的概念，它是哲学“元点”思维与文献“原典”史料的完美结合，更强调人类精神文化的源头意义、超越时空的典范意义和民族精神的建构意义。就中华元典而言指的是那些既有深刻、广阔的原创性意蕴而又在中华民族文明史上长期发挥着精神支柱作用的书籍。研读这些“元典”作品体现出一种“原始要终”(《周易·系辞下》)的召唤和要求。

可见，“元典”不仅仅是经典，更是经典中的经典，是最基础、最重要、最核心、最具本体性和原创性的经典。它们塑造各个文明的文化传统，并对人类后世的生活产生深远的影响。

二、当今教育体制下，“元典”教育的缺失

20世纪初叶，随着“西学”传入中国，我国的学术体系与教育体系实现了改革

和重构。在学习西方的急切态度和饱满热情中,我们快速地完成了对旧教育的革命性改造,建立了全新的高等教育体制和课程体系,这无疑是一种社会进步。但以传统经学为主体的中国古代"元典"教育则处于十分尴尬的境地。

当前高校课程设置普遍存在多、空、旧、窄的问题,也即课程多,内容空,知识旧,专业窄。讲析中国古代博大深厚的"元典"性作品的课时渐渐减少,取而代之的则是对"史论"的高谈阔论。四类课程(公共基础、专业基础、专业、公选)多为概论课,即二级或三级学科的某某学或某某学概论、通论、原理、通史、断代史等。在人文与社会科学各院系的课程设置中,极少有导读古今中外的元典为内容的课程,这是中西方文科专业类、通识类课程设置上的最大的区别。国外名校文科的课程设置,多以历史上流传久远的名家、名著、经典为教学内容,通过反复研读,反刍其原创性的内涵。指导学生直接读文明史上具有原创性的元典,与思想、文化、艺术、哲学大师作心灵沟通与思想对话,所获得的精神上的满足是全面深厚的而不是片面浮浅的。他们可以从中学会如何品鉴、欣赏、享受高雅的精神产品,学会读书的方法,求取新知,丰富自己,拓展兴趣爱好,进而陶冶人格与人性,使之深化而完美。阅读元典、诠释元典,是创造式的、对话式的、身心交融的,而读概论则是被动的,是把老师嚼过的食物再喂给学生。当然,我们并不一概反对概论、通专史体系的教材与教学,这可以提要钩玄,方便初学的学生把握一些基本知识,但如果所有的课程都这样,那就有问题了,至少应有一部分课程是元典教学。

越来越多的有识之士已经认识到,对元典的背弃正是当今学术大师消失、大学生整体素质滑落的罪魁祸首之一。因此,让元典在课程设置和人们的日常阅读中获得应有的位置,是当前教育改革的方向所在。

三、"元典"教学与创新意识的培养

著名文化学家、美国威斯康辛大学历史系教授林毓生先生在其《中国传统的创造性转化》一书中专文介绍了芝加哥大学的一个特殊机构——社会思想委员会。该委员会的宗旨是培养具有原创力的大学者。这是基于下述因素的考虑,即:"任何一个时代都需要少数具有原创能力的思想家提出新的观念来界定与指引这个时代的学术与文化,这种新的思想往往是源自新的问题的提出,而这种新的问题又往往需要跨越几个学科的知识与训练才能得到较为完善的解答。"(林毓生《一个培育博士的独特机构:芝加哥大学社会思想委员会——兼论为什么要精读原典》,载其所著《中国传统的创造性转化》,三联书店 1988 年版。)根据这一点,该委员会在课程设计上特别注重两点:广博性与原创性,这只要从课程设计上即可看出。按照该委员会的规定,在本系就读的学生必须完成一系列的经典研读课程。

本世纪最重要的哲学家之一怀特海曾经说过这样的话:"对欧洲哲学传统最可

靠的描述是:它是一连串对柏拉图的注解。"芝加哥大学"社会思想委员会"的教授们均赞同这一说法,并遴选了几十部著作作为经典供学生们选读。

如果还是套用怀特海的话来表述中国的文化传统,我们则可以说:"对于中国文化传统的最可靠的描述,是一连串对孔子和庄子的注解。"其中特别重要的是:《论语》、《孟子》、《老子》、《庄子》、《周易》、《六祖坛经》、屈、陶、李、杜、《红楼梦》和鲁迅等。这些原创性的经典,用林氏的话说,它们都有一个共同的特征,就是:"它们都是对其著成时代之具体问题有感而发的著作,而它的内容却又都有超时代、永恒的意义。"(同上)它们抓住了特定文化乃至人类生存状态中一些最基本的、最深层次的问题,并作出最深层次的、最合时代要求、且最富有个性魅力的解答。

所有元典都是具有原创性的文化成果,在这些成果中都能够真实而深刻地留下创造的思想过程和轨迹,呈现出创造的模式和张力。一切对元典的研究和阐释等非原创性的著作都将不同程度地丧失了这一过程中的张力,因为它们已经跳离了作者创造的原过程,而纯粹以一个旁观者来对其最终成果作静态的描述;即使是那些对于原创者的创造过程本身进行描述的著作,也因其作者本人不处于原创的活动之中而丧失了原有的创造张力。因此,只有在元典中,才能够较完好地将原发性的创造张力保存下来,成为激发再创造的强大力量。

元典中的创造张力是在对它的阅读过程中不知不觉地对阅读者发生影响的。由于这些经典的创作都是针对着人生中和宇宙中最普遍又最重要、最现实的问题而发,并作出该时代最有智慧、最深刻的解答,所以,"学生研读经典著作时自然容易对这些著作所提出的问题与解答问题的方式产生相当深入的认识,无论对这些问题的解答自己是否同意,他在研读的过程中实际上会学到一些艰深而涵盖广的问题的内容及其解答的方式"。(同上)而且,由于元典阅读的跨学科性质,使得这种阅读还具有另一层重要意义,那就是:"经由当代杰出的思想家们亲自指导和在他们耳提面命之下,与具体的经典相接解的过程是一个能使得自己的'支援意识'在潜移默化中增进灵活性与深度的过程。……即使后来对当初所研读的原典的内容细节已不能逐步复记,自己的'支援意识'则仍与之息息相关。"(同上)

四、"元典"教学的具体对策

在当前的消费文化语境之下,教师应有优容的文化心态,尊重并理解学生的平面化阅读、大众化阅读,在这一前提之下,对学生加以引导,积极培养学生的经典意识、精英意识。在教学理念上,教师要勇于打破重"史"轻"作品"的既定模式。文学经典是一颗颗璀璨的珍珠,文学史则是把珍珠串起来的丝线,忽略珍珠而重丝线,无异于舍本逐末。因此,在教学内容的设置上,教师应尽量浓缩文学史知识的传授,将课堂教学的重点放在引导学生对文学作品的阅读鉴赏、审美感悟等方面,在此基础之上逐步培养学生阅读经典的兴趣。

在具体的课堂教学环节中，教师应努力尝试新的教学方法，使文学作品的教学呈现生动活泼的局面。

（一）审美鉴赏与吟诵相结合

在中国古代的文学经典中，有不少诗文作品选入到中小学生的课本，但遗憾的是，以应试为主的中小学教学将完整的作品分解得支离破碎，学生在学习实践中又往往以题海战术消化所学内容，诗文的美感被割裂。而在大学的课堂上，许多教师也把大量的时间用于纯粹知识点的传授，或者习惯于以独断的方式直接告诉学生审美的结果，学生只是被动地接受，难以与作品产生共鸣。有鉴于此，我们认为，在讲授古典诗文的课堂上，教师应把审美鉴赏放在第一位，教师要着力启发、帮助学生去理解古典诗文的审美意蕴。当学生自己获得了审美的愉悦，便自然对诗文产生由衷的兴趣。

同时，要发掘诗文的审美意蕴，还应与"吟诵法"相结合。经验证明，只有通过反复吟诵，我们才能深切体会到诗文的情思、意境和它的韵律美，从而获得情感的陶冶、审美的愉悦、生命的体悟。然而在中小学教育阶段，这种传统的读书法变成应付考试的手段，是割裂掉审美之后的"死记硬背"；而在大学教育阶段，"吟诵法"已基本上被教师和学生鄙弃。我们认为，将"吟诵法"引入大学课堂，不仅是可行的，也是必要的。吟诵法需要长期坚持，教师可以建议他们每周分配出一定的早读时间诵读古典诗文。此外，还可以辅以一些手段，检验具体落实情况，比如平时课堂上随机点名背诵，在期末考试卷中设置填空题，等等。

（二）比较阅读

同样是阅读，不同的阅读方法，阅读的收获也大不相同。所以，掌握正确而有效的阅读方法显得尤为重要。我们在讲先秦两汉史传文学时，讲到《史记・李将军列传》与《汉书・李广传》，要求学生将这两篇史传进行对读。我们知道，关于西汉太初以前的历史，《汉书》基本上照搬了《史记》中的内容，但这并不意味着班固是在机械地抄袭，仔细对读史汉两部史书中有关的人物传记，我们会发现：班固在司马迁《史记》的基础上，做了很多的工作，这包括：字词的增删、语言的修饰、史料排比顺序的调整，以及史实的剪裁、详略的安排，等等。《史记》、《汉书》的这些不同，不仅体现了司马迁和班固各自不同的语言风格，我们同时也可以看出司马迁、班固史观和史识差异。基于以上的认识，我们设计了这样一个教学内容，让学生对读《史记》、《汉书》中的李广传记，作为一个个案，从而印证以上提到的《史记》和《汉书》在诸多方面的差异。

学生在课下仔细的阅读，并将自己阅读的成果，在课堂上进行汇报。结果发现，这种对读的方法，极大地提高了学生阅读的兴趣，在阅读的过程中，同学们发现两种文本的许多不同之处，教师引导他们对这些异文进行分类，分出“大段变动”、“字句变动”两大类，其中，“大段变动”中又分出“增补”、“删改”、“移置”三个小类；“字句变动”又可分出“单字替换”、“字句增减”两个小类，每一类举出具有代表意义的例子。这些工作做完之后，再引导学生总结其中蕴含的规律，并作出评价。

从语言形式上讲，《史记》的行文以散行为主，并兼有寓意，而《汉书》则趋于骈俪，对六朝文体的形成产生了很大的影响。从语言风格上讲，《汉书》叙事详密谨严，文字整饰有度，而《史记》则文气流畅，富于神韵。

从史料的排比与史实的剪裁上，可以看出班马二人史观的不同，《史记》是私人撰述，加之司马迁又有“成一家之言”的自觉追求，所以《史记》在对历史人物与历史事实的评价上有很强的批评色彩，并不为尊者讳，且善于发沉潜之幽光。而《汉书》则属于奉旨修史，在涉及历史人物、历史事实的评价上，多为帝王的过失进行卫护。正史变成帝王家族史，《汉书》最早发其端。

这些结论，都是在教师的引导下由学生一点点归纳出来的，在这个过程中学生积极思考，踊跃发言，体现了学生在学习过程中的主体地位。

（三）引导学生课外阅读

为了适应“元典”教学体系的要求，我们进行了推荐书目的建设。推荐书目，也称选读书目、导读书目，是针对一定的读者对象，围绕某一专门问题，对文献进行选择性的推荐。推荐书目既然有明确的目标读者，这使其不同于历代的公私图书总目，而具有明显的对图书的选择性，以及对目标读者的引导性，同时，书目通过对书籍的选择、适当的编排、内容的叙述等手段，表现了对图书的整体评价。推荐书目的这些特点，对于刚刚涉足某一领域的初学者来说，显得非常重要。正是因为有这些特色，在检索手段日益发达的今天，推荐书目确立了其存在的价值。

在本科教学实践中，确立了“元典”教学的教育理念以后，我们申报了学院的“教学改革”课题——《文化传播学院本科生教学书目》。我们先在汉语言文学和新闻学两专业中尝试进行了书目建设，随后又推及文化艺术管理专业（现已改为戏剧影视文学专业）。并把书目单册装订，在新生入校不久分发给每位同学，希望学生借助书目对所学专业的学科轮廓、研究状况有一个导向性的了解，并能够襄助其专业学习。这一做法收到了良好的效果，不仅受到同学们的欢迎，还得到教改课题校内、外审批督导专家们的一致好评。并在2006年获得北京市教委的教改立项。同时，在具体的教学实践中，我们也发现书目在编制的理论意义、编制通例、书目内容等多方面，还有待进一步完善，书目的功能还有待进一步拓展。

强化理论基础　培养司法能力　具备开放视野

林　维　中国青年政治学院

【摘　要】中国青年政治学院法学专业作为北京市特色专业，自始秉持“强化理论基础、培养司法能力、具备开放视野”的办学理念，在保障良好教学条件，具有丰富教学资源的基础上，依凭一支颇具特色、科研实力强、教学成绩优秀、培养学生质量较高、具有较强影响力的专业团队，不断探索实施教学改革，尤其重视结合外语和实践开展教学，设置多形式教学模式，培养学生成为现代化、世界化的高层次应用型、复合型法律人才，并已在社会形成较高的声誉。

【关键词】先进办学理念　充足教学资源　实践特色教学　优秀专业团队　高端法律人才

中国青年政治学院成立于1985年12月，其前身为创建于1948年9月的中央团校，是共青团中央所属的唯一一所普通高等学校。中国青年政治学院法律系自1993年开始招收本科生，目前由本科、硕士生(包括法律硕士)两个层次构成，2008年法律系法学专业被评为北京市特色专业。

法学专业在开办之初就树立了“强化理论基础、培养司法能力、具备开放视野”的办学理念，在办学理念指导下，经过18年来的发展，法学专业克服了种种困难，先后在学科建设、科研团队建设、实践教学等方面取得了重大成绩。目前，法律系有专任教师29人(其中博士比例为72%)、在校本科生598人，研究生100人，建立了符合学校定位、具有特色、适应新世纪社会发展需要的课程体系。学校招收本科生实行提前录取，来自全国的生源非常优秀。

中国青年政治学院法学专业以培养掌握系统的法学基础理论知识，熟悉我国法律和党的相关政策，适应改革发展和全球化的新形势，能够在国家机关、企事业单位和社会团体，特别是在立法机关、行政机关、司法机关、法律服务机构从事法律及其相关工作的法学专门人才为目标。在专业教学中，一方面开设所有教育部核定的法学核心课程，要求学生扎实掌握法学基础理论知识，熟悉相关法律和政策，掌握一定的司法技能；另一方面通过开设专业选修课形式为学生提供更多专业选择，为学生的学术兴趣提供更为多样化的选择，开拓了学生的视野和知识层面，引导并培养多向思维方式；另外，我校还在提升学生的文化素养、文字功力、管理能力等方面做出不懈努力，尤其重视培养学生的外语交流、熟练操作计算机等基本技能，使法律系学生成为现代化、世界化专业人才。此外，法律专业还设置了一系列多种形式的实践教学方法，使学生成为具备较强实务操作能力的高层次应用型、复合型法律人才。

在师资队伍建设中，我校法学专业目前共有专任教师29名，教授5名，副教授14名，其中具有博士学历者21人，博士后经历者4名，博士生导师1人，硕士生导师14人；具有海外学习和访问学者经历者13人；北京市培养新世纪社科理论人才百人工程1人、全国百篇优秀博士论文获得者1人、教育部新世纪人才培养工程1人、全国百千万人才工程（国家级）1人；北京市精品课程1门（刑法学），北京市优秀教学团队1个（刑法学教学团队）；获得过全国优秀教学成果二等奖、全国普通高等学校优秀教材奖、北京市优秀教学成果一等奖、哲学社会科学一等奖各1项。目前法学专业教师在研主持4项国家社科基金项目、3项司法部科研项目、1项教育部科研项目、2项中国法学会部级课题等多个省部级科研项目；另外，主持中直机关事务管理局重大项目5项，团中央科研项目多项；主持承担北京市教改项目4项、精品课程建设项目2项，自2005年以来出版个人学术专著20余部、“中国青年政治学院法学文库”著作系列1个，在海内外法学权威核心期刊发表多篇学术论文。各位教师均在不同的法学领域有所建树，专任教师中有20余人次在中国法学会各专业学会中担任理事、常务理事等职务，科研实力雄厚，形成了以科学研究为支撑、科研成为教学的核心推动力的氛围，成为无论是在我校还是同类型院校的法学专业中，一支具有特色、科研实力强、教学成绩优秀、培养学生质量较高、具有较强影响力的专业团队，其中刑法学教学团队已经被评为北京市优秀教学团队，使我校法学专业成为重要学术阵地。另外，我校还从全国人大常委会、最高人民法院、最高人民检察院等实务部门邀请多名专家作为兼职教授担任导师。

中国青年政治学院法律系不断探索实施教学改革，利用国家和北京市“质量工程”建设的有利契机，积极开展案例教学、诊所式教学、双语教学等模式，目前，法律系已经成为中国法学会诊所教育委员会单位委员、中国法学会案例教学与研究委员会理事单位，各教师不仅在所讲授的课程中增大案例教学因素，还专门开设了多门案例教学课程，同时法律系发起成立了以我校法学专业师生为主体的中国青年政治学院法律援助中心，由老师带领学生办理真实案件，得到中国法学会诊所教育委员会以及社会各界的一致好评。另外，我校法学专业结合现有师资中有较多具有在国外学习和访问学者的经历，开设了多门双语教学课程，包括国际经济法、国际法等必修课程，也包括涉外经济法、外国民商法等多门选修课程。同时，编写了较多的双语课程教材，在诸如法学英语课程中，探索纯英文教学，并加大聘任外籍教师担任专业课程教师的力度，并将学生送往国外交流，目前我校法学专业多名学生先后到加拿大、韩国等高校交流学习，使其体会原汁原味的国外法学教育。这些措施不仅提高了学生的专业知识，拓宽其法学视野，同时还极大地提高了学生英语运用能力，为培养高端法学人才奠定了良好基础。形成了以法学理论为基础，以司法能力培养和外语运用为特色的教学体系。

法学专业教学条件良好，教学资源充足，能够满足日常教学研究需要。在实验室建设方面，现拥有设备齐全的阶梯模拟法庭一个、专用法庭式教室一个、专用中青法律诊所一个。其中，阶梯模拟法庭配备了多种音像器材，其设施与效果同北京市条件较好的区级法院的中等法庭规模相同，配备了多媒体教学设备，用来模拟实践类课程的讲授；中青法律诊所共两间，外间用来接待、咨询当事人，内间用来会议讨论和办公，专用于中青法律诊所的活动，为同学们的实践活动提供物质基础与保障。

另外，我系拥有专门的案例资料库，主要用来案例的搜集、整理、汇编，面向全体法学专业教师和学生开放，这在其他高校中较为少见。学校每年予以固定投入，进行案例资料库建设，推动法学专业教学的实践性。

法律系原有图书资料室，现建设于学校图书馆内。在此情况下，最近几年，图书馆进一步加强了法学学科的图书采购，所有中文法学学术期刊均已经订阅，并且多年来一直坚持订阅《Harvard Law Review》、《American Criminal Law Review》、《刑事法杂志》等多种重要英文、港台法学专业期刊，尤其是投入大量资金进一步加大对外文、港台法学书籍的采购量。在电子资源上，除其他院校一般所用的中文数据库以外，图书馆为我校法学专业采购了 Westlaw 英文数据库，供法学专业师生免费使用，促进了法学专业的科研水平和双语教学水平。另外，图书馆中特别开辟了面向法学专业的法学电子视频资源，存储包括《今日说法》、《经济与法》等多个重要的法学视频资源，免费开放用于多媒体教学。

中国青年政治学院法学专业尤其重视实践教学，不仅在日常教学中理论联系实际，在课堂中结合案例讲授法学理论和司法技能的运用；还开设了《未成年法律保护实践》、《刑事控辩审模拟实践》等课程，通过选修课程配套实践教学；同时开设了中青法律诊所，鼓励学生通过中青法律诊所接触实际案例，为学生接触实际的司法运作、通过案件办理提高司法实践技能，创造良好条件。并且要求学生在校期间参加一定的科研活动和业务实习，促进理论与实践的结合，提高司法技能的实际操作和运用能力。另外，法律系还积极发展与法院、检察院、事务所等法律实践部门的合作关系，在北京市海淀区人民法院，北京德恒律师事务所等多个单位建立了法律系学生的定点实习基地，通过组织学生在司法机关等实践单位的实际见习、运用，加速理论与实践的结合。同时，鼓励学生利用假期，进行社会调查活动，了解法律运作的真实面貌，从中体悟法学理论的作用以及实践对理论的调整和需求。

中国青年政治学院秉承中央团校的优良传统，在德、智、体、美各方面严格要求并精心培养在校学生，法学专业作为我校特色专业之一，其学生也以认真踏实、动手能力强、理论基础扎实而获得好评，其中多名学生获得全国十佳公诉人、北京市十佳公诉人等荣誉，从而形成较高的声誉。

围绕青年和实务特色，全面推进思政特色专业建设

吴鲁平 中国青年政治学院

【摘 要】本专业围绕“青年”和“实务”两个特色，从课程体系建设、师资队伍建设、实践教学模式建设、实习实践等方面入手，切实推进思想政治教育特色专业建设。构建了以理论课、方法课和实务课等三大课程群为主干的课程体系；加强了与青年和青少年工作相关的教材建设和精品课程建设；推进了参与式实践教学方式；充实和发展了富有特色的实习实践教学体系；加强师资队伍建设，建设了具有“青年”特色的教学团队。

【关键词】思想政治教育 专业特色 青年和青少年工作

思想政治教育专业是中国青年政治学院历史最悠久的本科专业，从 1986 年招收第一批本科学生开始，我校就一直在探寻专业特色。尤其是近几年来，我校专门组织了一个研究团队，对国内外同样或类似专业的建设经验做了深入细致的研究，并结合我校本专业现有师资力量及行业优势等方面的实际情况，明确提出了我校思想政治教育专业本科生的培养目标。即“培养德、智、体、美全面发展，具有扎实的思想政治教育专业理论知识和相关学科的基础理论知识，擅长从事思想政治教育工作和理论研究、青少年工作和研究，能够胜任党政机关、学校、企事业等单位的思想政治工作、行政管理等相应工作岗位和具有一定潜质的应用型高级专门人才。”

一、明确专业特色，改革培养方案

围绕上述培养目标，我们将特色专业建设的发展目标确立为：将思想政治教育专业建设成国内注重思想政治教育实务实践，在有关青少年问题和青少年工作的教学和科研方面发挥引领作用，在相关领域的实务操作方面发挥推动作用，特色鲜明、优势突出的专业。简单说，本专业的特色就体现在“青年”和“实务”两个层面。

围绕这一发展目标，我们修订了《思想政治教育专业本科培养方案》(2009)。该方案一方面充分遵循了“宽口径、厚基础”等人才培养的共性，同时，又充分突出了人才培养的特色。

二、围绕课程体系，建设专业特色

本专业在已有教育教学经验的积累基础之上，吸纳国际国内兄弟院校的先进经验，借助北京市“质量工程”建设项目，切实展开了特色专业的专业特色建设任务。专业特色的建设主要围绕在课程体系建设、师资队伍建设、实践教学模式建设等几个方面。通过努力，形成人才培养、教学科研和社会服务三者之间的良性互动，并在这些互动过程之中，真正体现了本专业的“青年”和“实务”特色。

1. 构建以理论课、方法课和实务课等三大课程群为主干的课程体系

理论类课程除了继续开设教育部规定的本专业的骨干课程外，新增了一些与本专业关联度相当高的一些学科，如当代西方社会学理论、当代西方政治学理论、社会与政治运动、青少年政治社会化与公民教育（专业英语）等；方法类课程除了继续开设社会调查方法、思想政治教育方法论等课程之外，新增了定性研究方法、社会统计软件——SPSS应用、定性资料分析软件——Nvivo应用等课程；实务类课程主要开设与青年和青年工作有关的实训课和咨询课等，如青少年心理咨询案例分析等。

通过科学合理地设置课程体系，努力把本科生培养成熟悉本专业及主要相关专业的基本理论和方法，熟悉青年和青年工作，具有一定理论创新能力和实践创新能力的应用型专业人才（本科生）；把研究生培养成熟悉青年和青年工作，具有较强理论创新能力和实践创新能力的应用型专业人才。

2. 加强与青年和青少年工作相关的教材建设和精品课程建设

青年特色的教材是青年专业特色的重要保障，是专业建设过程中的重点。目前，教师自主编写的特色教材包括：《青年思想政治教育学原理》（教育部“九五”国家级重点教材）、《社会思潮与青年研究》、《儿童社会工作》、《共青团工作的艺术》等。此外，经过不断努力，课程教学改革取得一定成效。现有北京市教改立项项目1项，学校教改立项项目7项，学校精品课程3项，学校考试项目改革2项，学校优秀教学成果2项。

我们还努力做到教材与课程建设结合在一起。为此，本专业努力把“青年思想政治教育学原理”、“少年儿童研究”、“当代青年研究”等课程建设成不同级别的精品课程。截至目前，“青年思想政治教育学原理”、“青年学”、“当代青年研究”等课程已经建设为校级精品课程。其中“青年学”课程受到学校推荐参加了2010年北京市精品课程的评选活动。

3. 大力推进参与式实践教学方式

参照国际青年教育领域的先进经验，结合我国青少年教育的现状，本专业在思想政治教育专业课的教学中引进国际上比较流行的、在正规教育和非正规教育领

域均获得广泛认同和推广的一种全新的参与式实践教学方法。这种方法一改以往传统思想政治课教学的“灌输”模式，将学生作为真正的主体，教师在讲授中犹如节目主持人，把课堂要完成的教育内容，分专题拉出大纲和框架并设计出一条主线，全部教学过程则均由学生参与并在体验过程中完成。在课堂上，充分利用讨论、角色扮演、生活场景模拟等参与式学习方法，最大限度地提高学生的学习积极性。

采取参与式实践教学方式的课程受到了学生们的广泛欢迎。学生在参与课堂教学的过程中，积极自主地进行理论知识的学习，并灵活地将理论知识与实践生活联系在一起，知识学习不再枯燥，理论知识不再僵化，学生的口头表达能力和语言表达能力都在这一课堂学习过程中得到锻炼和加强。专业培养方案中所设计的学生实务能力也在这一课程学习中得到实现。

4. 充实和发展了富有特色的实习实践教学体系

为了更好地实现本专业人才培养方案，院系非常重视学生的实习、实践活动安排。本专业在建设之中注意强化实习督导制度，构建以青少年相关领域为重点、突出理论与实务相结合的专业实习教学体系；同时，强调推进实习实践教学改革项目。特别是在北京市质量工程建设的推动之下，本专业加快了实训课(即实战训练实验室)的建设。

目前我专业共有 5 个签约基地，长期合作基地超过 20 个，基本能够满足学生实习实践的要求。实习基地是按照专业人才培养的基本构想而精心设置的，包括三种类型的实习基地。一种是国资委(国务院国有资产监督管理委员会)、市政府、地方团委等实习单位，目的在于帮助学生深入体会“思想政治教育工作和活动组织”；一类是以中国青少年研究中心为典型的实习基地，其目的在于满足研究型学生的实习需求；还有一类是各地的中小学，主要是结合共青团和少先队的建设和组织活动而安排的实习基地。

2010 年，在北京市质量工程项目的推动之下，我校青少系还与广东发展银行北京分行创造性地采取“项目合作”的方式，通过签订协议书，为今年参加毕业实习的思想政治教育专业的学生创造了崭新的毕业实习形式。

5. 加强师资队伍建设，建设“青年”特色的教学团队

为了更好地体现本专业的“青年”特色，本专业在北京市特色专业建设工作的大力支持下，通过引进人才、鼓励教师进修、组织教师访学、游学等形式，大力加强教师队伍建设，提高教师在青少年问题研究方面的学术创新能力，为青年和青少年工作实践提供决策咨询的实务能力。

这两年，通过不懈的努力，基本实现了改善师资年龄结、职称结构和岗位结构的目标，初步建立起了一支专兼职相结合、校内外双向流动、不断自我成长的师资队伍。同时，在学校相关科研项目的支持下，已经开始选取几个具有重大理论和实

践意义的青少年课题，整合校内外力量，实行联合攻关，打造学术精品。青少年问题科学研究水平的提高也促进了相关实务能力水平的大幅度提高，本专业几位教师积极参与到与青年和青年工作相关的实践项目，包括一些青少年工作社会机构的评估和咨询项目。在社会服务的过程中，更为有效地为青少年的健康成长、协调发展和生活幸福服务。

三、特色专业的专业特色建设成果

思想政治教育专业拥有较有利的教学条件，为专业教学和发展提供了较好的支撑。学校图书馆设有专门的青少年资料室，团中央青少年资料信息中心、中国青年志愿者资料信息中心均设在我校图书馆，所藏有关方面的图书资料数量在全国各高校图书馆中位居首位；本院与社科院、人大、北大、团中央、国资委、中宣部等相关高校或部门及北京市有关部门和单位建立了长期的良好的合作关系，同时有较稳定的境内外教育机构作为合作伙伴，为专业教学和建设提供了十分有利的条件。

经过几年来的建设，专业特色更是集中体现在学生的学习效果之中。本专业学生的学习风气浓厚，学习效果良好。一方面，学生对于青少年研究和青少年工作的兴趣非常浓烈，学生成立了“青年研究学会”，并办有“青年研究学刊”刊物；近三年，学生在公开刊物和论文集上发表相关研究论文 10 多篇；另一方面，学生积极投入到青少年工作的实践活动中去，比如自发组织到周围的中小学讲授“团课”，获得了非常好的社会评价。同时，这些活动也促进了学生的课程学习，学生将理论学习和实践活动紧密结合在一起，产生了非常多的实践性强的研究课题，仅 2008 年，本专业就有两组学生的自主研究课题得到了“北京市大学生科学研究与创业行动计划项目”的资助。

中青院社会工作专业特色专业建设初论

陈树强　中国青年政治学院

【摘　要】本文从中青院社会工作专业历史与现状入手，分析了其相对优势与劣势，并根据国家经济社会发展的需要，提出了建设社会工作特色专业的理念，以及在人才培养、教学团队、教学改革、教学资源、实践教学等方面的建设设想。

【关键词】特色专业　建设设想

一、历史与现状

中国青年政治学院社会工作专业成立于1993年，是中国大陆地区最早设立的社会工作专业之一，同年秋季开始招收社会工作专业本科生开展社会工作专业教育。最初，招收规模为一个班50多名学生；自1999年以来，招生规模扩大为两个班，学生人数平均为80至100人。与此同时，社会工作专业专任教师也从最初的10人发展壮大到现在的16人。2007年设立社会学专业硕士课程，开始招收社会学和社会工作方向的硕士研究生，目前在校研究生人数67人。

与其他兄弟院校相比，我校社会工作专业的优势表现在：学校高度重视；办学时间长；教师专业背景强、教学效果好、社会声望高；学生规模大、社会影响好；教学条件先进等。劣势表现在：教学水平较高，但物化为教材的较少；科研数量尚可，但缺乏精品、品牌；社会服务较多，但同时出研究成果的较少。

二、建设理念

中青院社会工作专业的特色专业建设理念为：适应国家经济社会发展对高素质人才的需求，根据学校的办学定位，发挥社会工作专业的现有优势，建成国内一流、特色鲜明的社会工作专业，形成中青院社会工作专业品牌，为同类型高校社会工作专业建设和改革起到示范和带动作用。

三、建设设想

第一，在人才培养方面，中青院社会工作专业的人才培养目标为：培养具有牢固的社会工作价值观、扎实的专业基础知识和娴熟的方法及技巧，能在社会福利、社会救助、社会慈善、残障康复、优抚安置、医疗卫生、青少年服务、司法矫治等机构中，从事社会管理与社会服务的专门人才。为了实现这一人才培养目标，我们将调整培养方案，构建起适应经济社会发展需要的社会工作专业课程体系。这一课程体系由课堂教学和实践教学两部分组成。其中课堂教学包括通识课程和专业课程，专业课程又包括理论课、方法课和实务课；实践教学则包括实践实习、实验教学和学年及毕业论文等。

第二，在教学团队建设方面，中青院社会工作专业的教学团队，是北京市的优秀教学团队。我们以社会工作专业人才培养目标和经济社会发展需要为指引，以适合课堂教学、实践教学、科学研究和社会服务为要求，注重引进专业人才、改善师资条件、改革教师培养和使用机制，加强教师队伍建设。在人才引进方面，我们本着宁缺勿滥的原则，坚持专业要求的高标准，非社会工作专业博士毕业且具有较强教学和研究能力的人选不进。与此同时，我们主动出击，与境内外院校加强联系，对合适的人选做深入细致的工作，争取他们来校工作。经过几年的努力，我们打造了一支比较优秀的社会工作教学团队。在目前的16名专任教师中，年龄50岁以上的5人，36～49岁的7人，35岁以下的4人，年龄结构比较合理；教授5人，副教授9人，讲师2人，职称结构也比较合理；博士5人，硕士10人，学士1人，学历水平比较高；所学专业为社会工作或社会学的11人，心理学的4人，汉语言文学的1人，所学专业与所从事专业吻合程度较高；毕业于美国丹佛大学的1人，香港中文大学的1人，香港理工大学的5人，国内其他院校的9人，学缘结构良好。在教师培养方面，一是建立了社会工作专业教学团队的“导师制度”，由团队中资深的教授和副教授对年轻教师进行传帮带。具体做法是：青年教师跟随自己的导师听课并进行研究，导师则对青年教师进行教学和研究方面的指导，经过一两轮课程后，当导师认为青年教师能够胜任教学工作时，才允许他们讲授社会工作课程；二是建立了教师到社会管理与社会服务领域一线学习交流，社会管理与社会服务领域的人员到学校兼职授课的制度和机制。一方面，采取集中（脱产）、分散（半脱产）和灵活（不脱产）等三种方式，通过职务晋升、工作量计算、交通补贴等机制鼓励社会工作专业专任教师到社会管理与社会服务领域一线学习交流。另一方面，聘请社会管理与社会服务领域的人员为客座教授，定期为学生举办讲座，或者讲授一门课程；三是建立了教师培训、交流和深造的常规机制。制定了社会工作专业教师定期参加专业培训的制度，要求社会工作专业教师每年必须接受一定时数的专业培训。广泛开展国内外学术交流，积极推动与国内兄弟院校、港澳台院校（如香港理工大学等、台湾东海大学）、欧美等国院校（如美国丹佛大学、瑞士西北科技大学）交流。鼓励和支持非社会工作专业毕业的青年教师到境内外院校深造，攻读社会工作专业硕士或博士学位。

第三，在教学改革方面，利用社会工作专业特色专业建设的契机，我们确立了教学、研究、社会服务和学生就业相结合的教育教学理念，在调整课程设置、以研究和社会服务促教学的同时，加强社会服务（社会实践）的分量，为学生就业创造更多的平台。通过教学改革，社会工作专业取得了一定的教学成果。其中，陆士桢教授获第四届北京市高等学校教学名师奖，并当选“2009年度中国十大社工人物”，“青少年社会工作”课程被评为团中央和北京市的精品课程，以社会工作专业为主的中关村华清园社区服务站被评为北京市校外人才培养基地，多名教师被中国社会工作教育协会委派承担全国社工院校师资培训的授课任务。

第四，在教学资源方面，在特色专业建设过程中，中青院社会工作专业注重教学资源的质量和使用效果。在国内较早地建立了建筑面积达280平方米、各种教学设施齐全的社会工作实验室，为开展社会工作实验教学提供了良好的条件，并在此基础之上探索和形成个案工作、小组工作和社区工作等课程的实验教学模式。同德国米苏尔基金会和香港理工大学图书馆合作，与北京大学、中华女子学院、民政管理干部学院联合建立了社会工作专业图书馆，为师生专业教学和学习提供了有利条件。此外，还借助与北京市委社会工作委员会联合建立北京社会工作人才发展研究院的契机，与海淀区、西城区、宣武区、东城区、门头沟区等建立了人才培养的“双基地”，同时亦与深圳、四川、张家港等地区的有关机构合作建立了学生实习实践基地，尤其是与香港圣公会福利协会合作举办了社会工作专业学生赴港实习的“北斗之旅”，为学生的实习实践搭建起了更多的平台，促进了理论与实践相结合，增长了学生的实践能力。

第五，在实践教学方面，中青院社会工作专业历来重视实践教学，利用社会工作实验室和京内外的实习实践基地开展了丰富多彩、富有成效的实践教学。借助实验室的各种教学设施和虚拟社会环境，通过实验教学，使学生能够理论与实践相结合，提升实际操作能力。凭借京内外的实习实践基地，带领学生深入现实社会，在服务社会的同时增强学生的专业价值认同、运用所学知识与技巧的能力。

中国青年政治学院社会工作专业教学研讨会

北斗之旅学生在香港参加机构探访

简论公安高等院校的职业化教育与公安特色专业建设

王毅虹　中国人民公安大学

【摘　要】特色专业建设是近年来各高等院校提升办学质量所选择的重要路径之一，本文以高校职业化教育为视角，在分析高校职业化教育内涵和公安高等院校进一步明确职业化教育理念重要意义的基础上，从进一步明确各公安专业人才培养的具体目标、推行"教学练战一体化"人才培养模式、强化警学理论教学与警务实战教学双师型师资队伍建设和切实提高公安类课程建设水平等方面，分析了公安特色专业建设的具体途径。

【关键词】高校职业化教育　公安高校人才培养目标　人才培养模式　公安特色专业建设

2009年，《关于加强和改进公安教育训练工作的意见》作为公安部党委关于教育教学改革的重要指导文件一经发布，立即引发了人们公安高等院校办学思路、办学定位等方面的热烈讨论，其中，一部分学者和教育工作者把公安院校职业化教育作为了重点研究课题，并提对之作出了不同的解读。笔者认为，公安高等院校职业化教育的明确提出与深入研究，有助于进一步明确公安高等院校的人才培养目标定位与教育教学质量的提高，有助于推进公安高等教育理论研究与公安高等教育改革向纵深发展。本文则结合对高校职业化教育的内涵的理解与认识，围绕公安特色专业建设问题谈一些粗浅看法。

一、高校职业化教育的内涵

何为"高校职业化教育"？对于这个问题，人们做出了不同的回答，归结起来主要有如下看法：一是把高校职业化教育理解为："以培养职业型人才为直接目的一种现代教育理念。"①另一种观点则把高校职业化教育看作"在普通高校的教育过程中，针对学生的不同发展趋势，理性地区分研究型人才和应用型人才，并考虑到应用型人才占毕业生比例较大的实际情况，组织调动各方面的力量，有针对性地对他们进行教育和培养，努力提高这部分学生的职业素质，使其能较快成为适应社会

① 陆卡娅.浅析高校职业化教育[J].高教论坛，2006(4).

需要的合格的建设者。"[①]第三种观点认为,"职业化教育是指使受教育者获得某种职业或生产劳动所需要的职业知识、技能和职业道德的教育过程。"[②]另外,还有学者将高校职业化教育界定为高校教育职业化,认为高校职业化教育包括高等职业教育与普通高校所进行的以职业型人才为培养目标的教育。

笔者认为,高校职业化教育是指普通高等院校以培养职业型人才为目标而开展的职业适应型教育。高校职业化教育要求遵循一般高等教育规律,以职业能力培养为导向,在坚持通识教育与基础理论教育的基础上,着力培养学生的职业意识、职业精神和职业能力。

把握高校职业化教育的内涵,应做好两个区分:

一是高校职业化教育与高校学术性教育的区分。高校职业化教育以为特定行业或特定职业培养人才为目标,以人才"出口"决定教育内容与过程,突出教育的职业性,特别强调教育应为职业提供所需要的文化、技能和学术基础。高校学术性教育在一定意义上是指一种为强化教育学术性而弱化教育职业性的去职业化形态,其以培养拥有扎实基础知识与理论素养的通识性学术人才为目标,强调通识教育,关注学术进展,重视基础知识教育的系统性与基础性。

二是区分高校职业化与高等职业教育。高等职业教育又被称为高等职业技术教育,它与高校职业化教育一样强调教育的职业适应性均以为特定职业培养高级专门人才为目标,但是,两者并不相同。高校职业化教育是普通高等院校人才培养的一种样式,高等职业教育是指高等职业院校人才培养的特质;高校职业化教育培养适用某种职业要求的应用型高级专门人才,倡导"战略性教育",即以基础理论与多无智力教育为主,以"战术性教育"(职业能力和单项的具体技能)为辅,高等职业教育则着力培养学生的职业技术技能,即以战术性教育为主;高校职业化教育作为一种职业适应性的教强调遵循教育的基本规律,人才培养模式中以教育为主要方式,即利用的是教育的手段与方法,高等职业教育则遵循训练的基本规律,突出实践训练,实训是其采用的主要手段与方法。

二、公安高等院校提出职业化教育理念的意义

高校职业化教育是在高等教育步入大众化阶段之后,大学生就业难等现实问题使高等教育面临严峻挑战的背景下提出来的。旨在着力解决我国普通高等院校比较普遍存在的追求创办研究型大学,忽视高等教育职业化属性,一味强调通识性学术人才培养等问题。尽管上述问题并不是公安高等教育存在的突出问题,但是,

---

① 吴志伦,周洋.普通高校应根据自身优势开展职业化教育[J].教育探索,2007 (12).

② 蔡秀花.高等教育与职业化教育的游离与对策[J].中国成人教育,2010(9).

明确提出并积极强化公安高校职业化教育依然具有重要意义。

第一，利于进一步明确公安高等院校人才培养的类型及目标定位。公安高等院校作为行业性院校，其创办的目的就是为公安机关培养人才，始终强调公安院校教育的职业属性，但是必须承认在人才培养的类型与人才培养目标定位依然存在着一些模糊认识。一是忽视公安机关对人才培养类型多样化需求，存在着泛泛职业化的倾向，将公安教育等同于公安职业教育，理论教育水平存在缺，警务技术操作性知识在教学内容中所占比例过大；二是突出公安普通高等教育的研究与学术属性，在人才培养目标与规格定位上过于强调公安通识教育与公安基础知识与理论教育，对学生警察道德意识、警察职业心理、警务职业核心能力培养不够重视。明确提出公安院校职业化教育，准确把握公安院校职业化教育内涵，有利于澄澈上述模糊认识。从公安教育办学类型角度看，既要办好公安高等职业教育，以适应基层公安机关执法勤务一线岗位的人才培养需求，又要办好公安普通高等院校，以适应公安机关对于兼有较高理论素养与职业能力的人才培养需求，乃至对于公安理论创新型与技术创新型人才培养的需求。从公安应用型人才培养定位上看，进一步强化普通高等院校教育的职业属性，在进行系统的公安通识、基础知识与理论教育的基础上，切实针对公安工作与公安队伍对于公安人才素质、知识、能力结构的实际要求，强化学生的警察职业素养与职业能力培养。

第二，有利于进一步深化公安教育教学改革。明确提出公安高校职业化教育理念，特别是正确理解和把握公安院校职业教育的内涵与基本要求，有助于普通公安高校进一步厘清自身所担负的人才培养具体任务与责任，加强学术实践兼备的双师型教师队伍，探索适应公安高级专门人教养的人才培养模式与教学模式，整合与优化教学的内容体系，强化公安专业建设，进一步完善校内外实践教学体系等。

三、公安高等院校职业化教育与公安特色专业建设

公安高等院校作为行业性高等院校拥有一般普通高等院校所难以拥有的职业化教育条件与优势，并且在实践上走在了高校职业化教育的前列。但是，公安高等院校职业化教育的质量依然存在着很大的上升空间，其中，把职业化教育理念真正融入特色专业建设过程中，就需采取更加切实可行的措施，付出艰苦的努力。

公安高等院校目前所开办的专业大多属于公安类专业，隶属于法学一级学科中的公安学类和工学一级学科中的公安技术类。本身拥有鲜明的行业特色，但这并不意味着公安专业均是特色专业。2008 年教育部高教司印发的《关于加强“质量工程”本科特色专业建设的指导性意见》明确指出：“特色专业是指充分体现学校办学定位，在教育目标、师资队伍、课程体系、教学条件和培养质量等方面，具有较高的办学水平和鲜明的办学特色，获得社会认同并有较高社会声誉的专业”。“特色专

业"的核心内涵是专业建设的特色与优势。由此，依据公安院校职业化教育的办学定位，加强公安高等院校特色专业建设，应将着力点放在如下几个方面：

第一，针对公安机关内部警种的具体设置与职业要求，进一步明确各专业人才培养的具体目标。普通公安院校应加强与公安机关及其警务实战部门的联系，完善专业建设的校局合作机制，认真分析研究警务工作对于人才专业类别的具体需求，以毕业生"干什么和能干什么"为出发点，科学设置专业人才培养具体目标，紧紧围绕各警种警务工作对于公安民警知识、素质、能力要求，确定专业人才培养具体规格。如公安大学所开设的安全防范专业，根据毕业生在公安部门从事安全防范和信息技术等管理工作的就业定位，将培养培养掌握安全防范技术和信息技术的管理型人才作为培养目标，而不应同普通安全防范专业培养相关专业工程技术型人才作为培养目标。

第二，采用"教学练战一体化"的人才培养模式。根据公安职业化教育对人才培养目标与规格的定位，进一步加强人才培养模式的改革与创新，积极实行教学练战一体化。具体表现在人才培养过程的整体设计上，进一步突出强调理论教学与实践教学的有效统一，校内培养与校外培养有机统一。在教学过程中，坚持理论教学以能力培养为导向，在实践教学中以公安综合技能力培养与创新意识提升为目标。

以能力培养为导向加强理论教学，旨在提升学生的理论能力与思维能力。理论教学是高层次人才培养的基本途径，其有助于强化的高层次人才培养的学科基础，为学生的全面发展提供学术底蕴，也为提升学生的思维能力。与公安高等院校职业化教育相适应的理论教学应突出教学中的能力导向，克服单纯的知识传授的弊端，特别强调理论与公安工作与公安队伍建设实践的有机结合，力求通过基本理论与基本知识的教学活动，培养和提高学生的学习能力、创新能力、交流能力、警务工作能力以及适应公安工作环境的能力，等等。为此公安高等院校职业化教育中的理论教学，需要着力解决两方面的问题。一是进一步加强公安理论(警学理论)的研究，提高理论教学中的学术含量与理论水平。由于公安高等教育起步晚，公安理论(警学理念)的不够成熟，公安院校职业化教育中的理论教学与成熟专业的理论教学不同，并不存在着突出的泛学术化问题，相反相当比例的理论教学在一定程度上停留在经验总结或具体知识的传授层面，存在学术含量与理论水平普遍较低、学术性明显不足的问题，因此，公安高等院校职业化教育中的理论教学不能简单地强调弱学术性，而应加强理论教学的学术性与理论性；二是加强理论教学与公安实践的有机结合。使学生在结合公安实践的学习中理解公安理论，又在理论的指导下认识分析公安实践状况，实现在较高理论素养基础上的能力提升。

以突出公安综合技能培养与创新意识提升为目标强化实践教学，旨在提升学生职业核心能力。实践教学是师生以实验、实习、实训等活动为中介，以巩固和深化理论认识，培养实践能力和创新精神，提升运用所学理论知识解决实际问题能力的教学活动。实践教学在公安高等院校职业化教育过程中占有十分重要的地位。在实际的公安高等院校人才培养过程中，始终强调了面向公安业务实践，培养学生的职业能力。但是，我们必须看到，对于职业能力的内涵还存在着片面的理解，往往把职业能力仅仅看作警务工作的专业能力特别是具体技能，将能力培养简化为具体警务工作操作技能的训练，简单套用职业教育的训练模式，不仅存在着忽视学生职业思维能力、创新能力培养的倾向，而且存在着忽视学生警务工作综合能力培养的倾向。笔者认为，公安高等院校强化职业化教育，不仅应进一步重视实践教学环节，而且应强调实践教学应突出综合技能与创新意识培养的理念，强化综合性实验与实训以及创新性实验与实训，在注重具体警务技能训练的基础上，围绕公安职业核心能力设计实践教学具体环节，提升学生的综合能力。

第三，以培养双师型教师为目标加强师资队伍建设，提高公安高等院校教师与教官的学术水平与公安实战能力。近年来，各公安院校积极借鉴国外警察院校师资队伍建设的成功经验，采用优化校内在编教师队伍素质、外聘具有实战能力教官等方式，努力打造“双师型”的师资队伍，取得了显著的成效。但是不容否认，受公安队伍与公安院校管理体制与机制等诸方面的影响与制约，公安普通高等院校聘请教官的数量与质量以及充分发挥教官作用等方面不甚理想，公安院校在编教师的实践能力培养的路径有待进一步提高，特别是教师与教官的合作互补明显不够。因此，笔者认为，在师资队伍建设方面，一是公安普通高等院校应进一步争得公安机关及教学行政主管部门的政策支持，保证聘任教官的数量与质量适应职业化教育的需要；二是强化校外实践教学基地在师资队伍培养方面的作用，借助实践教学基地这一平台，使公安普通高等院校教师更多地接触公安实践，了解公安工作与公安队伍建设急需解决的现实问题，能够收集大量的教学案例，同时，加强院校教师与公安机关民警的科研合作，推进公安实践向公安理论的转化，公安院校的教学活动更效地实现理论与实践的结合奠定基础；三是特别注重教师与教官的能力互补，强化教师与教官的教学合作，实现教师与教官对课程体系的共同设计、对课程的共同建设、对教学内容的共同开发、对教学方法的共同探讨，不仅使教师与教官在教学合作中更加充分在发挥自身优势，而且在教学合作中实现取长补短，使公安院校在拥有教师与教官两支队伍的同时，又拥有大批既具备学术水平又具有公安实战能力的双师型教师教官，从而以兼具学术能力与警力实战能力的教师培养具有突出公安职业核心能力，又拥有扎实的知识基础和理论素养的高素质公安应用型人才。

第四，进一步加强公安类课程建设水平。在公安高等院校的改革与发展过程中，课程建设始终处在极其重要的位置。课程建设是公安高等院校教学建设的核心，是公安高等院校实现人才培养目标的主要载体，是特色专业建设的关键性内容。如前所述,由于世界警察高等教育起步晚,特别是仅有少数国家拥有普通警察高等院校,因此,警察学科研究相对弱,警察类课程建设水平比较低。这决定了我国公安高等院校特色专业建设中课程建设可资借鉴利用的资源稀缺,我国公安高等院校开展普通本科学历教育仅有30余年的历史,课程建设经验积淀不足。这就进一步彰显了公安类课程建设的必要性。笔者认为,公安院校应充分发挥行业优势,加强校局联合的同时,加强校际合作,发挥公安院校的整体优势,在整体公安行业系统内进行人力资源的有效整合。以精品课程建设为抓手,以课程评估为手段,全面提升课程建设水平,使行业优势转化为课程建设特色优势,以系列化的优质课程建设成果为基础,打造公安品牌专业与优势专业。

另外,公安院校加强特色专业建设,应进一步加大投入,完善包括教材、图书馆、实践教学基地、实训场馆等相关教学实施在内的教学基础建设,建立和完善与公安职业化教育理念相匹配的教学管理制度特别是包括专业评估在内的各项教学评估制度,进一步完善学生警务化管理模式,构建和谐校园。总之,应以职业化教育理念为统领,全面加强学校教育教学改革,用整体的进步与发展,促进公安院校特色专业建设。

依托公安特色专业 培养高素质公安人才

谭 胜 中国人民公安大学

【摘 要】本文依据国家有关文件精神，认为本科特色专业应具备的三个条件，即特色鲜明、建设水平高、不断创新。据此，文章简要梳理了公安大学特色专业建设和人才培养工作现状，明确提出了专业人才培养的专业知识、第一任职能力以及综合素养的知识能力结构层次，并从人才培养方案，教育教学改革、师资队伍建设以及学生管理等四个方面总结了公安大学专业建设及其人才培养工作主要理念和举措。

【关键词】专业 公安 特色人才 培养

中国人民公安大学是公安部直属的普通高等学府。学校始终坚持为公安工作服务、为公安队伍建设服务的宗旨，按照公安部党委关于建设"政治坚定、业务精通、作风优良、执法公正"的公安队伍的要求，遵循高等教育规律，突出公安教育特色，发挥公安大学优势，牢固树立以学生为本、以教师为主体的办学理念，着力打造优势突出、特色鲜明的公安类本科专业，努力培养具备"忠诚可靠、业务扎实、敢于创新、精于实战、一专多能、作风优良、身心健康"的七个特色和优势公安本科人才。

一、围绕公安工作需要，明确特色专业建设内涵

所谓专业就是根据社会职业分工、学科分类、科学技术和文化发展状况及经济建设与社会发展需要划分的知识体系。而特色专业建设点是国家为实现对不同层次、类型高校的分类指导，遴选出优势明显、特色鲜明的专业点或具有一定办学基础、未来若干年经济社会发展需要的新兴交叉专业，或结合国家和社会对紧缺人才和拔尖创新人才的需要，选择有专门人才培养基地支撑的专业点进行重点建设。据此可以认为，特色专业就是学校教育教学整体水平和人才培养质量较高，办学思想、教学建设、教学改革、人才培养模式等能体现出显著特色并具有较高社会声誉的专业。

公安类专业旨在培养适应社会主义和谐社会建设需要，具备开展公安业务的职业核心能力和创新精神的专业性人才。当前，社会治安工作任务日益繁重，新型犯罪、高科技犯罪层出不穷，这就要求我们必须拥有一支政治可靠、技术过硬的公安工作队伍，维护社会稳定，保证人民生命财产安全，促进社会经济健康发展。对于

公安院校来说，培养符合公安机关需要的高级专门人才是其义不容辞的任务。而人才培养工作关键在于专业建设和专业的发展。作为公安系统的最高学府，公安大学历来重视学科专业建设。长期以来，学校紧贴公安实践需求，初步形成了公安类专业齐全、主干学科特色鲜明、多种学科协调发展的学科专业体系。自国家启动特色专业建设点项目以来，学校对照国家特色专业的标准，根据公安工作形势发展要求，全面梳理现有专业，进一步明确了学校学科专业建设的目标与方向，科学界定学校特色专业建设的内涵。

行业特色鲜明的公安专业。公安业务工作不但需要特有的公安专业技能，更需要有鲜明的政治立场和思想觉悟。作为行业性院校，公安大学必须牢固把握公安工作的精髓，锤炼特色鲜明的学科体系和专业结构，以特色的专业培养学生，以特色的校风育化学生，最终形成具有公安特色的教育培训体系；作为高层次的公安院校，公安大学又必须具备其他公安院校所不具备的优势和特色，真正做到“人无我有，人有我优，人优我特”。

高水平的公安专业。周永康同志在公安大学 60 年校庆上指出，当前公安大学正站在一个新的历史起点上，要以建校 60 周年为契机，加快推进创建世界一流警校的步伐，铸就公安大学新辉煌。这是党和国家领导人对公安大学的殷切期望，也是公安大学今后一段时期的发展目标。世界一流的警察大学，必须要有高水平的公安专业相匹配，必须要有一批办学理念先进、教学条件较好、教学质量过硬的核心专业引领学校的发展与改革。

不断创新的公安专业。一个民族没有创新就没有进步，一个专业没有创新也就没有发展。公安大学作为公安系统的龙头院校，理应是公安教育改革的引领地，公安工作路线的宣传地，公安业务理论的策源地。因此，公安专业的发展，要始终高举中国特色社会主义伟大旗帜，紧紧围绕公安事业的发展实际，追踪公安业务理论的前沿，进一步解放思想，与时俱进，力争把公安大学建设成为培养党和人民忠诚卫士的摇篮，推动公安事业发展进步的教学科研基地，公安理论与实践创新的前沿。

行业特色鲜明的公安专业、高水平的公安专业、不断创新的公安专业既是公安大学对国家特色专业建设点内涵的理论阐释，更是学校专业建设的目标和前进动力。对照特色专业内涵，结合学校实际，校党委在认真学习领会教育部和北京市有关文件精神的基础上，精心研究，统筹规划，遴选并成功申报了侦查学、治安学等五个国家特色专业，着力实现以点带面，整体推进学校专业建设水平。

二、遵循高等教育规律，层次推进公安专业人才培养工作

专业建设的根本目的是培养符合社会需要的人才，而特色专业建设更要在此

基础上培养高素质、高质量的专业人才。为此，学校运用现代人才观和教育理念，全面分析了公安机关对公安院校的人才需求，比对学校近年来人才培养工作成败得失，提出了具有行业特征和时代气息的专业人才培养目标，即“忠诚可靠、业务扎实、敢于创新、精于实战、一专多能、作风优良、身心健康”的七个特色和优势。

人才，我国的传统解释有两种：一是指人的品貌；二是指有学问、有见识、有能力的人。公安人才显然是指公安队伍中具有一定理论基础或专业技能的人员。公安人才培养是公安队伍建设的核心环节，也是公安专业建设的核心任务。作为公安人才培养主阵地，公安院校首先必须科学界定现代公安人才涵义，准确定位人才培养目标。早在建国初期，罗瑞卿同志就对公安人才的涵义陆续做了界定。他认为公安人才应具备爱岗敬业、理论政策和业务水平、为人民服务意识、遵纪守法以及艰苦奋斗作风等六个方面的素质。现代人才观则认为人才培养是适应现代社会需求的工具教育和满足个人自身发展需要的人的教育的统一，即是培养人和培养工具的结合。由此，现代教育理念下的公安人才应由三个方面加以考量：第一，政治素质，即“忠诚可靠、作风优良”；其二，业务素质，即“业务扎实、敢于创新、精于实战”；其三，发展后劲，即“一专多能、身心健康”。“忠诚可靠、业务扎实、敢于创新、精于实战、一专多能、作风优良、身心健康”的高素质公安专门人才既是现代公安人才应具备的“七个特色”，亦是公安专业应着力打造的人才培养最高目标。

因此，公安专业本科层次人才培养应当注重三个层次的能力和素质的培养，即：一是要体现为公安业务工作各岗位输送合格实战人才的“职业本位”特征，兼顾公安业务专门知识与专业技能的传授与培养，要以一定专业理论为基础，以一定的学科逻辑主线为支撑点，将专业知识系统化，将专业技能体系化，将业务训练情境化，从理论与实践两个层面加强学生公安业务能力的培养；二是要应对公安高等院校毕业生就业非专业对口的基层岗位现实情况及其第一任职需要，兼顾学生公安基础知识与基本技能的掌握，这要求公安专业人才培养工作必须融入柔韧性、可塑性的因素，适应学生第一任职需要及其岗位转换要求，加强学生公安职业核心能力的培养；三是要以培养大学生“学会做人、学会做事、学会生活”的现代教育理念为指导，强化应用型人才的知识综合运用能力和实践创新能力，兼顾学生综合素养的提高，即依据高等教育规律，把握现代教育理念，适应现代人才观念的发展，使学生不但具备过硬专业技能，更具有宽厚的自然、人文、科技等综合素养和较为广泛的工作生活适应能力。

三、加强教学基本建设，全面提升专业建设水平和人才培养质量

专业建设涉及教育教学的各个环节，专业建设水平的提升，专业特色的显现是

各个环节合力的结果。因此，公安大学的专业建设特别是特色专业建设尤其要注重各项教学基本建设，苦练内功，增强专业内涵，全面提升专业建设水平。

（一）围绕培养目标设置课程，科学构建人才培养方案

人才培养方案是学校教育教学工作的总纲，也是专业建设的主要抓手。作为行业院校，公安大学在遵循高等教育规律的基础上，围绕人才培养目标，把握是行业特征和公安工作需要，制定了符合实际需要的本科人才培养方案。一是面向公安业务工作，培养应用型公安专门人才。为公安机关培养人才是公安大学立校办学的根本，人才培养方案必须明确人才培养目标，即培养高素质应用型公安专门人才，使我校学生具有"忠诚可靠、业务扎实、敢于创新、精于实战、一专多能、作风优良、身心健康"的鲜明特色和优势。据此，本科人才培养方案一是突出公安专业教育，强化学生专业知识和能力。新修订的培养方案突出了公安专业特色，明确了各专业技术支撑点，注重学生专业能力的培养，关注学生的发展后劲，着力解决学生毕业后"干什么"、"能干什么"问题；二是兼顾第一任职需要，合理安排公安基础课程。为使学生第一任职能够适应多种基层实战岗位的需要，各专业着力培养现代警察应知应会的基本职业素养，设置了"公安群众工作"、"公安情报工作"以及警体技能等公安基础课程，并在专业选修课、实践教学、第二课堂等教学环节中加强学生第一任职能力的培养；三是遵循高等教育规律，重视大学生基本素质培养。培养大学生综合素质是现代大学人才培养的基本目标。在通识课程设置上，各专业重视学生人文科技素质的培养，重视学生职业道德的培养，重视学生分析和解决问题能力的培养。

（二）面向公安实战互融双通，努力创新教育教学方法

教育教学改革是专业建设的基本形式，而创新教育教学方法又是教育教学改革的重中之重。对于公安大学人才培养工作而言，根本的就是建立一个面向公安实战的、理论与实践相结合的教育教学体系，使学生第一任职素质与专业技术岗位能力要求互融双通，这既是行业办学的要求，亦是公安大学人才培养的特色和优势，即相对于普通高等院校具有公安特色优势，相对于兄弟公安院校具有一定的理论优势。在具体人才培养过程中，面向公安实战，形成一套课内实验与课外实训、校内实训与校外实习相结合的实践教学体系，是应对学生公安业务能力要求的必然选择。但对于不同的课程模块，实践教学环节的实施过程、方法亦有所选择和侧重。对于公安基础课程来说，其旨在培养适应公安业务工作的"通才"，注重学生操作和动手能力，因此在教学方法上以"练"为主、以"讲"为辅，依托校内外实践教学软硬件条件，设计符合公安业务实践的实训课程，使学生真正掌握普通民警日常业务能力；而专业课是旨在将业务理论运用于公安业务实践，具有一定的系统性、理论性和专业性，因此，在教学方法上就以"讲"为主、"练"为辅，实践教学环节配合课堂理

论讲授，使学生在实践中掌握专业理论知识。在此过程中，学校加强与公安实战部门的合作，吸纳优秀的一线民警来校任教、引进鲜活案例充实课堂教学内容，联合攻关科研难题，形成了校局合作的良好局面。

（三）着眼教书育人德才兼备，全力打造专业教学团队

提高专业建设水平和人才培养质量和的关键在于教师。一支高水平的教学团队应该是高尚师德与能力才学、专业知识与教学水平、公安业务实践能力和理论水平的统一。公安大学着眼学校的长远发展，以提高教师业务水平为核心，完善师资管理和日常教学管理制度，打造一支高水平的专业教学团队。一是要切实加大师德教育和提高教师教学能力与水平的工作力度。广大教师在教学中要为人师表、以身作则、教书育人，切实以自己的模范言行教育感染学生。学校也要通过组织课堂教学比赛、观摩教学及评选教学标兵等活动，提高教师教学水平。同时，要认真组织相关业务教师到公安一线开展有针对性的实践或研究工作，切实提高教师公安业务水平；二是加强对教师教学质量和水平的考核管理。要在现有基础上，积极探索一条具有公安大学特色、公平公正、可操作性强的教学质量和水平的考评体系，打破“大锅饭”，逐步建立和完善教师队伍优胜劣汰机制，改革教师岗位终身制，实行动态管理，用制度来规范和保障教学质量和水平的不断提高；三是加大对“名师”、“专家”的培养力度。学校要加大组织师资培养力度，着力推进师资队伍建设，有选择有重点的培养和打造“名师”、“专家”，努力造就一批既能承担学历教育、又能胜任高级警官培训授课任务的名师，培养一批在国内外学术领域具有竞争力、影响力的学术骨干。

（四）以学生为本齐抓共管，积极创设良好育人环境

专业不但是知识的集合点，也是知识人群聚集地。依托专业，形成一套特色鲜明、行之有效的学生管理体系，不但是培养高素质人才的必然选择，更是促成良好学风校风的有力手段。近年来，配合专业教育和各项教学基本建设，学校采取一系列措施，加强学生管理，积极创设良好的育人环境。一是改革学生管理体制，强化教管合力。将原先按年级设置学生大队改为按专业设置学生大队，明确专业系部参与学生教育管理的责任，从思想上、制度上教育和引导学生把主要精力用在学习和优良作风的养成上，提高和增强学生专业意识和专业归宿感。教学部门及教师、学管部门及学管干部要各负其责，紧密结合，齐抓共管；二是完善学生综合素质评价管理办法，进一步加强学生管理的制度化建设。将公安大学学生应具备的七个特点融入综合素质评价管理办法中，实行量化管理、综合评价，把评价情况与学生评优、入党、就业分配等结合起来，做到公开、公平、公正，树立良好的学风、作风和校风；三是切实加强警务化管理，逐步形成具有公安大学特色的学生管理模式。从以学生为

本的观念出发，树立学生“自我教育、自我管理、自我约束、自我提高”的思想，既提高学生独立工作能力和水平，又培养学生组织协调能力、团队意识和集体主义精神；四是开展丰富多彩的校园文化活动，凝炼具有公安特色的校园文化。精心设计内容丰富、形式多样、针对性强的文体活动，能使师生员工在活动受到潜移默化的影响，既可以陶冶情操，又使能力和素质得到升华。

发扬学科传统　坚持学以致用
——民族学特色专业的改革与创新

杨圣敏　中央民族大学

【摘　要】中央民族大学民族学学科在特色专业项目建设过程中，发扬传统学科优势，坚持学以致用的学科理念，积极拓展学科内涵，通过不断调整、优化专业结构及办学条件，在人才培养模式、课程建设、师资队伍建设及实践教学等方面进行了改革与创新，并取得了丰硕成果。

【关键词】民族学　学以致用　人才培养　教学改革

中央民族大学民族学专业是国家级重点学科，多年来一直处于国内同类专业的领先地位。2007年获得国家级特色专业建设点立项，2008年获得北京市特色专业建设点立项。在特色专业项目建设过程中，民族学专业在继承传统优势的前提下，积极拓展学科内涵，通过不断调整、优化专业结构及办学条件，推动了人才培养模式的改革与创新，并取得了丰硕成果。

一、学以致用是民族学专业的学科传统

民族学是通过研究文化理解民族特点，促进各民族平等团结和可持续发展的学科。以此学科特色出发，中央民族大学民族学专业自20世纪50年代创建以来，即积极参与了新中国成立以来所有重大民族问题研究，包括中国的民族识别、中国少数民族社会历史调查、中国少数民族社会形态研究、中国少数民族传统与现代化的协调研究、中国人口较少民族社会经济现状调查与研究等，并取得了丰硕的研究成果，对国家有关政策的制定做出过重要的贡献。早在20世纪80年代中期，中央民族大学的民族学专业就被教育部评为全国第一个也是当时唯一的民族学重点学科点，并在全国率先获得硕士、博士学位授予权。在1997年以后，全国高校开展了各学科的评比，民族学专业连续被评为全国高校同类专业第一名。

近年来，随着中国参与全球化现代化进程和实施西部开发，民族学在继续致力于民族文化的传承、保护和开发的基础上，积极倡导多元文化共同繁荣及少数民族主体性的体现和发挥，努力解决现实社会问题。在新形势下，民族学专业将重视现实应用的学科传统与学校办学使命有效地统一起来，强调理论联系实际，将教学、研究与党和国家民族工作、少数民族和民族地区建设发展的现实需要密切结合，并

在此基础上进行了教学及人才培养模式的改革与创新。

二、改革与创新的基本内容

1. 课程建设

在课程设置上以培养学生坚实的学科理论与方法，较宽的知识面，学以致用的实践能力和科研创新能力为主线，厚基础、宽口径、跨专业、重实践，全面提高教学水平和办学效益。我们在培养方案修订中强调理论与实践相结合，基础教学与应用研究相结合，学科特色与社会需要相结合的教学思路，综合我院师资等各方面因素对课程结构进行调整，具体作法如下：

(1) 逐渐建立了专业核心课，重点是理论和方法的教学内容符合国际规范，追踪国际前沿；专业基础课结合中国国情；选修课兼顾现实问题和学术传统的三层次课程结构，并且特别注重实地调查和社会实践环节。

(2) 从培养复合型人才的需要出发，进一步从基础知识(包括历史、外语、写作等综合素质培养课程)、专业理论、技能训练三个方面着手调整课程设置，合理配置基础课与专业课、理论课与应用课的比例，积极培养学生的动手能力和研究水平。

(3) 针对目前学生以课堂学习为主、课外阅读及研究时间太少的状况，我们在学校允许框架内精简课程，优化学科体系，适当增加实践课，提倡教学内容与社会实践的密切联系。

课程改革后，课程内在逻辑性更为严密，教育教学内容更富先进性和实用性，在拓宽学生知识结构，提高学生的实践能力、社会适应能力、就业竞争能力等方面更具针对性和有效性，有利于培养适应社会发展需求的具有创新精神的实用型高素质人才。

2. 条件建设

从学科发展及教学工作的需要出发，利用“211 工程”、“985 工程”及特色专业、重点学科、优秀教学团队建设项目资金支持，积极加强基础平台及图书资料建设，努力改善教学条件。目前，民族学专业所拥有的中外文专业图书资料在国内同类单位中居于前列(中文图书 1.6 万余册，外文图书 260 余册；中文期刊 3500 余册，外文期刊 1400 余册)，为师生的教学、研究工作创造了良好的条件；在实验室建设中，已建成体质人类学标本室、影视人类学工作室，目前这些实验室已经成为教学实践的重要场所；建立了中国民族学数据库，为民族学教学、科研工作及查阅专业资料提供了极大的便利。同时，该数据库对于向全社会普及民族学知识具有重要意义。

除“硬件”条件外，我们还积极营建良好的课外环境条件，主要是为学生搭建平台，每周至少举办一次学术沙龙和讲座，所讨论的内容除学科前沿理论外，更多的是民族地区社会现实问题。我们还邀请到第一线的民族工作者、学者甚至民族地区少数民族代表，请他们讲述亲身感受，以使学生对民族问题有更实际的认识，并与课堂讲述的相关理论结合，以此培养学生运用学科理论解决现实问题的能力。

3. 师资队伍与教材建设

针对民族学专业少数民族学生较多的特点，我们非常注重师资队伍和学术梯队建设，特别注重配置具有博士学位的少数民族教师，同时延揽热心民族学专业教育的海外学子。为了提高教师实践教学能力，我们积极为教师争取各种科研项目，要求教师每年至少深入民族地区实地考察一次，以使他们在教学中能够将最新的田野经验和科研心得教授给学生。此外，为解决师短缺问题，我们聘请国内外著名学者以“编外”教师资格为学生授课，以此保持学科与学术和社会前沿的联系。

从提高教学质量出发，我们还积极加强教材建设。在力求体现学科规范、应用前沿与教学改革相结合的原则下，我们除使用国内外现有权威教材外，组织专业教师以其多年教学经验及研究基础，编撰(修订)出版了系列教材，包括《民族学理论与方法》、《中国民族志》、《经济人类学》、《民族人口学》、《语言人类学》、《边疆政治学》及《中国民俗学概论》等。这些教材多能融入教师个人的田野个案。从教材使用结果看，由任课教师编撰的教材能够将学术研究与实际教学工作相结合，真正体现了民族学专业应用与教学相结合的教改方针。

4. 实践教学

根据民族学以社会实践、实地调查为主要研究方法和手段的学科特点，我们提出了“参与式研究型人才培养模式”，即重视学生实地调查、实物调查能力的培养，安排学生较多参与社会实践，重视实习基地的建设。目前，民族学专业已经在全国各地建立了13个实习基地。同时，根据民族学专业教师各类课题较多的特点，要求教师吸收学生参与课题研究，使学生在研究实践中学会运用学科理论和方法，并进一步提升其独立观察认识社会现象与问题和研究社会现象与问题的能力。实践证明，“参与式研究型人才培养模式”既符合学科特点，也提升了学生实际掌握学科理论方法解决实际问题的技能，并在此基础了培养了他们对专业的认识和兴趣。目前，越来越多的民族学专业学生将学年论文、毕业论文的选题与边疆民族地区建设发展的现实紧密结合，即以实地调查为基础的实证研究已成为学生论文选题的主要趋势，且这种趋势逐年上升。关注民族地区、深入民族地区、研究民族地区、服务民族地区已越来越成为学生的共识。

三、改革成效及其推广价值

民族学在教学与人才培养模式方面所进行的改革与创新获得累累硕果。学生的社会实践活动取得了思想教育和学术研究双丰收：1支团队获“全国大中专学生志愿者暑期‘三下乡’社会实践活动优秀团队”，3支团队荣获北京市优秀团队，获市级以上课外科技及创新活动奖项 14 次，获国家专利 1 项，发表学术论文 60 余篇。民族学专业举行多次师生合作研究成果汇报会、学生专业实习成果汇报会，在学校引起强烈反响，国内外媒体多有报道。

“学以致用”教学实践带来的另一个成果是，选择到民族地区及各种公益慈善性质的非政府组织、国际机构供职和志愿参加支边支教的毕业生人数逐年增加。返乡服务的毕业生在各行各业爱岗敬业，大多数已成长为单位、部门的业务骨干，部分走上了领导岗位；一些学生自主创业，在民族地区创建公共卫生非政府组织，在社会大舞台上施展自己的才华。在大学生毕业就业市场化的新形势下，这一成果目前已成为我校实现为党和国家民族事业、为民族地区繁荣发展提供人才服务的重要而有效的途径。

改革与创新在教学方面的成果我们可以以下事实来证明：2008 年，由我校民族学专业教师为主要编写成员的《民族学导论》入选“马克思主义理论研究和建设工程”第三批重点编写教材，同时作为 2008 年度国家社会科学基金重大项目立项；2008 年，民族学“参与式研究型教学与人才培养模式”获北京市教育教学成果奖（高等教育）一等奖；2009 年，民族学团队获国家级优秀教学团队。目前，民族学专业的 23 名教师中，1 人获“高等学校国家级教学名师”、“北京市高等学校教学名师”称号，1 人列入教育部“跨世纪优秀人才培养基金”，2 人入选国家“百千万人才工程”第一、二层次人选和“新世纪百千万人才工程”，4 人入选“教育部新世纪优秀人才支持计划”，1 人获“宝钢优秀教师奖”，1 人获“北京市先进工作者”，1 人获“国家民委突出贡献专家奖”，3 人被评为学校“十佳”教师。

民族学专业教学与人才培养模式的推广应用价值表现在，它能有效解决目前大学人文和社会科学专业教学与人才培养中普遍存在的四个“脱节”：即科研与教学脱节（即教师开展不以带动学生、服务课堂和教材建设为目标的科研，导致科研与教学相矛盾）、教师与学生脱节（师生的联系和互动局限于课堂教学期间，使学生有问题有困难得不到老师指导帮助）、课堂与实践脱节（课堂教学偏重课程甚至教材内容灌注，学生不得不通过脱离专业的社团活动、社会实践等方式锻炼提高自身能力）、专业与就业脱节（灌注式教学使学生修到学分却没有真才实学，不能在需要服务的行业和岗位就业，使以专业人才服务社会的培养目标基本落空），并把学科优势与人才培养进行了有机结合，从而在教学实践中达到了学生满意、地方政府满意、社会反响良好的多赢效果。实践证明，民族学教学与人才培养模式是一条切实可行、行之有效、值得推广的创新性教学与人才培养之路，具有普遍推广的潜力。该模式不仅能够产生人才培养和学科发展的巨大效益，而且能够带动全国相关学科研究与教学工作的改革与创新，进一步巩固和加强中央民族大学民族学学科在全国的前沿地位。

以特色专业建设为依托，强化民族舞蹈创新人才培养

苏自红　中央民族大学

【摘　要】特色专业建设是一项全方位的教育改革活动。中央民族大学舞蹈学专业一贯重视民族舞蹈教育、表演、编导、史论等四个方向在教学中的平衡发展和均衡研究。多年来，在四大方向的研究基础之上，结合学校的特色与优势，进一步拓展教育研究领域，发展形成了独具特色的少数民族舞蹈教育研究，这在国内开设舞蹈学专业的高等学校中具有鲜明的特色与优势。中央民族大学民族舞蹈教育凭借这样的优势，在培养国家需要的民族舞蹈高精尖艺术创新人才做出了较大的贡献。

【关键词】特色专业　民族舞蹈　创新人才　教育研究

加强特色专业的建设是根据《教育部财政部关于实施高等学校本科教学质量与教学改革工程的意见》的精神，为了促进高等学校人才培养与经济社会发展需求的紧密联系，结合自身实际，科学准确定位，发挥办学优势，推进教学改革，强化实践教学，满足国家经济社会发展对多样化、多类型和紧缺人才的需求。因此，特色专业建设是一项全方位的教育改革活动。

一、舞蹈学专业的基础和发展

中央民族大学是国家民族事务委员会直属的综合性重点大学，是全国唯一进入国家“211 工程”和“985 工程”建设的民族高等院校。中央民族大学舞蹈学院是国家部委级中国少数民族艺术重点学科，是中国民族舞蹈教育的最高学府，中国少数民族舞蹈家的摇篮。学院既承担着培养有特色的、综合素质全面的、有较高实践与理论研究能力的民族舞蹈高级专业人才，且肩负着继承、发展、弘扬中国少数民族舞蹈文化的重任。经过 50 多年的发展，现已成为融民族舞蹈教育、表演、创作、研究为一体的民族舞蹈艺术中心。中央民族大学各民族丰富多彩的大学文化和多学科结构是办好舞蹈专业得天独厚的资源，民族舞蹈教育可凭借这样的平台，培养出国家需要的民族舞蹈高精尖艺术创新人才。学院秉持着“人无我有，人有我优，人优我精”的办学精神，形成了中央民族大学舞蹈学院民族舞蹈教育办学独具风格的特色，确立了学院的办学指导思想和目标定位。即将学院的舞蹈学专业打造成为教学研究型的专业；将学院建设成为继承、弘扬和发展我国少数民族传统舞蹈文化的基

地、建设成为国内一流的民族舞蹈院校，由此为中国民族舞蹈教育、民族舞蹈文化事业的发展做出应有的贡献。

二、舞蹈学专业的特色和优势

中央民族大学舞蹈学专业一贯重视民族舞蹈教育、表演、编导、史论等四个方向在教学中的平衡发展和均衡研究，多年来，在四大方向的研究基础之上，结合学校的特色与优势，进一步拓展研究领域，发展形成了独具特色的少数民族舞蹈教育研究，这在国内开设舞蹈学专业的高等学校中具有鲜明的特色与优势，并名列前茅。经过50多年的发展，在藏、蒙、朝、维、傣、彝、佤、苗、汉等民族舞蹈教育、表演、编导、史论等课程的研究和教学中凝聚了广泛的资源，具备专业开设时间早、优势突出、特色鲜明的建设条件。拥有以马跃、慈仁桑姆、池福子教授为学科带头人的、热爱民族舞蹈教育事业的优秀师资队伍。通过多年的学科建设，已经初步形成了具有民族特色的民族舞蹈学学科建设思路。自1983年学校舞蹈学专业开始招生以来，培养了近2000余名舞蹈学专业的本专毕业生、硕士研究生。这些毕业生在中央和地方民族院团、部队文艺团体、艺术院校、文化馆、少年宫、国家企事业管理部门、包括北京师范大学、首都师范大学在内的高等院校和中国艺术研究院等的舞蹈学教学与研究机构中，发挥着重要的作用。

三、舞蹈学特色专业建设的成效

（一）舞蹈学特色专业的建设目标

依托少数民族艺术学科的建设，发展民族特色的舞蹈学专业，力争把中央民族大学的舞蹈学专业打造成为培养综合素质高、业务能力强、具有扎实理论基础、熟悉了解掌握民族舞蹈教育、表演、编创与史论研究关系的高层次人才的教学研究基地，培养民族舞蹈艺术创新人才，保持国内的领先地位，向国际学术前沿迈进。

（二）舞蹈学特色专业建设成效

1. 优化人才培养方案

以围绕满足经济社会发展所需人才为出发点，科学制定和优化民族舞蹈创新人才的培养方案是舞蹈学特色专业建设的核心内容和重点。学院根据2006版培养方案实施的过程中的所取得的经验和成效，以及对出现的问题进行了充分的调研和讨论，针对民族舞蹈人才培养目标重新修订了培养方案。如教育、表演、编导三个专业都新增民族文化史类课程，强化民族文化知识的学习。舞蹈教育专业突出了本专业以教育学、教育心理学、舞蹈专业理论、民族舞蹈教学法等主干课程体系；舞蹈编导专业加强民族舞蹈理论与编创课程以及相关学科理论课程；舞蹈表演专业加强了舞蹈表演理论与实践课程，以及民族舞蹈技术技巧课等课程；新增了舞蹈学本科民族舞蹈史论方向，制定出了符合该方向人才培养规格的科学、系统的培养方案。重新修订的2010版本科培养方案经过专家论证，进一步强化突出了民族舞蹈创新人才培养主干课程体系，加强了创新教育实践环节的设置，为民族舞蹈创新人才的培养进一步明确培养目标提供了纲领性的文件。

2. 按民族舞蹈人才培养需要确立和完善课程体系

根据民族舞蹈人才的培养目标，学院确立了将藏、蒙、维、朝、傣、彝、苗、佤、汉等民族民间舞蹈作为主课；基本功以芭蕾舞、中国古典舞、现代舞、技术技巧和技能课作为技术课；以舞蹈表演、戏剧表演、编舞技法、剧目教学、剧目实习促进艺术实践；以专业基础理论与民族学、民俗学、美学、曲式学、艺术人类学、人体解剖学等相关学科的理论课相辅相成的教学思想，形成了中央民族大学舞蹈学院为培养教学研究型的民族舞蹈高级人才特有的四大课程体系。2008年《中国少数民族舞蹈》(藏族、朝鲜族)精品课获得中国文化艺术政府奖文华艺术院校奖“保护传统文化贡献奖”，中央民族大学精品课程，2009年获得北京市精品课程。在此基础上学院全面推动专业必修课、选修课课程建设，每一门舞蹈专业课程都制作PPT电子课件的课程介绍，加强舞蹈文化知识的传授，加强民族舞蹈传统文化内涵的传承，强化专业基础课，突出民族舞蹈特色课，加强文化理论课。每学期组织3～4次以上专业教学研讨会，就教学内容、教学方法、教学实践、课程建设和教材建设等进行研讨，教学研究成效显著。

3. 按民族舞蹈专业课程需要加强教材建设

为培养民族舞蹈创新人才加强教材建设。学院采用老教师带队，中青年教师做骨干的方式，发动全体老师共同努力，发挥各自特长，优势互补，完善各门课程的教材建设。2009年马云霞主编《民族舞蹈技术技巧》、朴永光主编《舞蹈文化概论》由中央民族大学出版社正式出版。苏自红主编中央民族大学特色教材《民族舞蹈编导系列教材》获批北京市精品教材项目。慈仁桑姆、旦周多杰主编《藏族舞蹈教材》、池福子主编《朝鲜族舞蹈教材》文字版教材获批中央民族大学“211工程”三期建设项目。敖登格日乐主编《蒙古族舞蹈女班教材》、色尕主编《佤族舞蹈男班教材》、沙呷阿依主编《彝族舞蹈女班教材》获批中央民族大学特色教材项目。马云霞主编《民族舞蹈人才技术能力训练教学模式研究》北京市教育教学改革项目等一批教材正在积极建设之中。

4. 教学科研成果推动民族舞蹈教学

以科研带动教学，以教学推动科研。科研成果为民族舞蹈创新人才的培养服务。我们大力提倡和鼓励老师们写论文、搞创作、出精品、出佳作。学院的《傣族舞蹈精品组合课》获中国文化艺术政府奖文华艺术院校奖第九届“桃李杯”舞蹈比赛舞蹈教学精品组合课“优秀组合编排奖”。12名教师荣获园丁奖。《藏族舞蹈教学剧目与民族舞蹈艺术创新人才培养》项目荣获北京市优秀教学成果二等奖。《舞蹈文化概论》获中央民族大学优秀科研成果一等奖。2008～2010年年教师创作舞蹈作品共34部，荣获国家级、省部级创作金、银、铜、优秀、佳作奖42项，其中金奖12项。藏族男子群舞《翻身农奴把歌唱》荣获中国文化艺术政府奖文华艺术院校奖第九届“桃李杯”舞蹈比赛群舞创作金奖、表演金奖、校园原创剧目金奖、第七届中国舞蹈荷花奖民族民间舞比赛作品金奖、第五届中央电视台CCTV电视舞蹈大赛优秀作品创作奖、表演银奖第七届全国舞蹈比赛组委会特别奖7项大奖。

5. 以教学名师带动师资队伍建设

2009年慈仁桑姆、马跃、池福子、苏自红、敖登格日乐、沙呷阿依五名教授光荣地被中国舞蹈家协会授予中国舞蹈艺术“卓越贡献舞蹈家”、“突出贡献舞蹈家”光荣称号。2010年池福子教授被评为第五届北京市教学名师。以慈仁桑姆教授为带头人的《中国少数民族舞蹈》精品课程荣获北京市级优秀教学团队。学院坚持“走出去、请进来”的做法，紧抓对中青年教师培训，长期坚持教师进修制，有计划有步骤的选派教师外出进修学习。近两年，学院选派学术骨干青年教师6人赴美国杨伯翰大学、美国纽约大学、韩国以及国内进修学习，进一步提高教师的专业水平和理论修养。组织教师40余人到西藏、青海、云南、山东等民族地区深入生活采风，向民间学习。

6. 坚持课堂教学与舞台实践相结合，培养高水平民族舞蹈艺术创新人才

坚持课堂教学与艺术创作、演出实践相结合是学院的教学理念。学院狠抓教学实践环节，积极为学生创造艺术创作和舞台表演实践的机会。

(1) 培养学生的创新精神。学院每年一届的学院奖“新人杯”舞蹈比赛，是提供学生发挥创造力、想象力进行艺术创作实践，培养、选拔、推出人才的最佳平台。学院鼓励学生运用所学知识积极参与尝试舞蹈创作，以自编自演、我编他演、合编合演等多种形式，学习创作各种题材的舞蹈作品。由此，学生的创造力不仅得到了挖掘和开发，创作实践的能力也得到充分的锻炼和提高。同时，也为学院参加省部级、国家级各类舞蹈比赛推出作品、推出人才奠定了良好的基础。2008～2010年学院奖“新人杯”舞蹈比赛涌现出来的一批学生学习创作的新作品，参加了第十一、第十二届北京舞蹈比赛，第四、第五届华北五省市舞蹈比赛，中国文化艺术政府奖文华艺术院校奖第九届“桃李杯”舞蹈比赛，第六、第七届中国舞蹈荷花奖民族民间舞蹈、校园舞蹈比赛、当代舞、现代舞比赛，第五届CCTV电视舞蹈大赛，第七届全国舞蹈比赛，取得了创作、表演金、银、铜奖40余项的好成绩，其中国家级金奖4项，省部级创作金奖10余项、表演金奖20余项。学生表演的羌族舞蹈《废墟上的赞歌》、藏族舞蹈《翻身农奴把歌唱》、蒙古族舞蹈《草原汉子》荣获表演金奖4项。学生

们通过艺术实践获得国家级、省部级舞蹈专业赛事的最高表演奖、创作奖，是学院对培养学生的创新精神、实践能力所取得极其显著的成效，这充分显示出学院民族舞蹈教学创新人才培养的水平和质量，民族舞蹈教学的优秀成果。

(2) 组织教学成果展演。学院2009年为艺术硕士MFA专业舞蹈学位点的申报，一台由师生创作，中青年教师、优秀毕业生、在校学生共同表演的高水平的民族舞蹈优秀教学剧目的成果展演赢得了考察专家组的高度评价。教师们和优秀毕业生的精彩表演，给予了学生很大的震撼，引起学生们强烈反响，起到了鼓舞人心和激励学习士气的重大作用。同年180余名学生参加国家大剧院第二届"春华秋实"艺术院校舞台艺术精品展演，在演出合成时间的极为紧张的情况下，学生们的舞台实践表演创造了前所未有的历史记录，圆满完成了学院《锦绣大地》中国少数民族舞蹈精品专场晚会演出。2009年底，在学院在民族文化宫大剧院举办了《中国少数民族舞蹈50年教育成果展演》——教学综合专场、民族舞蹈精品剧目专场、本科硕士生原创剧目专场的演出。学生们充满激情的表演赢得了观众、校友、舞蹈界的专家同仁的高度评价。

(3) 参加积极社会公益性演出，为社会服务。学院表演、教育、编导300余名本科、硕士研究生参加了中央电视台《庆祝西藏百万农奴解放50周年》、中央教育电视台春节晚会《青春万岁》、中国文联、中国舞蹈家协会庆祝新中国成立60周年暨中国舞蹈家协会成立60周年《舞动中国》舞蹈精品晚会、建国60周年天安门广场首都群众联欢晚会大型文艺晚会，群众游行以及大型音乐舞蹈史诗《复兴之路》的演出任务，并代表中国56各民族与国家领导人同歌共舞；参加上海世博会"魅力北京"文化艺术展演，第二届中央电视台"中国民族民间歌舞盛典"等社会公益性演出，学生们风格浓郁、热情激昂的表演引起社会各界的强烈反响。

(4) 加大对外国际交流演出，弘扬中国少数民族舞蹈文化。2009年，学院成功举办中央民族大学舞蹈学院与美国杨伯翰大学人体健康与舞蹈表演学院国际民间舞蹈团，以及波兰、加拿大、韩国等国大学的艺术交流活动。应邀参加文化部主办庆祝中国与坦桑尼亚建交50周年文艺晚会，中国国际文化传播中心赴美国纽约2009联合国公务员日的颁奖典礼文艺演出。参加中国青少年代表团随国家副主席习近平赴俄罗斯参加"2010年，俄罗斯汉语年开幕式"文艺演出；参加国家民委主办的"中国民族高等教育文化交流团"赴美国6所大学、中国驻美国大使馆、世界华人华侨协会进行民族文化交流演出。2009年，参加了学院与台湾洁兮杰舞蹈团合作项目《妈祖林默娘》舞剧的创作排演，舞剧在台湾首演圆满成功。参加国台办对台交流重点项目计划和国家民委组派大陆少数民族青年学生交流团赴台湾开展"民族风，两岸情"主题的文化交流活动获得圆满成功。学院学生们精彩的民族舞蹈表演赢得了外国友人、华人华侨和台湾同胞的高度赞扬，为学院进一步开展国际交流，扩大国际影响、促进两岸文化艺术交流起到了积极的作用。

(5) 注重学生理论水平的提高和综合素质的培养。学院大力支持学生会主办的《舞韵》院刊的编辑和出版工作，《舞韵》以刊登学生的学习生活、艺术实践、社会调查、学习研究等论文为主，内容丰富多彩，图文并茂，为培养高水平民族舞蹈理论创新人才搭建起理论研究的优质平台。学院每年还为应届毕业生举办毕业生供需见面会，指导学生进行毕业设计，培养学生组织课堂教学和策划舞台演出等实际操作的能力。每年均有全国各中高等院校、中央和地方文艺团体的用人单位前来出席毕业生的供需见面会，与会来宾、领导及同仁对学生们的学习成果和专业水平不仅给予高度的评价，更为中央民族大学民族舞蹈艺术创新人才培养的教学成果而赞叹。

综上所述，中央民族大学舞蹈学院以特色专业建设目标为依托，通过教学研究、改革和建设，为培养一批批适应经济社会发展需求的民族舞蹈创新人才，集成取得的有效经验和实践效果，形成民族舞蹈学专业建设内容的相关参考规范，在全国高等院校民族舞蹈教育发挥推广和示范的作用。

发挥多语言多文种多元文化优势　突出民族学科特色——中国少数民族语言文学国家级特色专业项目建设成效总结

赵丹华　中央民族大学

【摘　要】为了更好地满足构建社会主义和谐社会对中国少数民族语言文学专业人才的需求，促进专业科学发展，我专业通过强化应用型人才培养、规划课程体系改革与教材建设、开展实验和实践教学、加强师资队伍建设、鼓励科研与学术交流、完善条件建设及其他教学资源、创新管理体制与运行机制等途径，注重发挥专业比较优势，突出和强化民族学科办学特色，不断深化特色专业项目的建设工作。

【关键词】少数民族学科特色　专业建设　成效

目前，世界政治多极化和经济全球化进一步加速，民族文化与民族问题研究的重要性和迫切性日益突出。随着我国现代化进程的深入，尤其是我国少数民族地区的经济发展与社会进步，国家和社会对中国少数民族语言文学专门人才的需求也日益增强。如何解决新时期少数民族语言文字使用和民族文学文献研究中出现的新问题、新矛盾，如何推进新时期的民族文化建设，如何培养适应国家及民族地区经济社会发展所需要的中国少数民族语言文学专门人才，并为国家的重大政策提供科学依据，这些问题都不仅直接关系到中国少数民族语言文学专业的自身发展，也关系到国家和民族地区的经济社会发展、文化安全和政治稳定。所以，中央民族大学中国少数民族语言文学特色专业的建设是十分迫切的，也是十分必要的。

一、专业简介

（一）学科基础

中央民族大学中国少数民族语言文学专业现依托中国少数民族语言文学国家级重点学科、语言学及应用语言学北京市重点学科，设有中国语言文学一级学科博士学位授权点（2005 年）和博士后流动站（2002 年），教育部文科基础学科人才培养和科学研究（中国少数民族语言文学）基地（1986 年），教育部人才培养模式创新试验区（2008 年），“北京市优秀教学团队”（2007 年），承担“211 工程”和“985 工程”建设项目。2007 年，我专业获批国家级特色专业。

(二) 历史沿革

中央民族大学中国少数民族语言文学专业(学科)始建于1952年。本专业的教学与研究领域涉及汉藏、阿尔泰、南岛、南亚、印欧等五大语系、80多种语言、30多种民族文字、50多个民族的文学与文献,半个多世纪以来先后设立了40多个专业方向,共培养6000余名本科生、近700名博士和硕士研究生,培养了一大批著名专家、学者和优秀民族干部。

本专业现设有少数民族语言文学系、蒙古语言文学系、维吾尔语言文学系、哈萨克语言文学系、朝鲜语言文学系、中国少数民族语言与古籍研究所及汉语文教学部等7个教学科研单位,现已形成具有本科、硕士研究生、博士研究生、博士后、国外高级进修生等多层次人才培养体系。

(三) 专业培养目标

本专业的人才培养目标是:培养具有较全面的学科基础理论、基本知识和基本技能,具有一定的创新精神和实践能力,德智体美全面发展,适应社会主义现代化建设需要,具备良好的文化素质,能够从事中国少数民族语言文学教学、科研、翻译、新闻出版、文学创作、文秘及相关工作的高级专门人才。

(四) 就业服务面向

本专业倡导"多语多能,服务社会"的人才培养理念,毕业生大部分面向少数民族和民族地区,服务于与少数民族语文工作相关的社会、经济、文化、教育事业的发展。

二、项目建设阶段性成效及经验

自2008年立项以来,按照建设内容与建设计划,并与"211工程"、"985工程"、"教育部人才培养模式创新实验区"、"北京市优秀教学团队"等项目建设相依托,本专业紧密结合自身办学定位和建设实际,进一步强化了应用型专业方向的人才培养;规划了专业公共课程与专业通识教材、特色教材建设;开展实验和实践教学;注重培养和引进高端人才,加强了师资队伍建设;鼓励科学研究与学术交流;进一步完善和加强了条件建设,注重管理体制与运行机制的创新。作为项目第一阶段的建设,现已基本达到了预期目标,取得了显著的专业建设成效,彰显了鲜明的中国少数民族语言文学专业办学特色。

(一) 强化应用型人才的培养

本专业大多数学生为国内少数民族"民考民"的优质生源,93.5%以上是来自民族地区和边疆地区的少数民族,大学毕业后85%以上返回民族地区和边疆地区工作,并大多具有多元文化背景和民族语背景。因此,本专业的人才培养面向国家需求，面向少数民族和民族地区，对不同专业的学生进行因材施教、分类指导，为国家和民族地区经济社会发展输送优秀人才。我们以进一步突出民族生源特色，发挥母语优势，倡导“多语多能”，满足社会需求为宗旨，在维持传统专业方向的基础上，进一步完善和拓宽了部分专业方向，增设和进一步强化了“蒙汉双语”“中韩经贸翻译”等应用型专业方向的新生招收和人才培养，以满足民族地区对翻译人才和双语人才的需要。两年来，本科生人数增加了100多人。现有938名各类专业方向的本科生、205名硕士研究生、141名博士研究生。我们还根据大多学生具有民族语背景的特点，通过培养方案的改革，要求学生多语多能，在熟练掌握汉语和一到两门民族语的同时，初通一到两门外语。

经过多年努力，我专业现已建设成以民族学科教育为特色，以多语言、多元文化交叉教育为优势，以民族理论与民族政策教育为先导，融课堂教学、田野调查、语言实践、专业实习为一体的中国少数民族语言文学的应用型高级专门人才培养平台。

（二）规划课程体系改革与教材建设

课程体系改革和教材建设是特色专业建设的重点，也是难点，要体现时代性、科学性和应用性。根据人才培养的要求改革和设计课程体系，优化课程结构，并从坚持提高教学质量的角度出发，积极加强教材建设，从而保证专业人才培养的合理性和先进性，使特色专业建设达到可持续发展。

在加强传统课程与教材建设的同时，为突出课程特色，自本项目立项以来，我专业增设了“中国少数民族语言概论”、“中国少数民族文学概论”、“中国少数民族文献概论”等专业（学院）公共课（暂列为选修课），已进行试探性教学，通过改革课程教学方法，采用启发式、探讨交流式等多元化新型教学形式，取得了较好成效；并组织编写了《中国少数民族语言基础教程》、《中国少数民族文学基础教程》、《中国少数民族文献基础教程》等全国高等民族语文专业通识教材以及《中国阿尔泰语概论》、《中国汉藏语概论》等特色教材；启动了“中国少数民族语言文学专业名师课程教学视频资料库”的建设；出版教材及辅助教材18部。

（三）开展实验和实践教学

基本知识技能训练和实践教学是提高人才培养质量的重要环节，是培养学生实际能力和创新精神的重要途径。重视学生基本知识技能的训练，注重实践教学和培育创新意识是本专业一贯的教学传统。本专业主张坚持做好课内、课外两个环节的实践教学，将实践教学贯穿于教育教学全过程，尤其注重学生田野调查能力和写作能力的锻炼与提高，使学生参与田野调查和课外学术活动制度化、经常化，努力提高学生的语言能力和实际能力。为进一步提高实践教学在人才培养中的作用，本专业设计了6个教学实践途径，即田野调查、“五四论文”写作实践、电脑应用实践、毕业论文实践、专业实习实践、就业实践等，并鼓励学生开展以学术活动为主的课外活动，诸如学术沙龙(平均每年组织80余次学术报告)、写作比赛、外语演讲比赛、双语歌曲比赛、创办刊物等，利用这些科学化、实用化、多样化的实践教学机会来进一步提高学生的实践能力。另外，从专业特色和培养需要出发，我们积极建设教学科研实习基地，为实践教学创造更多更好的条件。

(四) 加强师资队伍建设

组建一支具备较高的学术水平、特点鲜明、优势突出的学术创新团队，才能从根本上保证教学质量和人才培养质量的提高，保证特色专业建设的顺利进行。我校专业师资队伍于2007年被批准为北京市优秀教学团队。本项目立项以来，本专业增加了“长江学者”1人，入选教育部新世纪人才培养计划2人，“百千万人才工程”国家级人选2人，高级职称比例已达到近63%，博士学位比例近49%(增17%)，博士生导师有32名，师资队伍的整体教学与学术水平有了一定的提高。

我们注重培养和引进高端人才进一步优化团队结构；搭建使中青年教师队伍充分施展才华的工作平台，催生不同学术风格，强化对中青年教师的培养；加强团队的师德建设，增强团队教师的合作精神和敬业精神；力争建立跨学科、跨院校、跨国界的教师团队。我校专业教学团队现已成为在本学科领域里人才较集中、群体优势较为突出的教学团队，教师的专业协调能力和学术竞争能力有了显著提高。

(五) 鼓励科研与学术交流

本项目立项以来，共争取到省部级以上科研项目19项，其中社科基金项目8项，自然科学基金1项，发表论文360篇，出版各类著作30余部。本校专业学术交流活跃，每年平均主持召开4～5次国内外学术会议，邀请国内外学者讲学、访学15人次，与20多个国家保持学术交流。

丰硕的科研成果和良好的学术交流氛围，为专业建设打下坚实的学科基础和学术平台，使本专业的学术竞争力有了进一步的提高。

(六) 完善条件建设及其他教学资源

在进一步完善和扩建中国少数民族语言文学文献资料信息中心、民族语言多媒体教室、中国少数民族濒危语言语音语料库、中国少数民族现当代作家文库、中国少数民族古籍文献经典文库、中国少数民族语言文字信息化国家工程中心和国家语言资源监测与研究中心少数民族语言分中心等平台的基础上，值得提出的是，本项目立项以来，依托“985工程”完成了国内外首例“中国民族古文字陈列馆”实践教学基地的建设。另外，本专业还在国内首次创办了《汉藏语学报》、《民族遗产》及即将出刊的《民族古籍研究》等高层次学术刊物，正在努力建设中国少数民族语言文学教学与研究公共服务平台。

（七）注重管理体制与运行机制创新

机制体制的创新是专业科学发展的有力保证。只有通过不断创新和完善管理体制和运行机制，才能使专业建设工作更加规范化、科学化、合理化。本专业在半个多世纪的发展历程中，不断致力于加强体制机制建设，积极构建结构严密、机制合理的多层次管理体系，保障各项工作正常、有序、高效地运行。

中央民族大学中国少数民族语言文学专业除了要完成一般专业的教育任务外，其特殊任务还在于培养民族人才、维护民族团结、弘扬民族精神、传承民族语言文学文化，为构建和谐社会、实现各民族共同繁荣发展而培养大量的高素质少数民族人才。本专业将继续加强建设，力争使中央民族大学中国少数民族语言文学学科整体水平处于国内领先、国际部分领先的地位，努力抓好特色专业建设，积极发挥特色专业优势，力争培养出更多更好的适应国家建设需要的中国少数民族语言文学专业的创新型人才。

中央民族大学历史学特色专业建设成就
——历史学本科生人才培养模式探讨

中央民族大学历史学特色专业建设团队

【摘　要】中央民族大学历史学作为新中国第一个以民族史为特色的历史学本科专业，历经54个春秋，培养了一大批从事民族史研究和教学的专业人员。我们以民族史教学团队为核心，积极开展教学改革和学术研究，以科研促教学，以教学促实践；通过课堂教学和实践教学相互促进，培养学生的实践创新能力和科学研究能力，探索和构建历史学本科生研究型教学模式，从而推动特色专业的整体建设和发展。

【关键词】历史学　特色专业　民族史　研究型教学

一、历史学特色专业建设的基础和条件

中央民族大学历史系始建于1956年，是国家为培养民族史和民族学专门人才而建立的院系。1995年，本科专业被批准为"国家文科基础学科人才培养与科学研究基地"后，就开始了对历史学人才，尤其对民族历史专门人才的培养进行了深入的探索和实践。经过十余年的建设和发展，为历史学本科生研究型人才的培养以及历史学特色专业的建设打下了坚实的基础，取得了很大的成就。

1. 学位点建设为特色专业人才培养提供支撑平台

目前，中央民族大学历史学科已形成了拥有1个本科历史学专业、9个硕士点、2个博士点、1个博士后流动站的学科专业格局，构建了深厚的学科基础，为本科人才培养提供了厚重的支撑平台。

2010年，在校本科学生196人，研究生195人(博士44人、硕士151人)。从2006年开始，研究生招生人数超过本科生的局面，这也为本科生的研究型人才的培养提供了平台和基础。

2. 师资队伍建设保证研究型教学模式的落实

我院拥有一支由25名专任教师组成的教学团队，其中正教授12名，副教授7名，讲师6名，有90%以上教师拥有博士学位。他们教学成绩突出——2009年教务处公布了本科生网上评教成绩，参评的主讲老师，绝大多数课程被评为优秀，远高于学校平均的优秀率，表明了我院大部分教师的教学水平得到学生的普遍认可；他们中有1人评为北京市名师、3人评为校级十佳教师、6人评为宝钢优秀教师，民族

史教学团队荣获北京市优秀教学团队。这支高学历、高职称的教学团队从事着民族史的教学和科研，保证了民族史专业的特色；所有成员均来自国内外著名大学，因此也把各高校先进的教学方法和学术特色带到了民大历史系，为本科教学和专业建设注入了新的理念和活力。

3. 学术研究推动特色专业的建设

我们有着比较深厚的学术传统，20 世纪 50、60 年代集体参与了民族识别和民族社会历史调查，并参与编写了著名的“民族问题五套丛书”等重大科研项目。90 年代以来，作为国家文科基地、国家“211 工程”、“985 工程”建设单位，我们的学术研究和专业建设取得了很大进展。仅近三年来，我们共发表了学术论文 100 余篇，出版著作 20 余部，承担了 5 项国家社科基金项目等。在从事学术研究的同时，我们牢牢把握“把科研优势转化为教学资源”的原则，将学术动态、学术前沿融入课堂教学和学术讲座，将教学内容转化为编写教材(1 部北京市精品教材、2 部省部级精品教材、2 项“十一五”国家级规划教材)和讲稿。具体来说，针对本科生组织了“历史学学术前沿”、“历史与人生”、“满族史清史”和“史学名家讲坛”等系列学术讲座。不仅使学生领略到教师的学术风采，而且可以了解历史学的学术动态，有利于培养学生的学术敏锐度和研究意识，对学生的成长起到潜移默化的作用。厚重的科研成果和浓郁的学术气息，构筑了强大的科研平台，使本科教学和特色专业建设得到有力的支持。

4. 硬件建设保障特色专业的建设

90 年代以来，我们国家、北京市、学校给学院投入大量资金，如基地建设经费、211 工程、985 工程等都给予了历史学科巨大的支持。以此为契机，我们进行了大规模的图书资料建设，建成了一个藏书 5 万余册的历史学综合性资料室，一个专题性的“边疆民族历史与地理资料室”，每年订阅学术期刊 100 多种，较好地满足了本科学生阅读专业书籍的需要，支持了本科教学工作，为专业人才培养提供了有力保障。

二、历史学特色专业建设的成就

我们的特色专业建设的理念是以民族历史文化教学为特色，着重培养学生的实践创新能力和科学研究能力。因此，经过一年多的专业建设，取得了可喜的成就，尤其是创新教育硕果突出。

1. 营造民族历史文化学术氛围

近三年，我院围绕特色人才培养开展了各类学生活动，创立具有本专业特色的品牌学生活动，包括以“了解历史、享受历史、触摸文化、品味文化”为宗旨的“史评天下”系列活动，已经相继播出《圆明园》、《故宫》、《大国崛起》、《百家讲坛——武则天》等优秀作品，为学生提供一个更为直观、生动的课外课堂；举办“史学名家讲座”15场，系列学术讲座4场以及首届中国民族史研究生论坛系列讲座，这些学术讲座为我院本科学生营造良好的学术氛围；“古文句读大赛”已经成功举办了17届，参加人数逐年增多，对于提高学生的专业素养，培养学生扎实的专业基础有着重大意义；鼓励学生自办历史学特色刊物《史林学步》，使许多同学走向学术启蒙之路，培养本科学生的研究意识和研究能力。

2. 创新教育硕果累累

2004年以来，我院共培养134名本科生继续读研深造，平均上研率达50%；2009年，学生获得各类集体奖项50余项，学生个人奖项40余项，有近50多名学生获得国家奖学金、专业奖学金等各类奖学金；8人连续七届获得“全国史学新秀奖”客观地反映了历史学专业办学的水平和突出业绩；本科生在《黑龙江民族丛刊》、《教育管理》、《理论探讨》、《黑龙江史志》等期刊上发表各类论文10余篇，出版《中国少数民族》、《文明的起源——两河流域文明》(已在台湾出版)两本专著；40余名学生因通过全国计算机等级、URTP、NMOE社会实践项目以及发表学术成果等获得了创新奖励学分。

3. 构建实践教学体系

依据培养方案，实践教学包括社会实践、学年论文、毕业论文、毕业实习等等。自1956年以来，我们组织本科生从事民族社会历史调查，已成为本专业特色。近年来，我们改革了实践教学的办法，采取集中实习与分散实习相结合的方式。其中，分散实习采取项目立项，以小组团队的形式开展实践活动。我们的本科生团队调查内容涉及民族历史文化的方方面面，每年都有社会实践报告荣获首都高校社会实践优秀成果。2010年，我院面向全校本科学生，对北京市与教育部“历史学特色专业建设点”子项目进行招标，对民族地区进行社会调查和研究，带动本科生对民族历史文化的学习热情，以发挥民族史教育资源的辐射性影响，为全校本科生的素质教育贡献力量。通过实践教学体系的构建，突出特色专业的人才培养目标，理论和实践相结合，培养学生的科研意识，提升学生的人文素养。

三、历史学特色专业建设的经验

1. 持续性和稳定性的专业建设理念

结合历史学人才培养基地的经验以及本科生源和就业状况等，我们的本科教育继续走研究型人才培养的道路。1995年以来，逐步完善原来的“国家文科基地”建设成果，结合新的人才培养和就业形势，继续探索综合性、有特色的研究型大学本科生人才培养新模式。

历史学作为长线基础专业，充分利用我们的师资队伍、学科条件以及硬件条件，培养综合性、有特色（民族历史文化）的专门高质量人才成为可能；把本科生培养成研究型人才，使其具有较强的研究能力、学习能力和实践能力的历史学人才，一方面为硕士研究生教育输送优质生源；另一方面为社会培养和输送综合素质高、具有民族历史文化素养的优秀人才。

2. 坚持课程建设和改革突出本科生的能力培养

自 2004 年以来，学院 19 门专业必修课程全部通过学校的合格课程建设，实现了教学资源的多媒体化和网络化，极大地促进了本科教学水平的提高。2010 年，我们对培养方案进行了修订，坚持从课程设置和学术导向上体现民族史特色，保持了历史学必修课程的相对稳定性。根据学科发展适当地修订民族史模块的选修课程设置，体现当前民族史研究的学术前沿。民族史特色课程在本科历史学课程体系中共有 12 门，其中“中国民族史概要”已建成为北京市精品课程，其他课程也已建成为校级合格或优秀课程。为了充实民族史课程资源，加强网络教学综合平台建设，我院已完成中国民族史教学网站的建立，实现优质教学资源的共享。

随着历史学科的发展以及人才培养的需要，我们的课程建设仍需要与时俱进，要与历史学人才培养目标相结合，深入地思考和挖掘建设历史学的研究型课程，进一步突出本科生的能力培养。

3. 坚持“厚基础、重创新、研究型、高素质”的总原则

(1) 厚基础。切实抓好本科生的公共基础知识和专业基础知识的学习，为培养具有扎实、厚重和持续创新科研能力的学生奠定坚实的基础。同时，强化历史研究所必备的基础知识和基本能力，如古文字学、版本目录学、史料学、古文精读与点校、民族历史文献、历史地理学及考古学等方面的基础知识，真抓苦练，提高学生的专业素养。

(2) 重创新。学生在掌握专业知识的基础之上，培养良好的创新意识，接受系统扎实的创新训练。课堂上，明确教师的主导作用、学生的主体意识，把提高学生的创新能力作为主要目标，进行课堂教学和改革，积极推动启发式、互动式教学。课外，教师对学生进行专题性辅导，鼓励学生开拓思路，拓展专业知识；组织学生到京郊、河北附近的文物古迹、博物馆等进行教学参观；组织和指导学生进行社会实践、毕业实习，真正做到“知行合一”，全面的检验和提升综合能力和素质；指导学生充分利用北京地区学术条件，鼓励学生们参加或旁听学术讨论会和学术讲座。

(3) 研究型。研究型教学是我们人才培养模式的理想与追求，要想使学生达到研究型人才，就必须在“厚基础”和“重创新”的基础上，再把人才培养的目标更加明确，即满足社会需要的高层次、专门人才，具有较为独立科研和创新能力的人才。为此，我们的本科教学活动主要围绕专业研究来展开，即专业基础课教学是依托，专业选修课的教学环节和课外辅导是重点。一方面做到基础知识的传授与专业研究

的结合，使课堂变成一个学术交流的平台；另一方面通过多种形式实现研究型人才的培养，如学期作业、学年论文和毕业论文的撰写、教学参观和研究型项目等。

(4) 高素质。我们倡导的研究型人才培养模式绝不是培养一群“书呆书”，我们的目标是政治素质、专业基础、理论水平和社交能力等都得到全面发展的研究型人才。2009 年，我们有 4 名本科生代表学校参加了首届北京市大学生人文知识竞赛，并摘取了桂冠，为学校赢得了荣誉；我们 06 级本科生马思宇作为中方学生代表参加第八届“历史认识与东亚和平”论坛；我们的本科生获得了 1 项国家大学生创新性实验计划(NMOE)项目、3 项北京市大学生科学研究与创业行动计划项目；我们 06 级有 17 名同学获得保研资格，分别保送至北大、清华等国内流高校继续深造；我们还有 6 名本科生先后赴美交换学习，成绩优异。

总之，经过全院的探索和努力，我们的历史学专业建设已经取得了丰富的经验和教训，我们有信心和能力在未来的研究型人才培养模式建设中达到理想的效果。

特色行业院校的专业特色建设问题探讨

洪艺敏　中华女子学院

【摘　要】特色行业院校是高等教育体系的一个重要组成部分。从1993年开始,国家进行了高等学校管理体制改革,基本形成了中央部门和地方政府两级管理,以地方政府统筹为主、条块结合的高等教育管理体制。在中央部门中除了教育部和科技部之外,在北京还保留十个部委院校,这些院校在长期的办学过程,形成了鲜明的特色和优势,为国家培养了一批特殊人才,发挥了其应有的作用。根据《国家中长期改革与发展规划纲要》的要求,特色发展将成为高等学校新一轮发展的方向,这十个部委院校需要在专业建设中注重特色的建设,形成核心的竞争力,才能在高等学校剧烈的竞争中得以生存与发展。

【关键词】高等学校　专业　特色　建设

一、特色行业院校在高等教育中的作用

特色行业院校以行业为依托,围绕行业需求,针对行业特点,为特定行业培养高素质专门人才的大学或学院。特色行业院校是与市场、产业、行业和岗位群密切联系,依据普通院校本科办学的基本规律,围绕学科建设、针对行业、岗位与技能需要设置专业,以培养专业性高级人才。[1]特色行业院校具有显著行业背景、学科分布相对集中。特色行业院校是特定历史条件下的产物,他们与各行业唇齿相依、共同发展,为我国现代化建设做出了重大贡献。

新中国成立初期,为了建设现代化工业强国,国家展开了大规模的社会主义工业强国建设,为适应社会主义工业化进程对大量专门技术人员的需要,进行了大规模的院系调整,中央政府各部门陆续兴办、重组了一批高等院校,涉及农业、林业、水利、地质、矿产、石油、电力、通信、化工、建筑、交通等多个领域,也包括一批与文化、艺术、体育、财经、政法等社会事业紧密相关的高校。他们与新中国工业、文化、社会体系的建立相伴而生,共同规划,同步建设,共同成长。相应地,也基本形成了和国家工业发展布局相配套的、由各部门分工管理的、比较齐全的高等教育体系,建立了以中央行政管理部门以及地方政府分别统筹管理、“条块结合”的高等教育管理体制。这与当时的经济体制和行政体制相协调,符合当时国家经济建设特别是工业发展的需要,对于调动各部门、各地区发展高等教育,培养经济建设急需的专业人才发挥了重要作用,也奠定了新中国高等教育的基本格局。

20世纪90年代以来，伴随着国务院机构的多次调整，一批部委相继撤并，原部门管理的大学按照中央教育行政主管部门和省市地方两级管理的模式进行了调整和划转。调整的目的是为了改革行业管理的条块分割、专业过窄、重复设置、重复建设、包的过多、管的过死等问题。1993年以来，在“共建、调整、合作、合并”的方针指导下，原中央部委管理的500多所高校进行了高速和划转，逐步脱离了原行业行政主管部门的管理，划归教育部或省级地方政府管理，基本形成了中央部门和地方政府两级管理，以地方政府统筹为主、条块结合的高等教育管理体制。本次对一些部委院校没有进行调整，保留了中央直属机关、外交部、公安部、安全部、国家体育总局、民委、卫生部等部委的一些院校，他们是北京电子科技学院、中国青年政治学院、中国劳动关系学院、中华女子学院、外交学院、中国人民公安大学、国际关系学院、北京体育大学、中央民族大学、北京协和医学院。这些部委院校之所以得以保留，主要是由于他们的独特性和鲜明的特色。这些院校大部分与共和国同龄，在其办学过程中，形成了一批针对性和应用性都比较强的高水平学科平台和人才队伍，能够及时地跟踪和解决行业发展中的重大关键战略和技术问题；在教学、科研方面强调应用、突出实践、注重服务，学生的动手能力和职业素养一般都比较强；为行业的发展培养了一批优秀人才。

在我国高等教育进入大众化时代，国家提出建设高等教育强国的目标。为了实现这一目标，国家颁布了《国家中长期改革与发展规划纲要》，《纲要》提出要“促进高校办出特色。要建立高校分类体系，实行分类管理。发挥政策指导和资源配置的作用，引导高校合理定位，克服同质化倾向，形成各自的办学理念和风格，在不同层次、不同领域办出特色，争创一流。”特色发展将成为高等学校新一轮发展的方向。高等学校只有办出特色，才能在剧烈的竞争中生存与发展。学科专业是人才培养的载体。学科专业特色是高校办学特色中最主要、最鲜明的标志，人才特色是学校办学特色的集中体现。只有打造专业特色，才能培养出有特色的人才。

二、相关概念的定义

1. 特色及大学的办学特色

特色是指一事物区别于其他事物的性质和特征，这种性质和特征是该事物所独有的或者相比较而言是非常突出的。

对办学特色，由于研究的视角不同，有不同的定义。教育部《普通高等学校本科教学工作水平评估方案（试行）》对办学特色的定义是，办学特色是“在长期办学过程中积淀形成的本校特有的，优于其他学校的独特优质风貌，特色应当对优化人才培养过程，提高教学质量作用大，效果显著。特色有一定的稳定性并应在社会上有一定影响，得到公认”[2]，显然，这一定义特别强调了办学特色在人才培养中的作用。有研究者认为，办学特色的内涵主要包括办学理念特色、学科特色、教学特色和科研特色，办学理念的特色对其他特色的形成具有引领作用。[3]还有研究者认为学校特色内涵丰富，呈现多元化，主要体现为以下五个方面：学科专业特色、人才培养目标和模式特色、社会服务的地域和领域特色、办学传统特色和校园文化的特色。[4]虽然研究者对办学特色的定义有所不同，但有一个基本的共识：独特的个性是办学特色的核心，异质性、优质性、稳定性、持久性和发展性是办学特色最显著的特征。[5]

大学的办学特色是指一所大学在发展历程中所形成持久稳定的发展模式和被社会公认的、独特的、优良的办学特征。[6]这种特色必须是明显区别于其他大学的办学风格或优良特点，但区别本身并不等于特色。只有这种区别成为被广泛认同的优势，且这种优势达到其他大学短时期内难以企及的程度时，才构成一所大学的特色。它是一所大学区别于其他大学的独特品质和行为模式，它一旦形成后不仅能对学校产生潜移默化的影响，而且对社会也将产生深远的影响，具有鲜明的文化特性。办学特色体现着一所大学的办学水平，它既看不见，也摸不着，难以被其他大学复制和模仿，具有独特的价值，代表着一所大学的核心竞争力，是大学最重要的无形资产和财富。

2. 高等学校的专业、专业建设及专业特色

专业是指“高等学校的一个系里或中等专业学校里，根据科学分工或生产部门的分工把学业分成的门类”。[7]专业包括人才培养目标、课程与课程体系以及专业教育中的教育者和受教育者三大基本要素。专业人才培养目标规定了各专业所要培养的人才应达到的基本素质和业务规格，是专业的灵魂；课程是教学活动的基础，是组成教学整体的细胞，课程体系是专门化知识的教与学的活动系统，课程与课程体系是人才培养方案的构成要素；教育者和受教育者则分别是人才培养的主体和客体。[8]专业建设内容涉及人才培养目标的确定、课程与课程体系的构建、师资队伍的建设和教学管理制度的改革与建设。专业特色是同一专业共性基础上的个性，是高等教育多样化的具体体现。专业特色体现在专业人才培养目标的特色，专业课程与课程体系的特色，专业师资队伍的特色和教学管理制度的特色。

三、特色行业院校专业特色建设的思考

在京其他部委的十个院校大多与共和国同龄，办学历史都比较长。在其长期的办学过程中，形成了一批优势与特色的专业。这些专业在人才培养目标、课程体系、师资队伍、教学管理和培养质量等方面，与国内同类型或本校其他专业相比，具有自身的特色和较高的办学水平，并得到了社会的认同。近年来，在教育部、北京市教委的“质量工程”建设中这些专业成为了国家级或者北京市级特色专业建设点，得

到了进一步建设的支持(十个部委院校得到立项建设的特色专业建设点情况见附表)。除了已得到立项建设的特色专业建设点之外,这些院校还有一批专业,这些专业是近年来随着高等教育大众化发展起来的新专业。由于办学历史短,这批新专业与“老专业”相比行业优势较弱,这些专业在发展过程中,需要注重特色的建设,因为只有形成特色,才能在众多高等学校的竞争中生存与发展,才能具备核心竞争力。新专业的特色建设需要从专业的内涵入手,重点要做好以下方面的工作。

1. 要确定具有特色的人才培养目标

根据办学层次、服务面向以及人才培养规格的不同,我国高等学校大致可分为研究型大学、教学研究型大学和教学型大学。不同类型的学校,办学定位不同,专业的人才培养目标和质量标准也就不同,与之相应的培养方案、课程体系、教学内容和教学方法也会不尽相同。同一所学校,所设置的专业类型不同,发展历史不同、其人才培养目标也应该不同。确定专业人才培养目标,就成为专业建设的基础。

要确定具有专业特色的人才培养目标,首先要明确专业的发展方向。要了解其他高等学校、特别相同层次高等学校的相同专业建设情况,进行差异性分析,分析学校和专业在地理位置、学科背景、科研实力、培养方案、课程建设、师资队伍、生源、就业,以及实验室等硬软件方面所具有的独特优势或长处、存在的劣势与不足;要摸清自身的教学资源和能力状况,掌握本专业在全国甚至世界高校的地位、作用和特点,了解本专业自身发展的历史背景、发展进程和目前的社会声誉,在此基础上,采取差异化策略,确定专业发展方向。

其次是进行专业人才培养目标和规格的定位。培养适应社会需要的、多样化人才是大众化阶段我国高等教育人才培养的一个突出任务与特征。培养应用型人才是特色行业院校的主要目标。满足区域和行业经济社会发展的需要,是应用型人才的服务面向,各专业要结合自身面对的行业与职业领域进行广泛深入的调研分析,根据需求和自身条件确定人才培养目标定位,尤其要明确所培养的人才专业所面对的行业所处的位置。同时,要明晰各专业培养人才的知识、能力、素质要求,特别要厘清能力中的专业基本技能与专业核心应用能力。

2. 构建符合人才培养目标的课程与课程体系

课程是教学活动的基础,是组成教学整体的细胞,是实现人才培养目标而确定的教育内容、结构、进程安排等要素的集合,是培养目标与规格的具体化。课程还是向学生传授知识、培养能力、提高素质的主要途径,对学生知识、能力、素质的形成起着举足轻重的作用。课程是高校提高人才培养质量的关键所在。课程的设置要与学校办学定位相适应、与专业的人才培养目标和规格相匹配。

不同类型的人才,对知识、能力、素质的要求不同,所构建的课程应有不同。学术性人才要求重视理论知识,强调知识学科的系统性;应用型人才则强调理论知识和实践并重，理论知识为培养学生的应用能力打基础，要将理论转化为技术，或运用理论知识为专业提供服务，解决实际问题；要培养学生运用所学知识解决一线工作实际中专业问题的能力(应用能力)和学习能力、工作能力、创新思维和创新能力；要求学生具备良好的公民道德和职业道德、具有合格的政治思想素养、具有良好的身心素质，具有基本的人文、科学素养和良好的职业素质。

根据应用型人才的知识、能力和素质要求，我们在课程体系的建设中，要坚持以下原则：

一是以应用为导向。就是要以社会需求为导向，以市场为导向，以就业为导向，将应用能力的特征指标转换成教学内容；设计以培养综合应用能力为目标的综合性课程，使课程体系和课程内容与实际应用较好地衔接；教学过程设计、教学方法和考核方式的选择要以掌握应用能力为标准。

二是以学科为基础。本科教育的理论课程应具有一定的系统性、完整性。应用性本科教育要以学科为基础的，但应用性本科教育的理论知识的系统性与学术水平不指向以科学研究为目的的学科体系，而应指向以应用能力培养为目的的学科体系。因此，要改变课程的内部逻辑结构，建构新的公共基础课程。新的公共基础课程要与专业课程相衔接，表现也明显的为专业课程服务的性质。专业课程与基础课程的比例也将进行调整，专业课程占有更大的比例。

三是以应用能力培养为核心。课程体系、课程内容和课程形式等的设计和构架要以综合性应用能力培养为核心，打破理论先于实践的传统课程设计思路，围绕应用能力培养改革和创新公共基础和专业基础课程，专业课程要强调从事工作的实际技术应用能力和综合应用能力的培养。为了突出应用能力培养，要大大增加实践教学的比重，把实践教学课程列入专业核心课程中，在实践教学中促进学生应用能力的提高和理论学习的深化。在教学过程中，要发挥学生主体作用，让学生在实践中巩固知识，掌握应用能力。

四是以综合素质提高为根本。培养适应社会的高素质的人才，是社会发展对高等教育的总体要求。学生的素质包括政治思想素质、职业道德、专业素养、身心素质等。应用型人才的培养除了要关注职业道德和专业素质的培养，还要重视非专业素质的培养，尤其是沟通能力、责任意识、敬业精神和合作能力等的养成。要加强素质教育，开设通识课程，把素质教育贯穿在人才培养的全过程；要重视校园文化建设，营造健康的校园文化氛围，发挥校园文化对熏陶作用。

3. 建设能实现人才培养目标要求的师资队伍

高等学校办学的关键是师资。专业建设的核心是师资。教师是专业特色建设的基础。专业的特色建设，需要有相应的师资队伍作为保障。教师至少要承担两种角色，一是办学思想的实践者，是学校已有特色的传承者；二是特色的创造者。专业要有特色，首要条件是必须聚集一批能符合学校专业人才培养目标定位要求的教师，这些教师既要长于教学和科研又要具备指导实践的能力，专业实践经历和能力尤为重要。为此，要重视对教师实践能力的培养，通过制定政策和制度，鼓励教师开展社会实践；要通过到社会兼职，开展社会服务等形式，提高教师的专业实践技能，使教师能够把社会实践的最新成果不断引入课堂，加快教学内容的更新；对教师的评估加入对教师实践技能、在课程教学中培养学生的实际应用能力的评价，通过制度引导教师重视学生应用能力的培养；要聘请企业及社会上有丰富实践经验和教学能力的人员作为兼职教师，解决现有教师实践性不足的问题。

4. 建立能调动师生积极性的教学管理制度

建立能调动师生教与学的主动性与积极性的教学管理制度，是专业建设的重要内容，也是人才培养的保障。我们要建立有利于发挥教师主导作用的教学管理制度，使教师有创造的空间；要灵活教学管理，加大教学管理的弹性，提供给学生更多的学习机会和可能，使学生的主体作用得以体现；要为学生创造充分的自由发展空间，注重维护学生的尊严和人格，尊重学生的意愿和选择，激发学生的学习兴趣和好奇心。

参考文献

[1] 潘懋元．车如山．特色型大学在高等教育中的地位与作用[J]．大学教育科学，2008(2)．

[2] 教育部办公厅．普通高等学校本科教育工作水平评估方案(试行)[Z]．2006．

[3] 孙勇．现代化特色大学的内涵与特征[J]．上海工程技术大学教育研究，2006(03)．

[4] 纪宝成．高校科学发展的战略方针发扬传统 办出特色 办出水平[J]．中国高等教育，2008(10)．

[5] 卢宁，陈金梅，等．什么是高等学校的办学特色[J]．高教发展与评估，2007(5)．

[6] 吴德星．推进高水平特色大学建设的战略思想和规划[J]．中国高等教育，2008(12)．

[7] 中国社会科学学院语言研究所词典编辑室．现代汉语词典[M]．北京：商务印书馆，1995：1518．

[8] 宋毅，蒋达勇．加强特色专业建设 培养适应社会需求人才[J]．中国高等教育，2008(13,14)．

在京十个部委院校特色专业建设点情况一览表

学　校	国家级特色专业建设点	北京市特色专业建设点
北京电子科技学院	通信工程	通信工程
	信息安全	信息安全
	电子信息工程	电子信息工程
中国青年政治学院	社会工作	社会工作
	思想政治教育	思想政治教育
	法学	法学
	政治学与行政学	
中华女子学院	社会工作	社会工作
	学前教育	学前教育
	女性学	女性学
中国劳动关系学院	法学	法学
	劳动关系	劳动关系
外交学院	外交学	外交学
	英语	英语
中国人民公安大学	侦查学	侦查学
	治安学	治安学
	安全防范工程	安全防范工程
	交通管理工程	交通管理工程
	公安管理学	
国际关系学院	法学	法学
	国际经济与贸易	传播学
北京体育大学	运动训练	公共事业管理
	体育教育	体育教育
	运动人体科学	运动人体科学
中央民族大学	民族学	民族学
	中国少数民族语言文学民族学	中国少数民族语言文学民族学
	宗教学	宗教学
	舞蹈学	舞蹈学
	历史学	历史学
	艺术设计	
	音乐学	
	生态学	
	行政管理	
北京协和医学院	临床医学	临床医学
	护理学	护理学

无形资本理论视角下的高校专业特色打造研究

马传兵 中华女子学院

【摘 要】无形资本是经济全球化和知识经济条件下最重要的资本形式，是决定组织竞争优势和提高竞争力的主要途径。高等院校专业特色的打造也离不开无形资本的培育和发展，特色的课堂教学模式、特色的实践教学模式、特色的教研模式等经营性无形资本和高水平的师资、特色的专业文化、丰富的专业人脉资源等社会性无形资本应成为各高等院校打造专业特色的着力点，通过培育和发展无形资本来打造专业特色，从而培育专业的竞争优势，提高学校的竞争力。

【关键词】无形资本 专业 特色 竞争优势 竞争力

每个高等院校都有自己不同的特点，把不同的特点和优势进行挖掘，经过不断的打造，形成自己独特的优势，则可以称之为特色。特色是有特点的优势和竞争力，是竞争优势的代名词。对于高等教育而言，特色是符合本校特点、适合本校发展、有利于提高教育质量、有利于提高学校竞争力的竞争优势。高等院校的产品是学生，所以，学生的竞争力如何就是学校的竞争优势所在。而学生学习的载体是专业，所以，特色专业应该是适应社会需要、学生就业竞争力强、符合学校自身特点和发展前景的具有突出竞争优势的专业。特色专业的特色需要不断培育，是一项长期工程和系统工程。在选准专业的基础上，打造专业特色对于培育和发展特色专业来说具有重要意义。

在经济全球化和知识经济背景下，无形资本的作用越来越重要。所谓无形资本，是指所有可以给组织带来竞争优势和突出收益的无形要素。本文试图利用无形资本理论来分析高校专业特色的培育和打造。

一、理论框架的提出

（一）无形资本与竞争优势和竞争力的关系

专业特色就是专业所具有的竞争优势，只有具有竞争优势才会具有竞争力。竞争力与竞争优势是密不可分的一对概念，竞争力研究专家胡大立认为竞争力是组织在市场竞争过程中表现出来的一种市场力量，是与竞争对手相较量时所表现出来的一种实际力量。而竞争优势是组织在竞争中相对于对手所表现出来的某种强势，是比竞争对手处于更有利的位势。这种优越的位势既可来源于外部环境因素，如政府的特殊优惠政策、优越的行业市场位势等;也可以来源于组织内部的条件因素,如丰富的内部资源以及较强的资源配置能力等,甚至是上述各种因素综合的结果(胡大立.组织竞争力决定因素及其形成机理分析[M].北京:经济管理出版社,2005:39.)。也就是说竞争优势是竞争力的内在原因,决定着组织竞争力的大小,而竞争优势则又是现象,无形资本等无形资源则是内在原因,而无形资本的数量和质量又取决于组织的内在能力,这样,竞争力与这些因素的关系就可以用如图1表示。

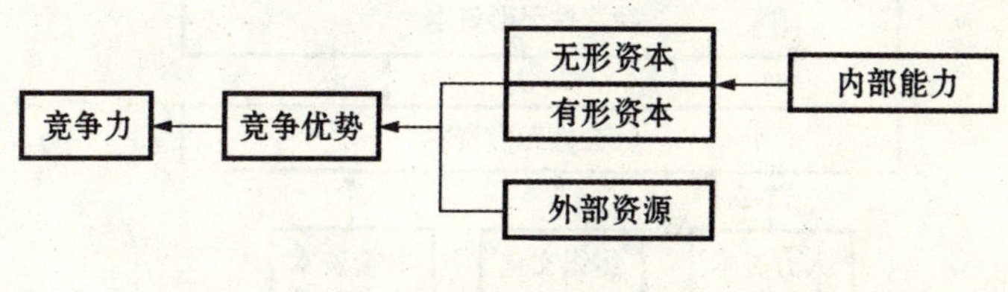

图1

本如何实现与有形资本的有机结合,无形资本与有形资本的有机结合共同构成组织内部的竞争优势来源,属于内因;而外部资源对组织竞争优势同样具有影响力,只不过是属于外因。根据马克思的哲学理论,内因是决定事物发展的主要因素,外因是通过内因才起作用的。因此,决定组织竞争力的主要因素来源于组织内部。而在经济全球化和知识经济背景下,无形资本的作用越来越重要,其重要性已经超过了有形资本,成为目前组织获取超额收益的主要来源,因此,无形资本对组织竞争力的影响举足轻重,是组织竞争优势的主要影响因素。看一个组织是否具有竞争力,主要看该组织是否拥有足够数量和质量的无形资本就可以了,而无形资本的数量和质量则取决于组织内部的能力,尤其是内部的创新能力和对无形资本进行经营和管理的能力。

无形资本与竞争优势和竞争力的关系,也同样适用于专业特色的分析。把专业所在的学校或者单位作为组织层次,专业的竞争优势和竞争力也就是学校或者院系的优势和竞争力。专业是否具有特色,也就是专业是否具有竞争优势和竞争力的问题。经济全球化和知识经济条件下,无形资本对于决定专业的竞争优势和竞争力具有决定性作用。

(二)无形资本的分类与构成

无形资本可以分为两大类:经营性无形资本和社会性无形资本。经营性无形资本主要是指能够参与经营过程,可以为组织带来超额收益的无形资源,在商品经济条件下,它既是商品,又是以知识形态体现的一种资源,具有强大的增值能力。如企业里的专利权、专有技术、商标权、著作权、特许经营权、土地使用权等。这些无形资本可以量化,对组织绩效有着重要的影响。社会性无形资本主要是存在于管理过程，同时也体现在经营过程，并最终能够给组织带来超额收益的无形要素，如人力资本、组织文化、社会关系等。其中，社会性无形资本属于管理层面的无形资本，而经营性无形资本属于运营层面的无形资本，两者相辅相成。如图 2 所示。

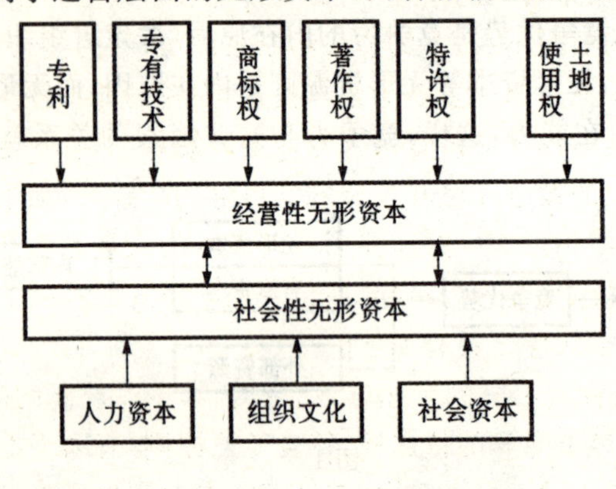

图 2

二、高校无形资本的构成

任何一个组织都应该具有自身的无形资本，按照以上分类，高等院校培育特色专业的专业特色应该具有经营性无形资本和社会性无形资本，经营性无形资本应该由特色的课堂教学模式、特色的实践教学模式、特色的教研模式等内容构成；社会性无形资本应该由高水平的师资、特色的专业文化、丰富的专业人脉资源等内容组成。其框架结构如图 3 所示。

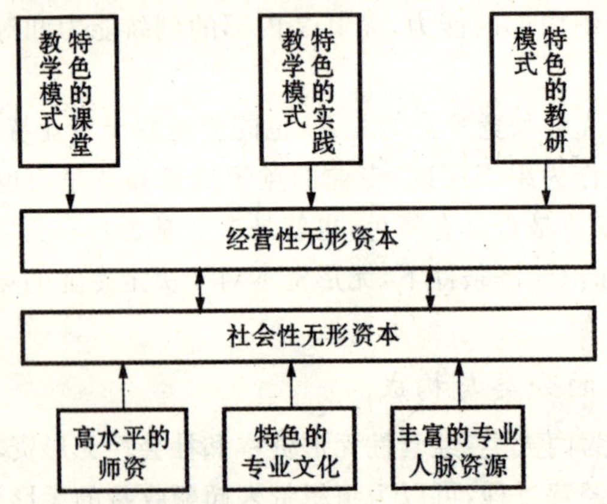

图 3

(一) 经营性无形资本

1. 特色的课堂教学模式

课堂教学在特定教学目标的指导下,具有一定可以遵循的教学程序。随着社会的发展,课堂教学模式层出不穷,旧的模式不断被淘汰,新的模式不断出现,新的教育理念、新的教育技术催生出很多新的教学模式,为新的课堂教学提供了更好的支持。特色的专业课堂教学模式应该是符合专业发展规律,具有一定新的教育理念和教学方法指导,在特色的教学环境和资源的支持下,教与学活动中各要素之间的稳定关系和活动进程的结构形式。这需要以专业教学的大量经验和现代教育技术为基础,以先进的教育思想和理念为指导,在传统教学模式的基础上创新发展才能形成。特色的课堂教学模式应该具有如下的特点:

(1) 专业性、独特性。不同的专业应该有符合本专业规律的教学模式,在坚持一般规律的基础上要突出专业的特殊性,符合专业原则。有助于本专业学生学习和掌握知识,有助于本专业学生提高能力,有助于本专业学生形成专业思维的教学模式应该得到提倡。符合本专业特点,突出本专业特性的教学模式也是独特的,新颖的,是符合教育规律,体现一定教育目标,具有良好教学效果的教学模式。

(2) 示范性、推广性。特色的专业教学模式应该具有科学的操作要求和基本程序,具有先进的教育理念和方法指导,体现教育规律,具有现实可行性,在社会上能够起到示范效应,而且得到同行的认可,便于推广。特色的专业教学模式应该清晰明了,便于操作,这样才能推广。

(3) 发展性、灵活性。特色的专业教学模式是教与学活动中各要素之间稳定的关系和活动进程结构形式,应该相对稳定,但是稳定不是一成不变,特色的教学模式需要在长期的教学实践中不断完善,不断发展。只有不断发展和完善的教学模式才能在创新的社会时代保持其独特性和新颖性。新颖的课堂教学模式应该是相对稳定的,但是教学模式是灵活的,因此,同一课堂教学模式,教学过程也可以是丰富多彩的。

2. 特色的实践教学模式

面对经济全球化和网络经济的时代特征,无论什么专业所培养的人才都必须在创新精神和实践能力上有更高的要求。因此,打造特色的实践教学模式是培养专业特色过程中必须要解决的课题。特色的实践教学模式应该是符合本专业教育规律,具有先进的实践教学理念和科学的实践教学课程体系,具有独特的实践教学手段和方法的教学模式。课堂教学是第一步,如何把知识顺利地转化为能力和素质,是专业实践需要解决的问题,特色的实践教学模式应该具有如下特征:

(1) 目标性、交叉性。某个专业的实践教学,首先要体现本专业的实践需求,实现教学目标的要求,要立足于学生动手能力和创新精神的培养,目的一定要非常明确。但是决不能仅仅局限于本专业，要体现一定的学科交叉性，在跨学科综合实践中培养学生的综合实践能力。学校的实验设备和实习教育基地应该在满足专业教学的基础上，尽可能地体现多种功能教学的综合性，通过学生自我实践和教师引导，掌握更多跨学科知识。

(2) 社会性、真实性。特色的实践教学应该立足于使用社会资源。无论是实验室的建设还是实习基地的建设，应立足于社会力量的调动，使社会资源良性使用，学生在更为真实环境下得到锻炼，实现实践教学与组织机构基础资源充分利用的双赢社会效果，使学生实践能力和创新精神能够得到真实提高。

(3) 创新性、发展性。特色的实践教学模式应该有创新的理念，创新的模式，创新的方法，不断发展。根据时代发展的要求，探索实践教学模块的科学划分、实践教学方法的改进、实践教学效果的有效监控，使创新和发展成为实践教学模式的突出特征。

3. 特色的教研模式

在瞬息万变的信息时代，新事务新情况层出不穷，新的教学理念和教育技术不断出现，新的教育规律也有待不断探讨，因此，教师通过对专业教育的学习和研究，促进教学内容的创新和发展就显得非常有必要。因此，要鼓励教师在本专业领域加强研究，互相促进，良性竞争，多出成果，以研促教，形成特色的教研相长的模式。特色的教研模式应该具有如下特征：

(1) 团队性、互助性。教研要讲究团队性，集体研究，共同受益。可以以教研室为基本单位，共同备课，共同研讨，集体研究，共享成果。在集体研究的基础上互帮互助。

(2) 竞争性、成果性。教研不仅要讲究团队性和互助性，而且同事之间要有良性竞争，通过竞争激发大家创新的积极性；教研最终要促进特色教学研究成果增加产出，多出特色的教材和教研文章，以此为依据，增强课堂教学的时代性和创新性。

(二) 社会性无形资本

特色专业的社会性无形资本也分为三个方面：人力资本，即高水平的师资；文化资本，即特色的专业文化，其中最核心的是质量文化；社会资本，即该专业领域丰厚的人脉资源，对于特色专业的专业特色培育起着非常重要的作用。

1. 高水平的师资

特色专业需要一批高水平的师资作为支撑，这就需要在本专业领域具有一定研究水平的师资，从而形成特色专业的建设力量和支撑力量。衡量高水平的师资，主要看教师在该专业领域的研究成果和社会影响，同时也要看教师在本专业课堂教学过程中的创新和研究。学历和职称也可以作为参考。

2. 特色的专业文化

特色专业需要特色的专业文化相衬托。特色的专业文化是以专业特征为基础，按照专业发展规律而形成的以质量为核心的组织文化，往往是以教研室或者系部为单位，形成浓郁的专业研究气氛，并有完善的质量保证体系相配合。特色的专业文化有三层内涵：

(1) 科学的理念。理念是组织文化的核心。对于特色专业来说，以一个集体为单位，应该有一个建设该专业发展的核心理念，引导着大家朝着既定的方向不断努力，久而久之才能形成良好的研究风气和优秀的研究成果，给本专业发展带来良好的影响。

(2) 完善的制度。理念只是组织文化的内核，而制度则是组织文化的保证。仅有理念，不能落实到行动上，理念是无用的。理念需要制度保证，既有激励，也有惩罚，保证理念最终能够得到贯彻和执行。制度是组织文化的中间层。特色是有竞争力的特征，质量是保证，所以，质量监控制度应该成为必需的要素之一。

(3) 物质载体和宣传。对于特色文化，不仅要有制度保证，还要有一定的物质载体，广为宣传，使之成为一种风气。比如宣传栏、网站等，都要有对特色专业建设文化的宣传和报道。对于理念和制度内容也应该让大家广为知晓，从而按照科学的发展方向努力。

特色的专业文化是培育专业特色的重要无形资本。

3. 丰富的专业人脉资源

特色专业一定是在同行中有一定影响力的专业，是为社会认可的专业。这就需要专业建设队伍勇于开拓，积极交流，通过参加会议、组织课题、拜访专家等方式，在同行中积累一部分人脉资源，为专业建设创造良好的外部环境。丰富的专业人脉资源，有利于专业特色的社会认同和影响力的提高，有利于外部专家队伍对专业建设提供积极建议和广泛参与，有利于专业建设发展的良性循环。

高等院校特色专业的特色培育，主要应该依靠无形资本的支撑。所以，培育各专业的经营性无形资本和社会性无形资本，就是对专业特色的打造。

三、非教育部直属部委院校打造专业特色的思路

非教育部直属部委院校比较特别，具有一定的行业特性和部委直属所带来的特殊性，其专业特色的打造应该有自己独特的思路，具体来说，有以下建议可供参考：

1. 科学遴选符合自身历史特点和具有行业特色的专业作为培育基础

非教育部直属的部委院校，一般历史悠久，具有一定的行业特色和某种特殊性，在激烈的竞争中，这类院校只有从自身条件出发，尊重自身历史，立足自身的特殊性，培育特色专业和打造专业特色。同时，也要面向社会，面向市场，面向未来，按

照高等教育的发展规律和经济全球化的发展趋势,科学定位专业的发展方向。

2. 尊重无形资本和有形资本的关系,在努力建设有形设施的同时,科学地建设无形资本来盘活有形资本

很多院校都热衷于有形设施的建设,而忽略无形资本的培育,导致部分院校有形资源闲置,不能充分利用,难以发挥其作用。部委院校经过长期建设,有形基础一般比较雄厚,应该在继续追加有形投入的基础上,选准方向,打造特色的课堂教学模式、实践教学模式、教研模式,吸引和培养高水平的师资,努力营造优秀的特色的专业文化,在发展过程中注重外部专家资源、人脉资源的积累,全方位地打造专业特色。

3. 要立足长远,以无形资本建设促进专业特色和品牌专业的打造

专业特色的形成不是短期内可以完成的,只有经过长期的积累,才能逐渐形成。专业特色的形成就是专业竞争优势的打造,某种程度上就是无形资本的培育和打造。而无形资本的培育和打造是长期工程,不能一蹴而就。所以,专业特色的培育重在平时的建设,而不是短期组合可以达到目的。即使通过组合,在质量工程的申报等工作中获得一定名誉,也不等于特色的形成,仍然需要后续的长期建设。所以,探索课堂教学改革,创新实践教学模式,以教研促进教学是专业日常教学中需要做的工作。吸引和培养特色师资,通过建章立制营造特色的专业文化,积极开拓外部资源,积累人脉等是领导的意识问题,是需要群策群力,长期努力的一项工作。

4. 充分利用所属部委的资源和优势,获取所在部委的支持

所在部委往往在某一领域具有绝对的权威和优势,可以给所属院校提供一定的信息和政策支持,这是其他类院校所不具备的优势。这也可以看作是独特的社会资本,只要努力争取,积极运用,部委类院校的社会资本会比一般院校要雄厚一些。很多院校的经验表明,充分利用所在部委的资源,可以更好地拓展院校的外部发展空间。对于专业特色的打造而言,部委的资源和优势也是可以利用的。例如,有的院校在实践教学中利用部委资源安排学生实习等。

5. 专业特色的培育是一项系统工程,要站在提高学校竞争力的高度去发展

专业特色的培育是一项系统工程。独立的一门学科,往往难以形成规模效应,也难以全面提高学校的竞争力。学校要立足长远,立足全局,立足打造学校的长期竞争力来把专业特色的培育作为一项系统工程来建设。要有一批专业在高等院校中具有一定特色,为教育同行认可;教育模式要有一定的特色,从而可以影响专业特色的打造,影响所有专业学生的发展;努力营造特色文化、竞争文化,把高校无形资本的培育作为一项重要工程来抓,从而促进专业建设和专业特色的培育。

总之,无形资本的培育和发展是高校建设特色专业和打造专业特色的主要途径和方法,要站在战略高度来看待高校无形资本的培育和发展问题。无形资本的培

育不仅仅是各专业的问题，更是各高校的整体发展战略问题，是一项系统工程。要从全局出发树立无形资本发展理念，在高等院校的日常运行和管理中去培育高质量的丰富的无形资本，从而不断提高专业的竞争优势和学校的竞争力。

参考文献

[1] 汪上，刘朝臣. 论高校特色专业建设[J]. 高等农业教育，2008(11).

[2] 张红霞，王雷. 高校创建品牌特色专业探析[J]. 吉林省教育学院学报；2006(10).

[3] 常维亚，邢鹏，赵莉. 建立研究型大学本科实践教学模式[J]. 高水平大学改革发展研究，2009(8).

[4] 金菲飞. "学习共同体"校本教研模式的特点与实践操作[J]. 教育科学论坛，2009(3).

[5] 马传兵. 无形资本与女企业家经营绩效的关系研究[J]. 中华女子学院学报，2009 (4).

中华女子学院学前教育本科特色专业建设的实践与思考

王　练　中华女子学院

【摘　要】特色专业建设应把握三个基本特征，即办学定位恰当，发挥办学优势；人才培养具有有鲜明个性，突出本学校本专业特有的人才特色标识；人才培养质量高，为国家经济和社会发展培养急需人才。应用型学前教育特色专业建设的重点在于通过优化人才培养方案，建设方向性课程模块，强化学生实践能力培养，加强高校师资队伍建设等举措，建构和培养人才特色和专业特色，从而形成以社会需求为导向、满足学前教育实践对不同特长幼教人才需求的人才培养模式和办学特色。

【关键词】学前教育　特色专业　实践　思考

长期以来，高校学前教育专业沿袭培养少而尖的本科人才，为中等师范学校、幼教行政和研究机构培养人才。21世纪初，随着幼教机构对高学历、高素质幼儿教师人才需求的急剧增加，许多高校纷纷设立学前教育专业。据统计，1987年全国仅有22所高校开设学前教育专业，到2008年全国举办学前教育专业的本科、专科和中专层次的教师教育院校分别为128所、389所和1871所，甚至一些传统工科院校也设立学前教育专业，分享就业前景看好的市场份额，高校学前教育专业人才培养进入了一个蓬勃发展时期，与此同时，出现了激烈的生源竞争和就业竞争。面对市场需求和竞争，如何发挥自身专业优势办出专业特色，建设特色专业，使培养出的学生成为受用人单位欢迎的高素质专业人才，已成为关系高校学前教育专业未来生存和发展的根本问题。

中华女子学院学前教育专业已有25年办学历史，从成人教育到普通高等教育，办学规模从最初80名学生到今天600余名学生，形成了以本科教学为主、兼具培养专科和硕士研究生的多层次办学模式。

一、中华女子学院学前教育本科特色专业的定位

教育部"关于加强'质量工程'本科专业建设的指导性意见"(简称"文件")指出：特色专业是指充分体现学校办学定位，在教育目标、师资队伍、课程体系、教学条件和培养质量等方面，具有较高办学水平和鲜明办学特色，获得社会认同并有较

高社会声誉的专业[①]。教育部实施特色专业建设的实质是为了鼓励不同高校、相同专业根据自身的办学条件、办学优势和市场对不同类型专业人才的需要，找寻适合自身专业发展的方向，推进专业建设，实施差异性品牌战略，提升专业整体水平，提高人才培养质量和人才竞争力。

从实践看，特色专业应具备三个基本特征，一是办学定位恰当，发挥办学单位自身优势和长项；二是所培养的人才有鲜明个性，带有本学校本专业特有的人才特色标识，表现在某一方面或某些方面具有特质，有别于其他学校同类专业的人才；三是人才培养质量高，在同类人才培养中占有领先地位，具有示范效应，为国家经济和社会发展提供急需人才。

2008年，中华女子学院以培养应用型学前教育专业本科人才，突出学生实践能力为特色，获得了教育部国家级特色专业建设项目及北京市特色专业建设项目。在特色专业项目建设中，如何进一步凝练和培育特色专业，建设富有中华女子学院特色的学前教育专业，培养出富有特色的人才，是我们一直在不断探索和思考的问题。

特色专业定位重在找准自身办学优势和社会需求，从而找到一个适合自身专业发展和有特色的专业发展方向。为此，我们分析、总结了自身办学条件、办学优势、办学经验，梳理了多年办学积淀形成的专业特色和人才培养特色。同时，对幼教机构人才需求展开了广泛调研，结合国外学前教育专业的发展趋势，在优势、特色与需求之间找寻契合点，最终将中华女子学院学前教育本科专业的办学定位明确为：培养应用型人才，立足于为幼教机构培养具有一定教学和教学研究能力的高素质本科人才，把突出学生实践能力作为学前教育专业人才培养重点和人才培养特色。同时，将特色专业建设目标锁定在：以社会需求为导向，拓展办学规模，把中华女子学院学前教育系建成本科应用型幼教人才培养的重要基地；以课程建设为核心，完善高学历幼儿教师培养方案，形成包含不同特色模块的课程体系；满足学前教育实践对不同特长幼教人才的需求，建设富有中华女子学院特色的学前教育专业和人才培养模式。

二、中华女子学院学前教育特色专业的建设重点

特色专业建设是全方位的教育教学改革活动，要达到“质优、富有特色”的人才培养要求，必须围绕人才培养目标、培养方案、师资队伍、课程体系、教学模式、教学条件、教学管理等进行全面的建设和改革。我们认为，特色专业建设，首先是一项系统工程。它牵涉到专业建设和人才培养的方方面面，需要统筹考虑，系统推进；其

① 关于加强“质量工程”本科专业建设的指导性意见，高教司函[2008]208号文件.

次，特色专业建设是一项长期工程。人才培养的周期性及师资水平提升的长期性决定了特色专业建设需要较长的周期，不可能一蹴而成；再次，特色专业建设是一动态变化工程。特色专业建设不是一成不变的，应随着市场对专业人才需求的变化而不断调整和变化。

在特色专业的众多建设内容中，人才培养方案制定是核心，它所涵盖的人才培养规格、要求及各类课程的布局等内容直接体现人才培养的特性；课程建设是实现人才培养目标的基础，不同课程体系构成模块决定所培养的人才在知识、能力和素质上的差异；师资队伍是实现特色专业和人才培养特色的保障；实践教学则是应用型人才培养必不可少的重要途径和手段。特色专业建设必须把握重点，找准切入点，以点带面，全面推进专业人才培养和专业水平提升。

1. 优化人才培养方案，建构人才培养特色

应用型人才是指能将专业知识和技能应用于所从事的专业社会实践的一种专门的人才类型(郑保林，2007)。它有别于理论型人才，应用型人才更重视理论与实践的有机结合及知识的应用性。运用所学知识服务于社会实践是应用型人才的主要特征。因此，从应用型人才培养规格来看，其知识、能力、素质的构成取决于社会对人才的需求，它更强调综合素质和实践能力的培养。

中华女子学院学前教育专业将人才培养定位于面向幼教机构培养具有一定教学和研究能力的高素质专业人才。为此，我们将“以实践为取向，以儿童为中心”作为制定人才培养方案的基本准则；将研究当前和未来幼教领域应用型人才需求，研究幼教工作者应具备的基本素质和能力，研究不同特长幼教人才必备基本素质的构成，研究体现专业知识、专业技能和专业特长要求的多元化课程体系等内容作为建设富有特色人才培养方案着力要研究和解决的系列问题。只有充分而具体地了解市场需求，才能有的放矢地制定出符合社会发展要求的应用型专业人才的培养标准。我们围绕上述问题展开了深入调研，在对调研结果充分分析的基础上，重新修订学前教育专业本科人才培养方案，形成了满足学生个性化发展和社会需要的“宽口径、多方向”培养方案，为打造富有“专长”和特色的学前教育本科应用型人才打下了扎实基础。

2. 建设方向性课程模块，凸显人才培养特色

以市场为导向，培养满足社会发展需要的多样性人才，是应用型人才培养的基本价值取向，也是打造人才培养特色和专业特色的途径和方法。从幼教师资人才的需求来看，随着我国学前教育的快速发展，发展富有特色的幼儿园，满足家长对多样化幼教机构的需求已成为必然趋势。调研结果显示，在北京地区，幼儿园急需一批在幼儿双语教学、幼儿艺术教育、幼儿特殊教育、0～3 岁早期教育等领域有特长的、有一定幼儿园教学研究能力的幼教人才充实到教师岗位。为此，我们对原有课

程体系进行了整合、优化、重组，增设了幼儿英语、0～3岁早期教育和幼儿艺术教育等方向性课程模块，并对方向性课程模块中的课程进行了建设，梳理了教学目标、教学内容，制定了教学大纲，以确保特色人才培养目标的实现。

在我们的特色专业建设过程中，方向性课程模块的设置起到了引导学生根据自身发展兴趣、发展优势进行自主选择、分类培养的目的，从而实现了因材、因校、因需进行“专长”培养，促进了学前教育专业人才多样化及特色化的培养。

3. 注重实践能力培养，强化人才培养特色

实践能力是应用型本科专业人才必备的核心能力。通常，实践能力是指个体所具有的处理问题的心理特征和行为品质，主要由一般实践能力和专业实践能力构成，即处理日常生活和日常学习中遇到问题的能力及运用专业知识解决专业领域中实际问题的能力[①]。从概念看，实践能力并非简单意义的“操作能力”或“动手能力”，而是指围绕职业需要，胜任职业工作应具备的“综合职业能力”。因此，强化学生实践能力的培养，既是提升人才培养质量的重要途径，同时是人才培养特色的重要“标志”。

从培养目标看，应用型学前教育专业本科生的职业指向主要是幼儿园教师，其职业工作范畴主要包括：设计组织实施幼儿园教育教学活动；创设符合幼儿发展需要的环境；科学安排幼儿一日生活；开展家长工作；从事教学研究工作等。因此，从职业需要看，应用型学前教育专业本科生实践能力的构成是：交流沟通能力、语言表达能力、观察和评价儿童发展的能力、教学设计能力、实施教学能力、班级管理能力、环境创设能力、教学资源开发与运用能力、教学评价能力、教学反思能力、教学研究能力等。从职前培养的角度来看，沟通和表达能力、观察和评价儿童的能力、设计组织实施教学的能力、反思能力和初步的教学研究能力等应是学前教育专业应用型人才必备的基本能力要素。

围绕上述实践能力的培养，首先，我们构建了分层次、多元化的实践教学体系，加强对实践能力构成要素的各项能力进行培养。如建立了由基本功训练、教学技能单项训练、综合实践能力训练构成的教育教学技能分层训练模块，将实践教学贯穿到大学四年的教学活动中。学生通过校内课堂训练、实验室训练，校外幼儿园观摩、见习、实习，假期社会实践活动、农村幼儿园志愿者工作、城市流动儿童志愿者工作等多形式的训练和学习逐步提升实践能力；其次，建立和完善实践教学管理体系，加强对实践教学过程的监控、指导和评价，以保证实践教学的有效性。如通过学生实践教学指导手册、评价体系（由诊断性评价、形成性评价和综合性评价组成）、实践指导教师（由高校教师和幼儿园教师组成）、巡视制度等管理方法和规定来保障

① 王练．专业型院校人才培养模式的改革与创新论文集[M]．北京：北京体育大学出版社．

实践教学的有效实施;再次,加强校外人才培养基地、实习基地和校内实验室建设,通过与基地幼儿园在教学和科研等领域开展广泛合作,搭建学生实践教学平台。

4. 加强教师队伍建设,为特色专业建设和人才特色培养提供保障

教师队伍建设是特色专业建设的根本保障,是实现人才培养特色的基本前提。我们感到,特色专业建设的成效,与教师对社会实践活动、幼儿园教育中存在的问题和现象、课堂教学内容和教学方法、学生实践能力培养等相关问题的关注和研究探索密切相关。因此,我们通过组建教学研究团队、项目和课题研究团队,针对教学和幼儿园热点问题展开研究,以科研促教师成长;鼓励教师与幼儿教师合作做科研,通过校外人才基地共建项目,密切教师与幼儿园的联系,促使教师深入幼儿园实践,丰富课堂教学;搭建学术交流平台,通过举办国际研讨会、邀请国内外专家到校举办学术讲座、与国外专家合作开展课题研究等多种形式,拓展教师的学术视野;鼓励教师到国内外大学做访问学者、进修、脱产学习、攻读学位,提升学术水平。

社会工作专业教育发展的两个困境及人才培养模式的选择

矫 杨 中华女子学院

【摘 要】"通才"教育抑或"专才"教育、"知识为本"抑或"能力为本"是目前社会工作专业教育面临的两个困境。如何破解困境,改革和构建符合社会发展需要的人才培养模式成为社会工作人才培养的重要课题。文章通过对两个困境及其社会工作专业教育发展中存在的问题的分析,并结合对深圳部分专业人员和专业机构的调查结果,提出分层次的人才培养模式基本框架,并结合中华女子学院社会工作专业的建设经验,就本科人才培养模式的构建,进行了具体的阐述。

【关键词】通才教育 专才教育 知识为本 能力为本 人才培养模式

自2006年胡锦涛总书记在党的十六届六中全会提出"要建立宏大的社会工作人才队伍"是"构建社会主义和谐社会的迫切需要"①以来,2010年国家中长期人才发展规划再次把社会工作人才作为国家重点建设的第六类人才提出②,从而进一步推动中国正在兴起的社会工作专业化与职业化进程。

新中国建立以后的专业社会工作发展开始于1988年。教育部首次批准了北京大学等四所大学试办社会工作与管理专业,社会工作教育逐步发展起来。迄今为止,全国已有超过240所(中国社会工作教育协会会员单位统计)高校开办社会工作专业。

然而,社会工作教育的发展,并没有直接促成社会工作职业化的发展。"后生快发"、"教育先行"、"师资滞后"、"拿来即用"成为中国社会工作教育发展的突出特点③。十六届六中全会前在社会工作教育发展近二十年的时间里,作为有着鲜明实务属性的专业,社会工作并没有专业的实践场所和环境,教师们怀揣着从欧美和港台学习来的社会工作理论知识和方法技巧,走入课堂,教书育人。更有一些学校,由于缺少师资,只能依托学校现有的专业开办课程。这种"知识为本"和"因人设课"的

① 胡锦涛,《关于构建社会主义和谐社会若干重大问题的决定》,中国共产党第十六次全国代表大会第六次全体会议,2006.

② 国家中长期人才发展规划纲要(2010—2020).

③ 史柏年. 新世纪:中国社会工作教育面对的选择[J]. 北京科技大学学报(社会科学版),2004(3).

现象成为社会工作教育发展前20年的普遍状况。

党的十六届六中全会后，在上海、深圳等地社会工作迅速发展，大量社会工作专业服务机构出现，并逐渐显现出其迅猛的发展势头。

社会工作专业教育如何适应快速发展的专业化职业化？社会工作专业应该培养通才还是专才？社会工作专业人才培养应该坚持“知识为本”还是应该强化“能力为本”？这些成为今天的社会工作教育者必须回答的问题。

一、社会工作专业教育发展的两个困境

社会工作专业教育对中国社会工作职业化的发展发挥了重要的影响作用。从某种程度上说，中国的社会工作教育推动了中国社会工作职业化，推动了社会工作人才队伍建设，推动了社会大众对社会工作的逐步了解和认识。然而，社会工作职业化的发展，反过来又对社会工作教育提出了新的要求，使得社会工作专业教育发展面临一系列困境和难题。

（一）困境一：“通才”与“专才”

“通才”教育与“专才”教育是一个教育领域的长久话题。戚万学指出[①]，所谓通才，通常指学识广博、具有多种才能之人。而从人才学、教育学的角度，则称横向人才，即知识面较广、发展较全面、活动领域较宽的人才。所谓专才，指着意与某一专业甚至一个小专业的某一方面的深入研究，知识面较窄的人才。

在社会工作教育的视野中，通才与专业的培养也是一个热议的话题。张曙[②]指出，社会工作的专业目标和专业性质决定了社会工作的专业基础知识十分宽泛，必须借用大量与生物、社会、政治、经济、心理和文化系统有关的学科领域的知识。社会工作者应该了解和掌握增进个人、群体、社区的功能的方法和技巧，同时具备机构管理和社会工作理论和实务研究的基本知识和方法。也有学者指出，针对目前内地社会工作教育的招生——教育——就业的恶性循环，作为社会工作的教育者，我们必须要有自己的专业承担。在整个高等教育体制一片“通才”教育的呼声之下，我们必须高举“专才教育”的大旗，奠定中国社会工作的专业地位[③]。

所谓社会工作通才教育也称“全科训练”，就是提供广泛的知识和技巧，选用系统理论的解决问题方法，运用不同角度的分析，不同层次的介入，综合不同的工作手法，达到多元化的处理效果。所谓社会工作专才教育，也称“专科训练”，就是把人才培养的目标定在专门的范围内，有以掌握社会工作的某一种方法为目标的，如专

---

① 戚万学．高等教育学[M]．济南：山东人民出版社，2007.

② 张曙．论我国社会工作通才教育的理想和现实[J]．北京科技大学学报（社会科学版），2007(1).

③ 刘莹．社会工作“通才教育”与“专才教育”刍议[J]．社会工作，2007(3).

门学做个案工作，或小组工作，或社区工作；也有以从事某一方面服务为目标的，如专门学做青少年工作，或老人工作，或家庭工作[①]。

2009年12月，中华女子学院社会工作系组织教师开展深入的调查研究，前往领先中国社会工作发展的深圳市，采用问卷调查、焦点小组和深入访谈的方法，对社会工作专业毕业生、社会工作专业服务机构、深圳市社会工作者协会、深圳市民政局等进行调查。调查结果均显示出，社会工作专业服务领域既需要社会工作通才，也需要社会工作专才；在两者难以同时满足的前提下，优先选择具有较强自主学习能力的专才。

(二) 困境二：知识为本还是能力为本

中国社会工作发展走过了一条与西方国家完全不同的道路，并不是先有专业服务，再有专业教育，而是完全相反的、教育先于专业实践发展的道路。在教育先行的特点下，社会工作专业教育缺少有专业能力，特别是专业实践能力的师资，专业教育训练以课堂教授的方式传递知识，形成了“知识为本”的人才培养模式。正如学者向德平所描述的那样[②]：当前，我国社会工作专业教育的主导模式是学校教育，学校教育的主要形式是课堂讲授。课堂讲授的特点是教学以教师为主，缺少教学实践，教学内容比较固定，教学信息单项传递。这种“知识为本”模式培养出来的学生的突出表现是“说起来头头是道，做起来不摸门道”。

前述在深圳所做的调查结果显示，社会工作专业毕业生在刚刚投入专业服务工作时常常觉得学校所学知识在实际工作中“用不出来”，开展服务“手足无措”、“超级无助”，“实际碰到的问题远远比在学校学得复杂”，“没有可以照搬的知识”。这充分显示出学校教育在实务能力培养上的欠缺。社会工作职业化与专业化发展所需要的“能力为本”的人才培养模式对“知识为本”的模式提出了挑战。

通才教育抑或专才教育？知识为本抑或能力为本？是择其一，还是折中，抑或融合？回答这个问题还是要回到专业服务发展对社会工作专业人才的需求上，回到社会工作人才培养的目标上。

二、社会工作专业教育发展中存在的问题及模式选择

中国社会工作专业教育对推动中国社会工作职业化和专业化发展起到了关键的推动作用。但这并不意味着它不存在问题，更不能简单地认为它必定能够满足专业服务领域的需求。

---

① 刘莹. 社会工作“通才教育”与“专才教育”刍议[J]. 社会工作，2007(3).

② 向德平. 社会工作教育的发展取向[J]. 社会工作，2008(9).

（一）存在的问题

中国社会工作专业教育经过 20 年的发展，已经有了一定的规范和目标，但知识为本和通才教育为主的人才培养模式在适应专业化职业化发展，特别是专业服务队社会工作专业人才的知识、素质和能力要求方面，还存在很多问题和困难，其中一些问题是多年专业教育发展中始终未能很好解决的问题，也有一些问题是新形势下的新问题、新困难，具体表现在以下几个方面：

首先，中国社会工作教育体系中，将社会学作为其唯一的学科基础。这种单一学科基础已经难以满足专业实践领域对专业人才的知识和素质要求。

其次，专业教育与职业需求脱节。目前国内绝大多数高校所进行的社会工作专业教育，在教学体系的设计和课程体系的设置上，是先由院校根据理论上的体系和招生编制进行专业设计，然后再向就业市场推出毕业生。这种人才培养方案的设计并不是从社会工作职业发展需要提出的人才需求来定位学校专业教育体系，因此不可避免地造成了专业教育发展和社会职业需求之间的脱离甚至背离。毕业生就业后发现学校所学与社会所需存在很大差距，导致了学生上手慢、服务品质不高。这种状况不仅影响了毕业生对社会工作专业的认同，影响了社会工作职业化的水平，还阻碍了社会对社会工作的接纳和认可。

第三，社会工作职业化的快速发展，对社会工作专业人才培养提出了新的要求。一方面要求高等学校要将自身的专业教育与职业发展对专业教育需求之间的距离尽可能缩短，使培养的毕业生进入工作岗位能够完全胜任专业工作；另一方面要求学生要具有宽厚学科基础和较强社会适应能力。这些要求已经超出了现行高等院校社会工作专业教育的目标范围，需要高等院校全面创新社会工作专业人才培养目标、规格和要求。

（二）人才培养模式选择

社会工作教育并不是一个自存的单一系统，它存在于我国高等教育大系统之中，而且嵌入到我国的文化、政治、经济的大环境之中，多种多样的因素在影响着社会工作教育[①]。

然而，构建专业人才培养模式的核心还是培养什么样的人才问题。社会工作专业人才的培养目标要适应社会发展需要，要满足社会工作专业服务发展对人才知识、素质和能力的要求。

打破社会工作教育发展的困境，重新构建通才与专才、知识与能力的结构：通才教育是专才教育的基础，是高层次专才的前提；没有宽厚学科基础的专才发展潜

---

① 陈金建．论当前我国社会工作人才培养模式的选择[J]．首都师范大学硕士学位论文，2009.

力有限。知识，无论是书本知识还是实践知识，都是能力的基础，也是能力的重要构成；缺少知识基础的能力是无源之水、无本之木，是低水平的能力。由此可见，从某种程度上可以说，这也是一种顺序结构或阶梯结构。

鉴于上述理解，社会工作人才培养模式可以依据学历层次进行基本选择。以社会工作本科(BSW)和社会工作硕士(MSW)为例，本科以通才培养为主，通过实务课程模块初步满足学生的专才取向，同时，注重学生自主学习能力的培养和基本专业技能的训练，构建多元学科基础＋实务课程模块的教学体系，培养复合式应用型本科专业人才；硕士研究生以专才培养为主，并围绕专门技能或领域拓展相关基础知识和理论，以进一步提升专才的专业能力，构建宽厚学科基础＋专项知识基础＋专项实务技能的教学体系，培养高层次、应用型专门人才。

三、本科社会工作人才培养模式的选择与探索

2009 年教育部国务院学位办公室批准了北京大学等 33 所高校招收社会工作硕士，2010 年再次批准了中央民族大学等 25 所高校的社会工作硕士授予权。这 58 所高校仅占开设社会工作专业教育的 240 余所高校的四分之一左右。因此，社会工作本科教育在专业人才培养中仍占主体地位。探索社会工作专业本科人才培养模式，适应社会发展需要，是社会工作教育发展的当务之急。这里，以中华女子学院为例，描述人才培养模式的选择与探索。

中华女子学院社会工作系成立于 1993 年，是国内较早建立社会工作专业系之一。该专业从创办之时起，就十分重视教育教学改革，在人才培养模式、师资队伍、教学条件建设、教学管理制度等方面取得了一系列的成果。

根据社会对社会工作人才的要求，社会工作专业不断明晰人才培养目标定位。根据社会对社会工作专业人才的需求，以及中华女子学院的办学指导思想、办学定位和人才培养目标，社会工作专业不断明确自己的专业定位，从早期的关注理论和专业基本技能的训练，培养从事社会保障、社会政策研究、社会行政管理、社区发展与管理、社会服务、评估与操作等工作的高级专门人才，逐渐过渡到培养具有扎实的专业价值观、理论、方法、技巧，将理论、研究和实务有机结合、从事前线服务的应用型人才。

2006 年以来，社会工作专业化职业化快速发展，对专业教育的要求也不断提高。中华女子学院社会工作专业深入实际调查研究，结合社会需要，不断改革与建设，形成了既符合社会发展需要又特色鲜明的人才培养模式。

中华女子学院社会工作专业以通专结合为原则，以多学科为基础，以强化实践为重点，构建宽厚学科基础＋专业课程模块的教学体系，突出学校服务于妇女儿童及家庭的专业优势，培养适应社会建设需要的复合式应用型社会工作专业人才。具

体来说，结合社会发展对社会工作专业人才的需求和学校的办学特色，中华女子学院社会工作专业注重社会性别意识和“四自”精神；以社会发展需求为导向，强化多学科知识基础；突出以“学中做、做中学”为特点的实验实践教学体系，构建全方位、多元化的实践教学模式；促进学生自主学习与创新实践能力的提升。

社会发展呈现出两种并行的对社会工作专业人才的需求，一是复合式应用型社会工作专业人才的需求；二是具备专门领域的社会工作实践能力的人才需求。为此我们构建了“多元学科基础＋专业课程模块”专业课程体系。

（一）以多元学科知识基础打造社会工作通才教育

1. 拓展专业学科基础

社会工作自试办专业以来，社会学始终是唯一的学科基础。教育部规定的社会工作专业 11 门主干课程中，除社会工作专业课程外，其余全部是社会学课程。然而，社会工作专业服务发展表明，开展社会工作专业服务，不仅需要社会学知识，对其他学科知识也有着较高的需要，如心理学、经济学、管理学、法学、政治学等等。社会工作专业课程体系中将上述课程吸纳进来。

2. 整合校内外资源，组建多学科教学团队

多元学科基础课程需要较为庞大的师资队伍，以一个系或者一个专业的规模难以包含众多师资。在学校的教师归队、课程归口的政策支持下，多元课程可以整合来自校内不同专业的师资承担相关学科课程；同时，对于缺乏校内师资的课程，利用外请教师政策，聘请其他院校具有较高学术造诣的教师承担课程。上述措施，有效、快速组织起一支多学科基础课程师资队伍。

（二）以专业课程模块引导学生深入学习，满足专门实务领域学习兴

1. 设立专业课程模块，构建专业方向

社会工作专业通过深入的调查研究，从社会需要出发，结合学校的办学定位与特色，结合师资队伍的实际情况，设立三个专业方向，即妇女社会工作、学校与青少年社会工作、医务与健康社会工作，并相对应地组建课程模块。允许学生进入三年级后，根据个人兴趣，自主选择，完成至少一个专业方向课程模块的课程，使学生培养从通才培养迈向专才培养。

2. 开放的选课制度，满足学生多元实务兴趣

专业方向的选择阻碍了学生多元实务兴趣的发展。为此，我们开放课程模块，每个学生在选定并主修某个课程模块的基础上，允许夸专业方向选课，以满足多元实务兴趣的发展；同时，在三个专业课程模块之外，还设立多门实务性课程，学生可以根据需要选择。

这样的制度有利于学生拓展知识面和实务领域，同时更有利于多元实务的相

互融合。

(三) 以专业实践教学体系促进学生自主学习能力和创新能力的提升

1. 建立实践教学体系

本着“学中做、做中学”的实践教学理念,社会工作专业构建了基础实践与综合实践有机结合,理论与实践相融合的实践教学体系。

基础实践注重“学中做”,通过课堂教学实践、实验教学和教学实习培养学生的观察能力、实际操作能力、知识整合能力,培养专业认同感,提升学生的社会性别意识,培养对社会现象和社会问题的敏感性。而综合实践更强调“做中学”,学生在教师的指导下,通过社会实践、课外活动、毕业实习、学年论文和毕业论文等将课堂所学理论、知识、方法、技巧等综合运用到社会实际中,树立“四自”精神,建立专业认同,提升研究能力、实践能力和创新能力。

中华女子学院社会工作专业始终坚持“强实践、重过程、显能力”的实践教学改革思路,不断完善实践教学体系。

2. 构建全程实习的实习教学体系

本团队长期坚持实践教学研究,注重实习教学的专业性、规范性,构建了全程实习的专业实习体系。

遵循循序渐进原则,构建全方位、多元化的全程实习体系。该体系分为三个阶段:

第一阶段:社会实践阶段,120 小时。即一、二年级要完成不少于 120 小时的社会实践,在实践中观察社会、了解社会、理解和掌握学科基础知识。

第二阶段:专业观察阶段,336 小时。三年级进行基础专业实习,运用所学专业知识,观察社会、观察服务机构和服务对象,反思社会工作服务的价值、理论、方法等。

第三阶段:专业服务阶段,560 小时。四年级学生基本完成了专业课程学习,在督导老师的指导下,尝试运用所学的专业知识,进入专业服务机构或领域,为有需要的人提供直接的专业服务。

3. 建立督导制及专业督导资格认证制度

社会工作专业实习实行专业督导制度,规定学生专业实习采取“一对一”全程督导的个别化指导与过程化评价相结合的模式。督导包括学院督导与机构督导。督导采用面对面个别督导、小组督导、书面督导和实习现场督导等形式。

为了保证实习的专业性及质量,我们设立了学院督导资格认证制度,对学院督导的专业性提出了较高的要求,即只有接受过社会工作专业学历教育或正在教授社会工作专业课程的老师方具有学院督导资格。资格认证需要教师自己提出申请,经本科教学工作委员会讨论通过。

关于实践教学体系的其他方面，也分别加强了建设，并取得了令人满意的效果。

综上所述，人才培养模式的选择是一项复杂的系统工程。人才培养目标的确定、课程体系的构建是人才培养理念的集中体现。社会发展对人才的知识、素质及能力的要求是人才培养模式的出发点和落脚点，也是突破困境，寻求改革发展的基本思路。

参考文献

[1] 胡锦涛. 关于构建社会主义和谐社会若干重大问题的决定[Z]. 中国共产党第十六次全国代表大会第六次全体会议，2006.

[2] 国家中长期人才发展规划纲要[Z]. 2010—2020.

[3] 史柏年. 新世纪：中国社会工作教育面对的选择[J]. 北京科技大学学报(社会科学版)，2004(3).

[4] 戚万学. 高等教育学[M]. 济南：山东人民出版社，2007.

[5] 张曙. 论我国社会工作通才教育的理想和现实[J]. 北京科技大学学报(社会科学版)，2007(1).

[6] 刘莹. 社会工作"通才教育"与"专才教育"刍议[J]. 社会工作，2007(3).

[7] 刘莹. 社会工作"通才教育"与"专才教育"刍议[J]. 社会工作，2007(3).

[8] 向德平. 社会工作教育的发展取向[J]. 社会工作，2008(9).

[9] 陈金建. 论当前我国社会工作人才培养模式的选择[D]. 首都师范大学硕士学位论文，2009.

英语专业女性人才培养模式初探

史晓春　中华女子学院

【摘 要】在竞争激烈且全国重点高校已具有完备人才培养模式的背景下，本文试图探讨新办英语专业应如何顺应大环境，求得生存与发展，构建别具特色的英语专业女性人才培养模式等问题。基于对二语习得理论、课程设计理论的学习及对相关教学实践数据的分析，英语专业构建出了“三大课堂引领”下的女性人才培养模式。该模式的建构是对教师和学生观念及自身素质的挑战，还有待于在实践中验证和不断完善。

【关键词】人才培养模式　课程设计理论　三大课堂引领

一、引言

进入新世纪，科技的迅猛发展和国际交流的日益频繁对人才的培养提出了新要求，即只有具备更高的知识水平，更强的运用能力，才能成为高素质高水平的复合型人才(刘润清，戴曼纯 2003)。由此，2004 年中华女子学院新增开设了本科英语专业。

中国高等教育的发展是惊人的，2004 年全国共有英语本科专业点 400 多个，2005 年增加到 790 个，2009 年则达到 900 多个，专业点的增加毫无疑问使竞争变得更加激烈。《2010 年中国大学生就业报告》显示：2009 届大学毕业生半年后的就业率为 86.6%，其中英语、计算机、法学、艺术设计等 8 个专业连续 3 年失业人数最多。因此，如何在全国重点高校已具有完备人才培养模式的背景下求得生存与发展，办出具有中华女子学院特色的英语专业是当前的重要课题。本文将从几个方面阐释中华女子学院英语专业女性人才培养模式的构建，旨在为新办英语专业院校在人才培养模式研究中进一步发展提供个案。

二、英语专业女性人才培养模式研究设计

(一) 研究问题

以高等外语教育发展的规律为依据、以教育部《高等学校英语专业英语教学大纲》及中华女子学院办学定位为基础，探究构建完备的英语专业女性人才培养模式，提升教学质量与办学效率。

（二）研究过程

本项目的研究对象为参与四年培养方案制定和实施的英语专业教师；08届、09届、10届学生及08级部分新生。首先挑出15名学生进行访谈；其次对08～10届学生实施不同内容的问卷调查，而后总结经验写成报告，并对08级新生开展学科入门指导；在与其他院校同行专家研讨对比的基础上，对以上四年教学数据和相关理论资料进行了细致的分析与研究。

（三）研究结果及讨论

1. 教师专业化发展问题凸显

英语专业建设与发展的核心是师资队伍建设问题。据调查显示：英语专业师资队伍的构成一部分来自中华女子学院的大学英语教学部，一部分来自调入人员（包括1名教师以人才引进方式调入），其中内部转型人员6人，占总比例的46.2%，后期逐步调入人员7人，占总比例的53.8%。高校教师主要承担着两项重要任务，一是教学任务，二是科研任务，这两项任务的完成直接关系到教师的职业前景。当前英语专业教师更多地偏重于教学，每一位教师为了学生利益的最大化，把更多注意力放在了教学业务水平和课堂教学效果的提高上，且成果显著，这一点从专业四、八级通过率上便可看出，如表1所示。04级和05级专业四、八级通过率与入学测试的及格率相比无明显变化；06级和07级四级通过率与入学测试的及格率相比便已呈现大幅度上升趋势，其中06级更是创下了专四一次性通过率为94.67%的优异成绩。当然，学生成绩提高的因素是多方面的，学生自身的勤奋与努力固然重要，而教师的教学影响力显然也是不容忽略的。

表1 04级～07级全国英语专业四级一次通过率数据表

	lisn	cloze	gv	rd	wrtn	dic	total	%
04级	11.81	7.39	9.81	11.76	14.66	9.99	65.68	85.14
全国	10.42	6.52	8.33	10.36	14.73	8.08	58.72	55.42
05级	10.29	5.51	10.00	12.62	17.65	9.32	65.63	82.05
全国	9.37	5.12	8.70	11.40	16.91	8.19	59.97	59.07
06级	12.05	6.73	9.19	12.52	16.76	9.93	67.48	94.67
全国	10.56	6.14	8.31	11.02	15.86	8.23	60.42	61.83
07级	10.49	6.19	8.99	12.88	17.53	8.90	65.18	82.09
全国	9.85	5.51	8.50	11.71	16.62	7.73	60.09	58.62

但是另一方面，从教师的科研完成情况看，确是不容乐观。70%的教师在承担

英语专业课程中都面临着同样一个问题，就是无论从专业课程教学策略，还是从教材的教法和手段上，都需要做专业化调整。“专业化已经成为职业发展的趋势，在许多地区性、全国性甚至国际性教师教育会议上，我们总会听到诸如专业(profession)、专业人员(professional)、专业化(professionalism)等词语。专家学者常常以专题形式谈论教学的专业化问题，同时组织许多专业学会，这些活动本身蕴含着丰富的专业化精神”(Nunan 1999b)。课程调整对于英语专业教师来讲是一个相对容易面对的问题，但科研能力提升的确是一个相对较艰难且漫长的积淀过程。科研与教学的关系不言而喻，特别对于专业教师来说，以科研促教学是不断提高教学质量的前提，科研素质的弱势将阻碍英语专业下一阶段的发展。

2. 生源问题凸显

俗话说：“巧妇难为无米之炊”，生源同样是限制专业发展的重要因素之一。从第一届英语专业学生入学伊始，英语专业就采用北京市大学生入学英语测试题对学生入学状况进行横向和纵向比较，横向比较即与同年非英语专业学生测试成绩对比，纵向比较是与历届英语专业学生入学成绩对比。统计数据显示横向指标逐年下降，纵向指标除05级略高于04级外，自06级起呈逐年下降趋势，至08级及格率仅为6%。英语专业点的逐年猛增带动了连年招生人数飙升，然而生源劣势已经构成对新办英语专业发展的一大威胁。

细究原因，从08届毕业生访谈中，可以得出两个结论：第一，学生入学时对于英语专业没有明晰的概念。学生入学时都处在二本线档中，偏科现象严重，更侧重于文科，认为英语相形之下属于热门科目，因而选择该专业，但并未考虑是否适合；第二，热爱英语专业有明确规划目标的同学可谓凤毛麟角。57名08级学生中报考英语专业出于自己意愿的只占20%，这些无疑为今后的专业学习留下了一个严重隐患，那便是学习兴趣问题。子曰：“知之者不如好之者，好之者不如乐之者。”学生也看到了这一点，因而把提高学习兴趣列为大学四年该做的最主要的事情，但大学四年最理想的状态应该是在自己已知的兴趣方面作出努力，这样才能学得轻松，收获更多。

据学科入门指导课程留存资料显示：04级学生主要表现为专业方向迷茫，她们更关注毕业后的人生选择，目标相对比较明确。08级学生则主要表现为人生迷茫，不知何去何从。但04级与08级学生入学时也存在着共同的困惑，如很多学生感到理想与现实间的差距，感觉大学没有想象中的那么美好，课程没有那么有趣、压力大、缺乏自主时间、也缺乏自学能力等，同时又感到巨大的就业压力。追根溯源，以应试教育为主导方向的初高中教育对学生的综合素养的形成产生巨大差异性，学生从心理层面产生一种“大学休眠”状态，即对于学习的热情进入休眠状态。在教师的共同引导下，这种心理休眠状态得以缓解，但并不能从根本上根除。在这里，观念的更新、自我的认同、情绪的调整、学习策略的引导便变得尤为重要。

3. 人才培养模式改革问题凸显

《国家中长期教育改革和发展规划纲要》提到了支持学生参与科学研究，强化实践教学这一环节。《纲要》中的精神对于大学一线教育工作者来说，不仅是教学环节上的改变，更是观念上的创新与挑战。在08届毕业生访谈中，多名学生提到“希望再多一些实践活动”。还有学生认为“写论文或是准备专四、专八的时候，大家都会觉得没有关系啊”。这些访谈记录从另一个侧面给我们的警示是：仅仅靠各自教师的敬业精神是不能实现教育的大目标，完备的人才培养模式才是保证教学质量和专业发展的基础。

三、英语专业女性人才培养模式构建

（一）英语专业女性人才培养模式构建理念

高等院校的人才培养质量，有两种评价尺度。一种是学校内部的评价尺度，另一种是学校外部的评价尺度，即社会的评价尺度。大学不仅是一个为未来职业发展而增长能力的地方，更是一个学做人的地方，学生应知道怎样应付挑战，怎样自我发展，怎样创造自己的生命价值。Kemp(1998:1)指出：“学习必须是有效率和效益的”，即同时满足上述两种评价尺度。如何才能达到这两个目的？他认为，学习是任意的，教学则是有计划的。按照Posner(1980—1994:7)的观点，课程设计就是计划的过程，它是进行设定、策划和安排一套目标群的过程。合理的课程设计形成一种系统的教学模式，能够促进学生有效率地学习。这种教学模式的大目标是育人的价值导向性目标。小目标是教学目标，具体体现为不同学科群体为实现大目标而达到的指标。

根据课程设计理论，中华女子学院英语专业人才培养模式的规划首先应是教育大目标的确立，是社会教育价值观念、中华女子学院教育特点与英语专业教学理念的综合体现，渗透到专业办学的方方面面。大学教育成功的关键就在于通过日常的教学活动，使学生的独立性更强，能够自己作判断并具有社会责任感。如果学生经过四年的大学生涯仅仅学到的是知识和技能本身，那我们的教育就脱离了大学教育的总目标。因此，中华女子学院英语专业的人才培养模式建设体系要充分体现教育价值观，即教师在教学过程中所传递的思想：专业技能的训练与知识的传授要以育人为核心；在育人中要充分体现21世纪全球化特征——放手让学生追寻自己心灵的声音，在追寻的努力与奉献中获得人格的净化与提升。

（二）英语专业女性人才培养模式构建方案

基于二语习得理论、课程设计理论及女院英语专业教学实践的经验积累，英语专业构建出“三大课堂引领”下的英语专业女性人才培养模式，如图1所示。

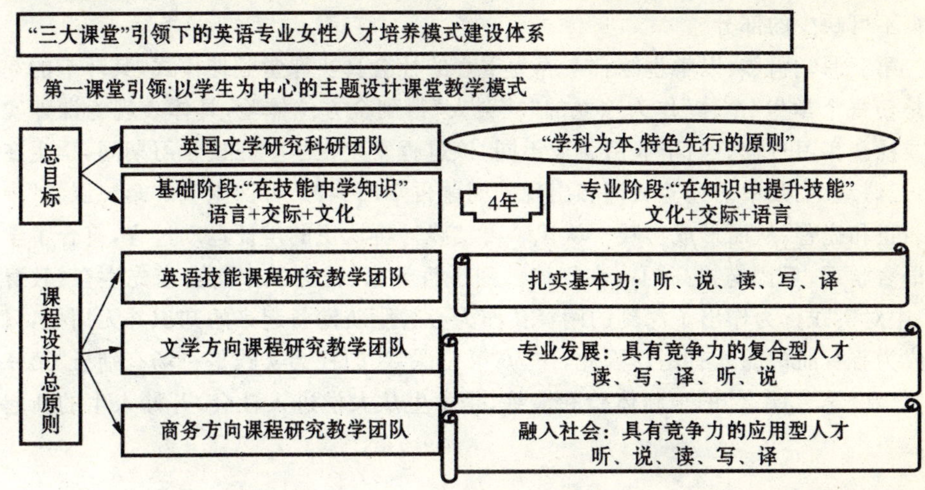

图1 “三大课堂引领”下的英语专业女性人才培养模式构建图

第一课堂引领：以学生为中心的主题设计课堂教学模式。英语专业教学分两个阶段，第一阶段为大学前两年的基础学习阶段，在这一阶段国内外语言大学普遍重视对于技能的训练，部分大学做到了多样化。在借鉴其经验的基础上，中华女子学院英语专业基础阶段课程设计的总目标为“在技能中学知识”，旨在以语言技能训练为核心，以语言交际为目的，并在语言和交际中增强学生的跨文化意识。英语专业使用教材的编材框架大都采用每一单元设一主题的形式，编材主题选自当代生活中的重大题材，目的是将语言学习贯穿在了解、思考、探讨现实生活中各种问题的过程中，充分体现交际法的教学原则。基于教材的特性，在中华女子学院英语专业教学内容设计上，主题既要富含语言、交际和文化，又要突出前沿性和引导性作用，在技能与知识的传授中达到以育人为核心的大教育目标。因而，“第一课堂”教学是实现教育目标的核心部分。

第二课堂引领：以学生能力拓展为核心的第二课堂任务设计模式。它包括四大平台的建设：网络系统模拟平台、引领系统平台、拓展引领平台和拓展校外平台。其中网络系统模拟平台包括硬件建设和软件建设两个方面，是第二课堂引领的核心部分。“第二课堂”是一个文明、健康、科学、结构开放的个人成长空间以及与之相关联的综合制度结合体。既是实现使学生具有扎实基本功的一对一陪练平台，也是真实语言场景中的模拟平台，更是促进学生融入社会，实现就业的职业模拟平台。做任何一件事情，理论知识技术是不可或缺的，但是如果没有实践来巩固知识，也不过是思想的巨人，行动的矮子而已。因此，“第二课堂”作为“第一课堂”的有效延伸，源于教材又不限于教材，在校内为英语专业学生提供大量有效的练习机会，是素质教育不可缺少的部分。

第三课堂引领：以学生综合素养为重心的社会真实课堂延伸模式，其环节的完成是使每个学生“个体”作为独立的“社会人”得到全方位体验，具体表现为课外实践或社会实习过程。与毕业后就业不同，该过程发生在学生在校学习期间，学生在“第三课堂”实践中的经验教训和出现的问题再拿回到“第一课堂”和“第二课堂”中去纠正和完善。从而形成实践—认识—再实践—再认识的辩证运动过程，符合了学生语言学习、巩固与提高的内在规律。剑桥哲学家、社会学家斯宾塞先生在《教育论》中对实践行为作出了深刻的阐释：“作为心智脂肪储备起来的知识并无用处，只有成为心智肌肉的才有用。”因此，作为“第三课堂”的社会实践是一场有别于“第一课堂”和“第二课堂”的全新体验和演练，是学生从大学进入社会，开始人生的新起点。

四、结语

本研究是对四年英语专业人才培养模式的反思，是院级重点项目“英语专业女性人才培养模式探究”的研究成果。英语专业女性人才培养模式的构建首先是对教师自身素质的挑战，同时，对于如何使学生从心理层面肃清应试教育的烙印，引导她们从大学教育理念、国际视野到专业学习策略等方面做全方位的调整与转变是一项脚踏实地的工程。此人才培养模式还有待于在实践中不断完善与验证。

参考文献

[1] Nunan D. So you think that language teaching is a profession(part 2) [J]. TESOL Matters，1999b，9(4).

[2] Marjorie Hall Heley，Theresa Y. Austin. Content-Based Second Language Teaching and Learning[M]. 世界图书出版社，2006.

[3] 王英杰，刘宝存. 中国教育改革30年[M]. 北京：北京师范大学出版集团，2009.

[4] 戴炜栋. 高校外语专业教育发展报告(1978—2008)：改革开放30年中国外语教育发展丛书[M]. 上海：上海外语教育出版社，2008.

[5] 高等学校外语专业教学指导委员会英语组. 高等学校英语专业英语教学大纲[M]. 北京：外语教学与研究出版社，2000.

[6] 刘润清，戴曼纯. 中国高校外语教学改革现状与发展策略研究[M]. 北京：外语教学与研究出版社，2003.

[7] 北京师范大学教学部. 普通高等院校外语专业课程设置与教学评估指导

手册[M]. 北京:人民教育出版社,2005.

[8] 戴炜栋,张雪梅. 探索有中国特色的英语教学理论体系——思考与建议[J]. 外语研究,2001(2):1-4.

[9] 戴炜栋,张雪梅. 对我国英语专业本科教学的反思[J]. 外语界,2007(4):2-11.

[10] 文秋芳. 二语习得跟踪研究的三个基本问题:分类、设计与可比性[J]. 中国外语 2009(2):54-60.

[11] 郑志恋. 探索型实践:高校英语教师研究新视角[J]. 外语界,2009(1):30-36.

[12] 戴炜栋,张雪梅. 建构具有中国特色的外语教育体系[J]. 外语界,2006(4):2-12.

[13] 胡文仲. 对于我国英语专业教学改革的回顾和再思考[J]. 外语界,2008(5): 18-2.

后 记

《专业建设与特色发展——特色行业院校改革与发展论坛论文集》是在北京市教育委员会的指导下，在北京市教委高教处的组织下，在十所首都特色行业院校大力支持下，由中华女子学院汇编完成。此论文集汇集了特色行业院校广大教师、教学管理工作者近年来在专业建设与人才培养方面的理论和实践成果，不仅对特色行业院校的专业建设、教学改革具有借鉴意义，而且对综合型院校中的相关院系的专业建设和人才培养同样有着重要参考价值。

中华女子学院高度重视论坛论文集的汇编和出版工作，李明舜副院长亲自负责，教务处的同志们辛勤努力，使文集如期完成、顺利出版。

在此，谨向为这次论坛的召开和会议材料的编辑付出艰辛劳动的中华女子学院有关的工作人员，以及积极提供论坛材料的首都各特色行业院校、与会代表，表示衷心的感谢。

北京市教育委员会高教处

2010 年 10 月 19 日